全球新能源产业发展与安全监管政策分析

以氢能产业链为例

刘 妍 魏玖长 等／编著

中国科学技术大学出版社

内 容 简 介

氢能日益成为新能源领域的重要支柱，成为全球能源战略的焦点和经济发展的新增长点。本书在概述新能源产业整体发展情况的基础上，深刻剖析全球氢能产业的发展现状、挑战与机遇，以及中国、美国、日本、欧盟、韩国等国家及地区氢能产业发展与安全监管方面的政策，旨在基于现有基础，为国内的氢能产业发展提供借鉴，促进其快速、规范发展，并与国际发展趋势相衔接。

图书在版编目(CIP)数据

全球新能源产业发展与安全监管政策分析：以氢能产业链为例 / 刘妍等编著. -- 合肥：中国科学技术大学出版社，2025. 5. -- ISBN 978-7-312-06283-4

Ⅰ. F416.471

中国国家版本馆CIP数据核字第2025HQ0267号

全球新能源产业发展与安全监管政策分析：以氢能产业链为例

QUANQIU XINNENGYUAN CHANYE FAZHAN YU ANQUAN JIANGUAN ZHENGCE FENXI：YI QINGNENG CHANYELIAN WEI LI

出版 中国科学技术大学出版社
安徽省合肥市金寨路96号，230026
http://press.ustc.edu.cn
https://zgkxjsdxcbs.tmall.com

印刷 合肥市宏基印刷有限公司

发行 中国科学技术大学出版社

开本 787 mm×1092 mm 1/16

印张 16

字数 338千

版次 2025年5月第1版

印次 2025年5月第1次印刷

定价 80.00元

编著人员

刘　妍　魏玖长　黄睿蕾　陈长春
洪瑶瑶　范倩茹　熊　轩　周　欣
冉星琦

前言

在全球化快速发展的背景下，能源安全和环境保护已上升为国际社会关注的核心议题。随着可再生能源技术的进步，对于新能源的开发和应用成为推动全球可持续发展的关键共识。氢能，不仅仅作为一种清洁能源选择备受关注，更作为一种有效储能的手段，为平衡及解决风电和光伏发电等供电不连续性问题提供助力。相对而言，氢能是集中式可再生能源大规模、长周期存储的最佳途径。

通过“电—氢—电”模式，可以利用“弃风弃光”等没有被充分利用的电力资源进行电解水制氢，将其转化为稳定的化学能并长周期储存起来，再在电力需求高峰期借助燃料电池等途径发电，增强电网的稳定性和灵活性，从而提升我国能源系统的整体利用效率。由于氢能是清洁能源，也可直接应用于交通、工业等领域，有助于实现全社会的零碳排放。因此，氢能日益成为新能源领域的重要支柱，氢能产业成为全球能源战略的焦点和经济发展的新增长点。本书旨在全面剖析全球氢能产业的发展现状、挑战与机遇，以及不同国家和地区氢能产业发展与安全监管方面的政策。

国际能源署(IEA)的数据显示，截至2023年底，相较于2022年，全球氢燃料电池汽车保有量为87 600辆，增长率达21.5%；中国氢燃料电池汽车保有量约为20 600辆，增长率达52.5%，增长势头强劲。加氢站方面，相较于2022年，全球已建成的加氢站有1 120座，增长率达9.8%；中国累计建成的加氢站数量已经达到405座，增长率达26.6%，占全球加氢站总量的36.2%，成为全球最大的加氢站保有国家。

在全球范围内，从中国的《氢能产业发展中长期规划(2021—2035年)》到日本的《氢能基本战略》、欧盟的《欧盟氢能战略》和美国的《美国国家清洁氢战略和路线图》、韩国的《氢经济发展路线图》等来看，氢能作为一种高效、清洁的能源解决方案，正赋能新质生产力的发展，推动产业向绿色化和智能化转型。我国大力对氢燃料电池汽车产业进行规划及扶持。2021年，国家批准5个氢燃料示范城市群的建设，重点在公交、市政环卫、邮政、物流等领域推广氢燃料电池汽车。与乘用车相比，商用车等的布局优势在于有固定的行车路线，有利于加氢站的规划建设。此外，《氢能产业标准体系建设指南》(2023版)已由国家标准委与国家发展改革委等六部门联合发布，这是国家层面首个氢能全产业链标准体系建设指南。作为首个产业标准体系建设指南，它系统构建了氢能制储输用全产业链标准体系，对于构建清洁低碳、安全高效的能源体系具有重要意义。2024年，氢能被正式纳入《中华人民共和国能源法》，氢能从危险化学品到能源的定位转变，不仅让氢能的规范管理水平得到提升，也使得氢能产业相关企业及研发机构将在更明确的法律环境下运作，加速了氢能的商业化和规模化应用。例如，上述的举措确立了中国在全球氢能产业发展中的重要地位。这些示范项目和法律法规不仅是国内氢能应用的催化剂，也为全球同行提供了宝贵的经验。此类政策的实施体现了中国在碳达峰与碳中和愿景中对新能源技术推广的坚定承诺，彰显了中国在全球能源转型中的战略思维与行动力。

本书通过深入研究氢能全产业链发展情况，探讨了从制氢到储氢、输氢直至氢能应用全过程的技术革新与政策环境，讨论了不同国家和地区政策框架下氢能的发展模式和安全监管机制，力图全面呈现全球主要国家和地区在推动氢能产业链发展中的协同效应与创新实践，同时也通过案例分析帮助读者理解各国在推动氢能产业发展上的努力和特色。本书的结构如下：第1章探讨各类新能源产业发展，指出氢能具有能量密度高、储能能力强和零排放等优点；第2章旨在分析氢气的种类和运输过程中泄漏、爆炸等安全风险，通过挪威加氢站爆炸等事故案例强调氢气在储存和使用过程中安全管理的重要性，并探讨氢能在交通领域的多种应用，包括氢燃料电池汽车和氢能飞机、船舶、列车等；第3章至第7章分别对中国山东“氢进万家”氢能高速项目，美国共享氢燃料电池电动汽车项目、美国能源部H2@Scale倡议，日本家用燃料电池热联供系统(ENE-FARM)、液氢海上运输项目，欧洲氢气主干网络计划、欧洲氢谷，韩国京畿道“迷你氢城市”商业模式、氢安全博物馆等进行深入分析。

在本书编写过程中，中国科学技术大学刘妍博士后研究员与魏玖长教授承担了策划、资料收集、编写、修改、指导及统稿等大量工作。参与本书编写工作的人员还有博士研究生黄睿蕾、陈长春、洪瑶瑶以及硕士研究生范倩茹、熊轩、周欣、冉星琦。

本书的编写与出版，需要特别感谢国家自然科学基金重大项目课题(编号:72293573)、安徽省2022年度新时代育人质量工程项目(研究生教育，编号:2022zyxwjxalk003)、中国科学院国际组织任职及后备人员能力建设项目及中央高校基本科研业务费专项资金的支持与资助。也十分感谢安徽明天氢能科技股份有限公司王朝云董事长、TÜV南德意志大中华集团朱海锋首席工程师等给予的鼓励和帮助，他们为本书的编写提供了宝贵的资源。本书的出版将为全球氢能产业的进一步深入合作与交流奠定基础。

随着全球能源需求的不断变化和新能源技术的不断进步，氢能作为未来能源解决方案的角色将愈加突出。通过本书基于全球化视野的全面分析，我们期待能为全球氢能产业的可持续发展和全球能源治理提供有价值的参考，为推动全球能源的绿色转型尽自己的一份力量。此外，刘妍在第29届联合国青年大会及纽约大学全球事务中心气候创业项目、中国科学院双碳战略与可持续发展研修班上，对中国氢能发展现状及全球氢能发展主要问题进行了阶段性研究报告，希望以此来促进全球氢能发展进程更加顺利地推进并号召大家对氢能增加关注度。也希望读者可以通过阅读本书，了解全球氢能产业的发展现状和特色项目，掌握进一步深入挖掘相关内容的契机和线索。但由于编写时间紧张，加之编写人员能力有限和诸多条件限制，书中可能存在不足，敬请广大读者和同仁提出宝贵意见，以便今后再版时加以改进。

刘　妍　魏玖长

于中国科学技术大学东校区

目录

6 欧盟氢能产业发展与安全监管政策

7 韩国氢能产业发展与安全监管政策

1 新能源产业发展概述

1.1 太 阳 能

1.1.1 太阳能简介及其特色

太阳能来源于太阳内部的核聚变反应，能量储备极为丰富。太阳内部不断进行着热核反应，将4个氢核聚变成1个氦核，每秒钟有亿万个氢核聚变成氦核，使得太阳内部的温度达到$8\times10^6\sim2\times10^7$ K①，产生高达3×10^{16} Pa②的压力，据粗略估计，太阳向宇宙辐射的总能量流为4×10^{26} J/s③。太阳辐射以光和热的形式传播到地球，每分钟的热能峰值可达2.5×10^{23} Cal④，这一数值相当于4×10^8 t煤炭燃烧所释放能量的等效值。一年间，太阳辐射至地球表面的能量总量极其庞大，超出人类当前所有可再生能源年度总产出的数万倍。

太阳能的特色在于太阳能技术以光能和热能作为能量来源，目前主流的光伏发电技术将太阳能转化为电能存储在动力电池中。虽然初期投资较高，但长期的维护成本和电力成本较低。但受各种不可抗力因素的影响，太阳能存在地域性、时域性、季节性和不稳定性的特点，在阴雨天以及一些极端纬度地区的发电能力较弱。此外，由于能量密度和转化效率较低，限制了太阳能的应用。比如太阳能的光热利用，光能转换热能的效率可高达80%，而光热发电的利用效率最高只有29%，光伏发电的转换效率最高为45%。且硅材料方面的技术垄断导致硅处理的技术滞后问题使得太阳能硅电池成本较高，制约了太阳能产业的发展。

1.1.2 太阳能技术及其历史发展

人类对于太阳能的利用可以追溯到3 000多年以前，古代文明利用太阳能进行加热和照明，当然，只是被动式地利用太阳能，如在阳光下取暖，利用日间的阳光进行生产活动。

人类对太阳能发挥主观能动性，将其转换为其他形式的能源，这始于1615年，当时法

---

① K为开尔文(Kelvins)，是热力学温标，或称绝对温标，是国际单位制中的温度单位。绝对温度T与摄氏度t的关系为：$T(\mathrm{K})=273.15+t(℃)$。

② P为帕斯卡(Pascal)，是国际单位制中表示压强的基本单位，简称帕。1 Pa=1 N/m^3。

③ J为焦耳，简称焦，是能量和做功的国际单位。1 J能量相等于1 N的作用点在力的方向上移动1 m距离所做的功。

④ Cal为卡路里(Calorie)，简称卡，由英文音译而来。其定义为在1个大气压下，将1 g水提升1 ℃所需要的热量。

国工程师索罗门·德·考克斯创制了太阳能驱动泵,其原理是通过太阳能加热空气促使膨胀做功以实现抽水功能。光生伏特效应,这一光伏技术的物理基石,最初由法国科学家贝克雷尔揭示。1954年,贝尔实验室研发出首块单晶电池①,这一里程碑式的发明标志着现代光伏技术的诞生,开启了太阳能电力产业的新纪元。

20世纪太阳能技术的演进经历了多个历史时期。20世纪初的发展初期研究主要集中在动力装置的多样化探索上,在采用平板式集热器和低沸点工质技术之后,装置的规模呈现稳步扩大的趋势。受第二次世界大战影响,太阳能研究进入了低潮期,直至战后复苏期才出现一些新的技术突破。

20世纪60年代末至70年代初,太阳能技术虽在发展,但囿于高昂的成本,无法与传统能源竞争,研究发展较为缓慢,直至暴发能源危机,太阳能的发展才迎来重视期。石油危机后,太阳能作为新能源得到了广泛的关注,太阳能研究与开发才迎来了发展。

20世纪末至21世纪初,随着石油价格的下降和技术突破的缺乏,太阳能研究资金被削减,力求以较少的投入取得更大的成果,而随着全球环境问题和可持续发展带来的挑战,太阳能使用与环保紧密结合,商业化和规模化应用逐步提高。进入21世纪后,随着太阳能电池技术的发展,太阳能电池的成本显著下降,新材料如钙钛矿太阳能电池②和多结太阳能电池③开始出现,提高了发电效率,商业化应用更加广泛,成为全球能源转型的关键组成部分。表1-1为太阳能技术及历史发展大事年表。

表1-1 太阳能技术及历史发展大事年表

时 间	事 件
1615年	法国工程师所罗门·德·考克斯发明太阳能驱动的发动机
1839年	法国科学家贝克雷尔发现光生伏特效应
1907年	爱因斯坦提出光电效应的理论解释
1945年	美国贝尔实验室研制出实用型硅太阳电池
1954年	第一块实用光伏电池问世
1958年	美国第二颗人造卫星使用化学电池和光伏电池
20世纪80年代	太阳能开始用于太空供电
21世纪初	随着太阳能电池技术发展,成本显著下降,商业化应用更加广泛,成为全球能源转型的关键组成部分

(参考资料:AFCUD协会官网,《太阳能——发展历程与现状》。)

① 单晶电池是以高纯的单晶硅棒为原料的太阳能电池,是当前开发得最迅速的一种太阳能电池。它的构造和生产工艺已定型,产品已广泛用于空间和地面。

② 利用钙钛矿型的有机金属卤化物半导体作为吸光材料的太阳能电池,属于第三代太阳能电池,也称为新概念太阳能电池。

③ 多结太阳电池是一种高效率的太阳能电池。每个电池有多个采用分子束外延或有机金属化学气相沉积法生成的薄膜。这些薄膜所构成的不同的半导体有不同的特征能隙,而这些能隙可以吸收光谱中特定频率的电磁波能量。这些半导体被特别设计以吸收太阳光中的大部分频率的光,以此来生成更多的能量。

目前太阳能发电技术主要包括光伏发电和光热发电(表1-2),这两种发电方式分别利用了太阳辐射的热能和光能。

表1-2　光伏发电与光热发电对比

特　点	光伏发电	光热发电
发电原理	利用太阳能电池板吸收可见光形成光电子	利用汽轮机中的熔盐或者油等介质吸收热能
并网难易程度	发电方式较为独特,受日光影响大,和传统电厂合并难度大	并网较为容易
污染	太阳能电池能耗高、污染高	更为清洁
技术成熟度	发展稳定,技术相对成熟	处于技术不断地创新与改进的阶段
使用方向	局域供电	大范围供电
投资成本(以中国为例)	约为8 000元/kW	约为22 000元/kW

(参考资料:中科云制造,《一文看懂光热发电和光伏发电的区别》。)

光伏发电,是目前主流的太阳能发电形式。光伏电池作为光伏发电系统的基石,其独特的光电转换特性使其能直接将太阳辐射转化为直流电。该装置的核心原理源于光伏效应,亦即光生伏特效应。这一过程中,当太阳光子投射于半导体介质时,光子的能量促使电子吸收并获得激发,随后与空穴①分离。随之产生的电子与空穴的反向运动驱动了电流的形成。典型的光伏材料包括硅晶太阳能电池、薄膜太阳能电池等。太阳能光伏系统可以安装于屋顶、地面等结构上,广泛应用于住宅、商业以及大规模发电站。目前太阳能电池的原材料主要是高纯度硅,因此太阳能行业的发展受到硅原料行业发展的掣肘。目前太阳能光伏电板已有广泛的应用,可以在图1-1中看到一处安装于屋顶的住宅级太阳能光伏板,该装置专门为居民供应日常生活电力。

图1-1　家用光伏发电系统

(图片来源:广能创远官网。)

① 空穴又称电洞(Electron Hole),在固体物理学中指共价键上流失一个电子,最后在共价键上留下空位的现象。

光热发电又被称为太阳能聚热发电，它利用太阳辐射的热量来发电，主要通过大规模列阵式的反射镜及反光镜将太阳辐射的热能反射到设定好的小区域内，蒸汽通过热交换装置得以生成，随后驱动汽轮发电机以实现电力生产。光热发电是一种自带储能的热能利用形式，具备优异的调峰能力，光热发电项目的储能系统可以将白天多余的热能储存起来，在晚上没有太阳辐射的时候释放，从而保证稳定地运行，增加了发电的时长和发电量。相对而言，光热发电技术倾向于在日照强度高且光能聚焦性能卓越的地域实施。据统计，全球范围内，西班牙的光热发电实验项目最为丰富，西班牙在运行的光热电站超过50座。在中国科学院电工研究所位于北京的设施中，同样设有光热发电站。

2024年7月，国家能源集团国华投资山东HG14海上1 GW①光伏项目已获得国务院批准和自然资源部批复，取得了海域使用权证，是首个GW级海上光伏项目，也是中国首个采用大型海上桁架平台式固定桩基的光伏项目(图1-2)。该光伏项目位于山东省东营市海域内，项目设计采用分块式发电与集中并网策略，通过海底电缆与新建的220 kV陆地升压站②相连。预期项目总装机容量将达到1 GW。一旦投入运营，预计年均发电量将达到1.78×10^9 kWh，有望节省标准煤炭约5.95×10^5 t，显著减排二氧化碳(CO_2)约1.441×10^6 t，是中国海上光伏项目的代表，为山东省能源转型和海上光伏技术发展提供了经验。

图1-2 HG14项目效果图

(参考资料：国华投资氢能公司，《国家能源集团首个GW级海上光伏项目获国务院批准》。)

1.1.3 产业发展现状与趋势

截至2023年，全球太阳能市场已达到约205.1 GW的装机容量。据Expert Market

① GW是功率单位。1 GW＝1×10^9 W＝1 000 MW。

② 升压站指的是一个使通过的电荷电压变换的整体系统。主要用来升压，目的是减小线路电流借以减小电能的损失。

Research（EMR公司）公司预测，从2024年到2032年，太阳能行业的复合年增长率（CAGR）为7.7%，到2032年可能达到约400.2 GW。

从地域来看，目前在北美，尤其是美国，在太阳能行业发展方面处于领先地位，2023年光伏系统装机容量为35.3 GW；在亚洲，中国和印度对全球太阳能容量的增加作出了重大贡献，以中国为例，据国家能源局统计，截至2023年底，中国的太阳能光伏装机容量已达到约6.1×10^8 kW，这一数值反映出技术进步的显著影响。随着技术的发展，相较于传统能源，以太阳能光伏产业为主的新能源装机量大幅增长，在能源市场中越来越有竞争力。目前，政策对于太阳能的重视也推动着太阳能产业的发展。例如，美国的《通胀削减法案》所主导的政策，通过提供金融激励措施，推动了太阳能等可再生能源项目的增长。主要激励包括在未来十年动用约4 000亿美元的资金以削减碳排放；通过降低清洁能源技术的成本，加快推动此类技术在国内和国外的使用。此外，企业采购可再生能源的量也在上升，主要科技公司显著推动了社会对清洁电力的需求。如亚马逊、Meta、微软和Alphabetet等公司签订了全球清洁能源电力购买协议（PPA）①。

太阳能产业中，占比最大的是光伏产业。根据中国光伏行业协会的数据，在2023年，中国光伏产业展现出显著的增长势头，其关键生产环节，包括多晶硅、组件、电池和硅片的产量同比增长均超过64%，行业总产值超过1.75万亿元人民币。而光伏行业的新增装机规模达到了约216.9 GW，较去年增长148.1%。超过110 GW的集中式光伏新增装机占比超过50%，这也得益于大型风电光伏发电基地建设等的拉动，使得集中式光伏②反超分布式光伏③。在出口市场，根据中国政府网数据，2023年，中国的光伏产业的出口业绩也获得了显著的成效，硅片出口量达到70.3 GW，同比增长93.6%；电池出口量为39.3 GW，增长65.5%；而组件出口量更是达到211.7 GW，同比增长37.9%。这些数据反映了中国光伏产业的快速扩张，突显了我国光伏市场在全球市场中的竞争力。近十年来，太阳能电池板的生产从原来的欧洲、日本、美国等地逐渐转移到中国，中国在创新领域的领先地位有多项统计数据可以证实，尤其在太阳能电池板制造业。国际能源署的数据显示，中国在该领域的市场份额在多个核心生产环节中占比超过80%，优势地位显著。对于限制太阳能电池板技术进步的硅产业链，包括多晶硅④和晶圆⑤等关键组件，我国的生产份额

① 电力购买协议（PPA）允许像公司这样的实体与可再生能源开发商订立长期合同。开发商为同意在5年到25年内购买该项目发电量的客户设计、安装和运营太阳能（或其他再生能源）系统。PPA为双方提供了确定性——能源开发商从项目中获得了保证性的收入，而购买者则获得了一个通常低于当地公用事业电力价格的固定电价。

② 集中式大型并网光伏电站一般是国家级电站，主要特点是将所发电能直接输送到电网，由电网统一调配向用户供电。特点是占地面积大、输送距离远、投资大、建设周期长。

③ 分布式光伏电站通常是指利用分散式资源、装机规模较小、布置在用户附近的发电系统，它一般接入低于35 kV或更低电压等级的电网。

④ 多晶硅，是单质硅的一种形态。熔融的单质硅在过冷条件下凝固时，硅原子以金刚石晶格形态排列成许多晶核，如这些晶核长成晶面取向不同的晶粒，则这些晶粒结合起来，就结晶成多晶硅。

⑤ 晶圆是指制作硅半导体电路所用的硅晶片，其原始材料是硅。

占比同样显著。根据现有建设规划，预计未来几年这一比例将进一步提升，将达到95%以上，反映出国家在这方面的强大竞争力与增长潜力。目前，中国出台了一系列的新能源支持政策。2022年实施的《"十四五"现代能源体系规划》明确指出，我国致力于在太阳能和风能资源富集、开发条件适宜并遵循生态环保原则的区域，有序推动光伏发电与风电的集中开发。特别强调在沙漠、戈壁和荒漠地带推进大规模风电光伏基地的设立，并将黄河上游、新疆和河北北部等地列为多元互补清洁能源基地建设的重点区域。这些举措在促进区域经济可持续发展的同时，也有助于提高地区的能源自给能力。而根据《2024年能源工作指导意见》，我国计划实施稳健的大型风光能源基地构建策略，有序推动项目建成投产，鼓励分散式风电和光伏发电的开发，在有条件的地区组织实施"千乡万村驭风行动"和"千家万户沐光行动"。中国正在积极构建现代能源体系，出台实施新能源支持政策，推动能源结构转型，打造更加绿色低碳的能源结构。据国际能源署预测，到2030年，全球太阳能光伏装机容量将会达到1.4 TW①。而中国作为领跑者，在2023年，中国太阳能光伏新增装置的安装容量达到了2022年全球太阳能光伏新增装机总量的相近水平，中国也是全球最大的太阳能光伏市场，其装机容量占全球的1/3。

虽然得益于技术的高速发展、支持性政策的出台，太阳能产业将继续增长，但也面临着诸多挑战，其增长率不太可能一直保持在高位，据能源分析公司Wood Mackenzie的分析，2024年太阳能产业的增长率放缓，整体容量呈现稳步扩张态势。目前太阳能产业面临的主要挑战包括供应链管理、电网稳定性的平衡以及普及率。

1.2 风　　能

1.2.1 风能简介及其特色

风能作为一种可持续发展的能源类型，其动力源自大气中气流运动所产生的动能。这种动能的产生源于地表接收到的太阳辐射的非均衡分布效应，地球表面的不同区域（如陆地和海洋、山脉和平原）吸收太阳热能的能力不同，导致空气温度和压力差异，大气层中的压力产生变化，在气压梯度力的驱动力作用下，造成大气水平流动而产生动能。风受到太阳辐射的控制，因此风能也可以说是太阳能的一种间接形式。风的速度和方向受到地球自转和地形的影响，使得如海岸线、山脊和开阔平原的地域成为风能资源十分丰富的地区。人类利用风能发电的主要方法是通过风力涡轮机（也被称为风车）来转化风的动能，从而将其转换成电力。风能的能量与风速的立方成正比，因此风速越大的地

① TW为能量单位。1 TW=1 000 GW。

方，风能就越丰富。和太阳能一样，风能在获取的过程中不会涉及任何的化学或放射性污染，是一种极其清洁的能源。此外，风能与太阳能同样具备可再生性，其开发利用过程不会侵蚀地球有限的自然资源储备，对于日益严重的环境问题和急需解决的可持续发展问题是一种很好的解决方案。目前在很多国家和地区都分布有风力发电设施。

风能的特色在于其成本较低，发电效率高。随着风力发电的技术迅速发展，风能的成本较以前大幅降低。研究表明，在许多地区风力发电的边际成本①已显著低于传统化石能源（如煤炭）的发电成本，甚至在一定程度上能够与核能发电形成竞争态势。风力发电设施的选址较为灵活，可以在多种地形上安装，包括陆地和水体，可以在海上甚至高山地带建设风力发电设施，因此这种空间灵活性使得风能可以在地理条件限制较大的地区发展。不过相较而言，山顶的风速强于山谷或高地，因此山顶是较为优秀的选址。风力发电场亦可以与农业活动共存，由于发电场不会占用大量的土地资源，涡轮机之间的空间可以用于作物种植或者放牧。不过，风力发电场仍需在远离人口中心的地方来建设输电基础设施。相较于核电站和水电站需要数年的建设时间，风力涡轮机的建设周期较短，其建设和安装可以在短短几个月内完成，使得能源生产可以快速投产。风力发电在运行期间，除了涡轮机的生产和安装会产生一定的碳排放，大体是清洁的。风力发电也像太阳能发电一样会受到天气的影响，虽然通过技术可以提高整体系统的稳定性，但仍受到地理环境和时间的制约。通过地理上分散风力发电场和现代电网管理技术，可以有效平衡风能供电与需求。虽然风能是环境友好的，但风力涡轮机的建设和运行仍有可能影响当地的野生生物和自然景观。

1.2.2 风能技术及其历史发展

人类对于风能的利用有着悠久的历史，虽然不如人类利用太阳能的历史久，但在公元前500年左右的波斯，便有被用于抽水和磨粮食的早期的风车。这类风车利用垂直的轴和布满帆布的叶片来采集风能，用以完成农业和一些其他任务。在水面上航行的船也依靠风能作为航行的动能。到了中世纪的欧洲，尤其是荷兰和英国，利用风车开展排水、磨面、锯木等工作。以荷兰②为例，有洼地风车（poldermolen）用于给低洼地区排水及调节田地水位，也有研磨风车（korenmolen）用于研磨面粉。随着化石燃料的出现，风车逐渐退出了历史舞台，不过，时至今日，荷兰仍有传统的风车在运行（图1-3），有专门的风车匠修缮风车。到了19世纪末，随着工业革命的发展，利用风能发电的历史正式开始，苏格兰

① 边际成本指的是每新增一单位生产的产品（或者购买的产品）带来的总成本的增量。

② 荷兰风车，最早从德国引进，开始时仅用于磨粉，到了16世纪，风车对荷兰的经济有着特别重大的意义。当时，荷兰在世界的商业中占首要地位，各种原料从各路水道被运往荷兰借助风车加工，其中包括：北欧各国和波罗的海沿岸各国的木材，德国的大麻籽和亚麻籽，印度和东南亚的肉桂和胡椒。在荷兰的大港——鹿特丹和阿姆斯特丹的近郊，有很多利用风车的磨坊、锯木厂和造纸厂。随着荷兰人民围海造陆工程的大规模开展，风车在这项艰巨的工程中也发挥了巨大的作用。

学者詹姆斯·布莱斯(James Blyth)在1887年成功构建了首台风力发电机,其主要应用在于为蓄电池充电与照明设施供电。19世纪末,已经出现了12 kW的直流风力机。

图1-3 荷兰风车

(图片来源:旅行家任紫玉。)

到了20世纪,风力发电的技术有了长足的发展。1931年,苏联制造了一台功率为100 kW、直径达30 m的巴拉克拉法帽(Balaclaava)风力机。世界首个MW级(1 250 kW)风电机组——史密斯·帕特曼(Smith Putnam)风力机组于1941年在美国佛蒙特州诞生,并被整合至地方电力网络中,该风力发电机组的重量大约为240 t,其叶轮的直径达到了53 m。在1956年,约翰内斯·尤尔(Johannes Juul)创新性地发明了风电机组叶片的应急制动系统。1956年,丹麦的盖瑟(Gedser)风力发电机组功率达到200 kW,风轮直径达24 m。

在1973年石油价格上涨以前,风力发电的热度并不是特别高。石油危机后政府资助让风能的发展加快了脚步。1975年,美国的Mod-0风力发电机组功率达到100 kW,12年后的Mod-5B风力发电机组功率已经达到了2.5 MW。英国、德国和瑞典也在快速发展类似的项目。

世界首个风电场于1980年在美国新罕布什尔州建成,由20台风电机组组成。19世纪80年代,加利福尼亚州安装了大量功率低于100 kW的小型风力机。单叶片、双叶片和三叶片的机组在一段时间内同时存在着,因为没有研究确定使得功率达到最大的叶片数是几片,直到“丹麦型”[①]风力发电机组的概念被提出,叶片的数量才被确定为三片。1991年,英国首个陆地风力发电场于康沃尔郡落成,该风场由10台涡轮机组成,所发的电量可供2 700户居民使用。

进入21世纪后,随着全球对于气候变化的重视加大,风能的规模化应用也开始快速

① “丹麦型”风力发电机组的概念涉及三叶片、失速调节系统和恒速运行的感应发电机。这一简单结构被使用得相当成功,当时被应用在叶轮直径为60 m、功率为1.5 MW的风力发电机组上。

发展。技术的进步使得风能发电的成本日益下降，风力涡轮机也从陆地扩展到海上，形成大规模风电基地。2003年，英国首个海上风电场在威尔士海岸竣工，该风电场配备有20台单机容量达2 MW的风力发电机（表1-3）。全球大量国家，如中国、美国、德国和印度等，都在积极发展风能以求减少对于化石燃料的依赖，从而减轻对环境的压力。目前，风电装机主要在陆地上，海上风电装机占比不超过30%。根据全球风能理事会（GWEC）发布的《2023全球风电发展报告》中的数据，截至2022年，全球风电累计安装容量已达到906 GW，年度复合增长率维持在约11.1%。在当年新增的77.6 GW装机中，陆地风电占据主导，其份额为88.7%，具体为68.8 GW，而海上风电的贡献相对较小，仅为11.3%，总计8.8 GW。因此，海上风电的装机占比上限不超过30%。

表1-3　风能技术及历史发展大事年表

时　间	事　　　　件
1887年	苏格兰学者詹姆斯·布莱斯建成了第一台风电机组
1941年	世界首个MW级风电机组在美国佛蒙特州诞生
1956年	约翰内斯·尤尔发明风电机组叶片的紧急制动装置
1980年	世界首个风电场在美国新罕布什尔州建成
1991年	英国首个陆上风电场在康沃尔郡建成
2003年	英国首个海上风电场在威尔士海岸建成

（参考资料：Tony Burton等，《风能技术》，科学出版社2014年版。）

1.2.3 产业发展现状与趋势

根据全球风能理事会2024年发布的《全球风能报告》中的数据，2023年全球风能装机量为117 GW，同比增长50%，全球来自各大洲的54个国家均建设了新的风电设施。根据全球风能理事会的估算，至2030年，全球风能的新增装机容量预计将实现每年10%的同比增长。要实现全球平均升温不超过工业化前的1.5℃的目标，风电产业的新增装机量需要增长到320 GW。

在风能产业的供应链结构中，上游环节涉及原材料供应与零部件生产，涵盖了叶片制造所必需的核心材料、轴承等金属铸件，以及塔筒建设所需的金属和混凝土。零部件种类繁多，包含叶片、轮毂、机舱和塔筒等关键组件。中游环节则以整机制造为主，主要包括风力发电机、基础设施以及电力输送线路。而终端市场，即风电场的运营管理，构成了产业链的下游部分。其中，风力发电的关键组成部分是发电机组，其主体由风轮（包括叶片、轮毂和支撑结构）和动力系统构成（图1-4）。

中国风能产业发展迅速且前景良好。根据国家能源局的数据，截至2024年3月，我国的发电装机总量累计达到约2.99×10^{9} kW，其中风电装置容量约为4.6×10^{8} kW，年增长率为21.5%。风能发电投资周期长，经济收益回报较慢，需要政策的支持来推动产业发展。在我国印发的《"十四五"现代能源体系规划》里明确了我国的能源发展目标，规划期内非化石能源消费占比将达到20%，并强调发电量中清洁能源的比例将提升至39%。特别强调了加速发展风电产业，并致力于推动其大规模、高效能地开发利用。

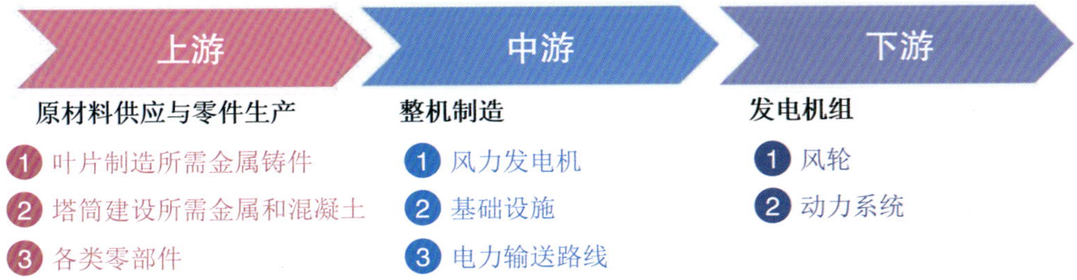

图1-4 风电产业链

（资料参考：《风电设备行业深度研究报告》。）

中国风电发展所面临的挑战主要有并网接入和消纳、市场化交易与竞争、土地和生态环保政策以及技术创新与人才培养等。在中国新能源的规模化扩张进程中，风电发展所面临的并网接入与消纳问题已成为核心制约因素。由于风力资源的不稳定性，需要在适当时候储存和调度风电，以确保电网的稳定运行。优化电力系统结构、加强电网建设、风电接入与消纳能力提升等方面成为风电产业发展的基石。伴随市场化交易进程的加速，风电产业正遭遇一系列挑战，包括公平竞争机制的构建、绿色属性的经济核算，以及调峰成本的有效分摊。强化风电产业的市场竞争力的关键在于实现成本削减与效能提升，并通过政策支持确保其绿色价值的充分体现。此外，风电项目选址需要占用大量土地，平衡土地利用与风电发展的关系是风电产业发展需要解决的问题，各地生态环保政策的差异也会影响风电项目的实施。例如，阜南县华祥风电开发有限公司的华祥阜南县洪河风电场项目，得到了安徽省发展和改革委员会的审批，环保投资占比为2.42%，这反映了当地政府对风电项目的支持和环保要求的重视。因此，加强选址规划、解决土地利用和生态环保问题，对风电产业的发展具有重要意义。风电技术的创新和人才培养是推动风电产业发展的关键因素。实现技术突破、提高装备制造水平和系统集成能力是风电产业发展的重要挑战。此外，风电行业的发展需要大量专业人才，因此推动技术创新和加强人才培养体系建设对风电产业未来发展具有重大影响。

目前风电成本已大幅降低，根据国际可再生能源署的数据，2010—2020年，陆上风电的平准化度电成本（LCOE）下降了56%，海上风电相应减少了48%。当前，陆地风电已然成为全球最具竞争力的电力生产方式。

1.3 水　　能

1.3.1 水能简介及其特色

水能的核心机制在于利用水的势能驱动工作，以转化成可用的能量。作为一种可再生的自然资源，人类通过多种途径开发水能，其中包括构建水力发电设施、兴建及管理水库和水轮机的设计与应用。其中，水力发电站是最普遍的实践，它依赖于大型水坝调控河流水流量，巧妙地捕捉地形落差产生的势能。大型的水力发电站可以提供大规模且稳定的电力，因此成为许多国家电力供应的重要组成部分。除了大型的水力发电站之外，也可以利用海洋的潮汐运动来发电（图1-5），通过潮汐障壁①等设施来捕捉潮汐能，推动涡轮机②运作发电，不过由于技术和经济条件的限制，潮汐能的应用相对水力发电站而言还是较少。

图1-5　世界最大的潮汐水电站

（参考资料：《世界最大潮汐水电站》。）

水能的特色在于其产业较为成熟，商业价值高。与其他新能源不同的是，水能利用的是势能，是一个物理过程，不会消耗或污染水资源，也不排放污染物，是非常清洁的能

① 潮汐障壁（tidal barrier）是一种用于控制潮汐水流的结构，主要用于防洪、防潮和调节水位。它们通常建在河口、海湾或其他沿海地区，以防止潮水倒灌和洪水泛滥。

② 涡轮机（turbine engine）是利用流体冲击叶轮转动而产生动力的发动机。

源，也可以连续再生。水电的年发电量取决于水电站的发电效率、水流量和水的落差。发电效率主要取决于设备效率，即水轮机[①]和发电机的效率；水流量（流量q）由河流的流量或水库的水量决定。流量大且稳定的河流或水库能提供更持续和高效的发电能力，而且降雨量和季节变化会影响水流量，雨季时水流量变大，发电量也相应增加；水的落差（高度h）受地形影响，落差越大发电能力越好。水电站的发电量$E=\eta\cdot\rho\cdot g\cdot q\cdot h$[②]。

水力能源的局限性主要源于其依赖于水文、气候和地貌等自然因素，这些因素具有高度不确定性。大型水力设施的构建，例如，著名的中国三峡大坝，往往会引发环境和社会影响，特别是对周边居民生活造成扰动，迫使实施大规模的水库移民计划。以三峡大坝为例，其库区淹没涉及重庆和湖北两省市[③]，实施了分阶段开发、分期蓄水、连续移民的复杂策略，从1994年正式动工直到2009年完工，历时长达16年。

1.3.2 水能技术及其历史发展

水作为生命的源泉，从人类历史的开始对人类而言就是不可或缺的。早在我国汉代，人类便已启用水能资源，通过竖立的汲水车轮驱动机械，开展研磨谷物、碎石及造纸等活动。

自1878年英格兰诺森伯兰乡村的水力发电项目首次实现通过水力发电进行照明以来，人类利用水能发电的历史逾140载。这一时期的水轮机技术进步显著，推动了水力发电的可行性。1882年，美国威斯康星州首个私营与商业用途水电厂启用，随后十年中，数百座水力发电设施相继投入运营。紧随其后，两年之内，德国成功研发了首个三相水力发电系统[④]。1895年，澳大利亚设立了首个公共水电站，而同一年，世界上最大规模的水电开发项目——爱德华·迪恩·亚当斯水电站于尼亚加拉大瀑布奠基。该水电站采用交流电技术进行发电和远程输电，有效解决了瀑布水电开发及电力输送等重大问题。

早在20世纪初期，中国便相继建立起若干水力发电设施。1905年在台北周边的新店溪，一座装机容量达到500 kW水电站拔地而起。紧接着，1910年启动建设的云南石龙坝水电站，作为中国大陆首座水电站，于1912年投入商业运营。该电站历经多次扩建，在抗日战争爆发前已经成为国内最大的水力发电设施。20世纪上半叶，美国和加

① 水轮机（hydroturbine）是把水流的能量转换为旋转机械能的动力机械，它属于流体机械中的透平机械。

② E是发电量（W）；η是系统效率（包括水轮机和发电机的效率）；ρ是水的密度（约为1 000 kg/m^3）；g是重力加速度（9.81 m/s^2）；q是水流量（m^3/s）；h是水的落差（m）。

③ 包括湖北省宜昌市所辖的秭归县、兴山县、夷陵区，恩施土家族苗族自治州所辖的巴东县；重庆市所辖的巫山县、巫溪县、奉节县、云阳县、开县、万州区、忠县、涪陵区、丰都县、武隆县、石柱县、长寿区、渝北区、巴南区、江津区及重庆核心城区（包括渝中区、北碚区、沙坪坝区、南岸区、九龙坡区、大渡口区和江北区）。

④ 三相水力发电系统利用水流驱动发电机，产生三相电力。水流推动水轮机，水轮机转动发电机，从而生成三相电流，这种电流比单相电更高效，适合远程输电和工业用途。

拿大的水能发电技术领先全球平均水准。1942年，美国华盛顿州建设的装机容量为1 974 MW的大古力水电站成为世界最大的水力发电工程。到了20世纪中叶，大型水电的开发及建设以苏联、加拿大及拉丁美洲为主。到20世纪下半叶，位于巴西和巴拉圭边境的伊泰普水电站投产时装机容量12 600 MW。2003年，中国三峡水电站投产发电，装机容量达到22 500 MW。

表1-4　水能技术及历史发展大事年表

时　间	事　　　　件
1878年	英格兰诺森伯兰乡村的世界上第一个水力发电项目所发的电点亮了电灯
1882年	美国威斯康星州诞生第一家服务于私人和商业用户的水电厂
1891年	德国研发出第一个三相的水力发电系统
1895年	澳大利亚建立第一个公有水电站
1905年	中国在云南省建设石龙坝水电站，这是中国大陆第一座水电站
1942年	美国华盛顿州建设世界最大的水力发电工程——大古力水电站
1984年	位于巴西和巴拉圭边境的伊泰普水电站投产
2003年	中国三峡水电站投产发电

（参考资料：中国水力发电工程学会，《你知道水力发电的历史吗?》）

1.3.3 产业发展现状与趋势

根据国际能源署（IEA）和国际可再生能源署（IRENA）预计，要形成有效益并且切实可行的全球净零能源系统，2050年水电装机容量需求超过2 500 GW，要在现在的基础上翻一番。不过，根据国际水电协会（IHA）预测，按目前水电行业发展的形势进行下去，大量的潜在项目资源是无法开发的。要想实现低碳目标，需要在金融、市场、监管等领域得到政府及政策制定部门的支持，加强新能源发展。根据国际水电协会发布的《2022年全球水电状况报告》的数据，截至2022年，水电装机总量排名第一的是中国，超过290 GW；排名第二的是巴西，达到109 GW；美国和加拿大分别为102 GW和82 GW；俄罗斯、印度和日本均在50 GW左右。

中国的河流众多，是世界上水能资源较丰富的国家之一，目前仍有大量的水能资源可以开发。根据水能资源的统计结果，我国的水能资源储藏量达到6.94×10^8 kW，理论上转换为发电量可以达到6.08×10^{12} kWh，可装机容量为5.42×10^8 kW。根据初步推测，我国已建电站仍有扩容改造的潜力，深度开发潜力超过1×10^8 kW。不过，由于我国疆域辽阔，横跨纬度大，不同地区的地形和降雨量差距巨大，存在着水能资源的地域性分布不均问题，如西部多东部少。发展水能也有保护生态、防洪、航运、灌溉、旅游的功能，如我国建成的黄河小浪底工程就有着保护黄河中下游生态环境的功能。

巴西的水电能源是促进当地经济发展的重要因素。作为拉丁美洲最大的电力市场，全国水能发电量占到可再生能源的75%，巴西自身丰富的水能资源是其水电高度发达的原因之一，使得巴西成为全球较为环保的电力市场之一。巴西的制度是根据供电计划，建立不同的部门，如能源研究公司负责中长期电力规划、电力能源商会负责电力营销等。通过明确的规划和稳定的电价来保障电力供给安全，形成全国电力版图。但是，巴西的水电发展也警示人们水电可能存在的污染，如巴拉那河建设水电站时，造成长达8 km长的漫灌[①]；在巴尔比纳水电站的建设过程中，因未能实施全面的植被清除措施，直接导致了超过1×10^8 t的草本和木本植物遭受水淹，腐烂的植物导致库区有大量的CO_2和甲烷（CH_4）释放到大气中，每年平均超过250万t；由于厄尔尼诺现象[②]的影响，巴西当地的水电也出现了供应短缺的情况。巴西在建设水电站时因为考虑不足而造成的环境污染和损失的经验是各国发展水电需要吸取的。

1.4 核　　能

1.4.1 核能简介及其特色

核能，即原子能，其能量源于原子核结构的蜕变过程所释放的巨大力量，主要表现为裂变能与聚变能两种形态（图1-6）。当前，商业电力生产主要依赖于对裂变能的利用，尽管核聚变的潜在能量远超裂变，然而其工业化应用的技术手段与工艺尚未实现。核电站通常采用低丰度[③]铀-235作为燃料，其在反应堆中的利用可超过3年。值得注意的是，核能的能量密度极高，以一座装机容量为1×10^6 kW的核电站为例，其年度燃料消耗仅为25～30 t，与之相当的是3×10^8 t煤炭。

核能的特色在于清洁性和高安全性。核电站中的裂变反应是在可控的速度下进行的，按人类的需要释放能量。核电站不会产生CO_2等温室气体和粉尘，污染很小。不过与之相对的是核电站高昂的建造成本，而且核原料燃烧后的放射性废料需要严格地管控，核电站一旦发生事故，后果会非常严重，如举世闻名的切尔诺贝利和福岛核电站事故，所造成的辐射影响至今仍在延续。这两次事故之后，全球对核能领域的关注显著增强，各机构纷纷组建专家团队，以该事故为契机深入探究核电站安全问题，并强化了对本

① 漫灌是指在田间不做任何沟埂，灌水时任其在地面漫流，借重力作用浸润土壤，是一种比较粗放的灌水方法。按其湿润土壤方式的不同，可分为畦灌、沟灌、淹灌和漫灌。漫灌会造成土地盐碱化，破坏当地的环境。

② 厄尔尼诺现象（西班牙语：El Niño），是指东太平洋海水每隔数年就会异常升温的现象。它与中太平洋和东太平洋（约在国际换日线及西经120°）赤道位置产生的温暖海流有关。当厄尔尼诺现象发生时，南美洲地区会出现暴雨，而东南亚地区和澳大利亚则会出现干旱。

③ 丰度，是指在某个自然体中一种化学元素的重量占这个自然体总重量的相对份额。

国民用核设施的系统性评估。中国国家核安全局实施的全国民用核设施检查结果显示，现行运转的核电机组安全是具有一定保障的，发生类似事故的可能性较低。现代核电站采用了先进的设计和技术，以确保其安全性。每个反应堆都有一个厚重的钢筋混凝土防护壳，能够抵御外部冲击和内部压力，以防止放射性物质泄漏。此外，核电站设计了多层次、多样化的安全系统，如紧急冷却系统和备用电源系统，以应对各种潜在故障。国际原子能机构(IAEA)也制定了全球范围的核安全标准，并定期对核电站进行检查和评估。每个国家都有专门的核监管机构(如美国的核能管理委员会NRC和中国的核电安全监管司)，负责监督核电站的建设和运营，确保其符合安全标准。相比其他能源形式，如煤炭和石油，核能的事故率较低，且核电站在设计和运营过程中积累了大量的安全经验。核能的高安全性是通过先进的技术设计、严格的监管和运行标准、完善的应急响应计划、高水平的运营和维护、持续的技术改进以及良好的安全记录来保障的。

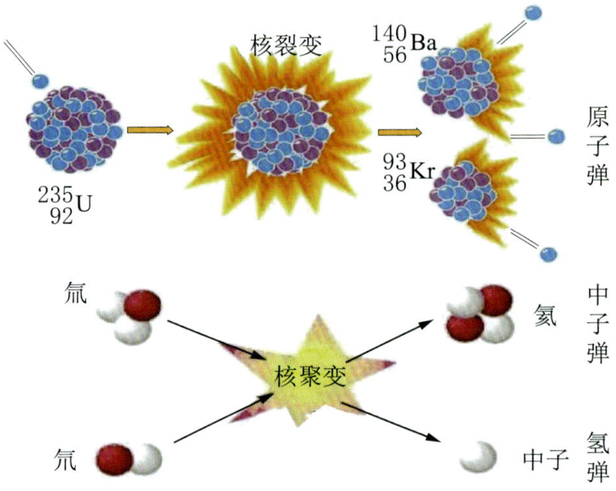

图1-6　核裂变与核聚变示意图

(参考资料:《核能的威力有多大?》)

1.4.2　核能技术及其历史发展

由于原子的体积非常小，无法用肉眼观察，核的发现较晚。1896年，法国物理学家贝克勒尔确认了放射性的存在。同年，爱因斯坦提出了革命性的理论，阐述了质量和能量之间的等价性：$E=mc^2$，这一理论奠定了核能的理论基石，且不违背能量守恒定律与质量守恒定律。1914年，英国物理学家卢瑟福，明确了氢原子核的正电特性，命名为质子。1938年，奥托·哈恩及其团队通过撞击铀原子核，揭示了核裂变现象，这成为现代核能发电的核心原理。1942年，全球首座核反应堆在芝加哥大学实现运行(表1-5)。核能的应用始于第二次世界大战时期的军事用途，原子弹的投放标志着核能首次军事实战应用。

在1951年，人类实现了核能发电。紧接着，于1954年，苏联的奥布灵斯克商业核电厂投入运行，其电力输出能力达到5 MW。核能发电在全球范围内显示出强劲的增长态势。1957年，美国建造了希平港原型核电站，装机容量是奥布灵斯克核电厂的16倍。20世纪50年代的核电机组，被统称为第一代，它们作为实验和原型设备，验证了核能发电的可行性。这些早期原型机主要采用天然铀为燃料，并辅以石墨作为慢化剂[①]，由于技术不够发达，机组体积大、结构松散、设计粗糙，发电效率并不高。

20世纪60—90年代，采用浓缩铀为燃料的第二代核能发电站启用，其反应堆设计引入水作为慢化剂，显著提升了使用寿命，可达约40年。这一时期的核电技术已实现显著的商业化与标准化，尤其体现在成熟的一系列反应堆类型上。70年代的石油危机大幅地促进了核电的发展，这一时期世界上运行的400余座核电机组多数是在石油危机后建成的。

切尔诺贝利事件[②]爆发后，世界范围内对于核电的安全更加重视。随之催生了新一代核电机组，其功率提升且安全性增强，反应堆[③]运行寿命可达约60年。第三代核电站的核心类型包括先进沸水堆（ABWR）、非动力先进压水堆（AP1000）以及欧洲压水堆（EPR）等。

第四代核电技术，涵盖了行波堆技术[④]，以及中国自主研发的高温气冷堆[⑤]和快堆[⑥]。2010年，中国实验快堆[⑦]（CEFR）实现了首次临界，标志着中国原子能科学研究院独立研发的首座快中子反应堆的诞生。至2021年，华能石岛湾高温气冷堆核电厂示范工程完成了首批核燃料装载，全球首台球床模块式高温气冷堆[⑧]正式进入带有核负荷的运行阶段。

---

① 慢化剂也被称为中子减速剂，在一般情况下，可裂变核发射出的中子的飞行速度比可被裂变核捕获的中子速度要快，因此为了产生链式反应，就必须要将中子的飞行速度降下来，这时就会使用中子减速剂。

② 切尔诺贝利核电站事故或简称“切尔诺贝利事件”，是一件发生在苏联时期乌克兰境内切尔诺贝利核电站的核子反应堆事故。该事故被认为是历史上最严重的核电事故，也是首例被国际核事件分级表评为第七级事件的特大事故。

③ 反应堆，又称为原子能反应堆，是能维持可控自持链式核裂变反应，以实现核能利用的装置。

④ 不同于现有商业化的堆，通过对抑制堆芯燃料的分布和运行，核燃料可以从一端负级启动点燃，裂变产生的多余中子将周围不能裂变的U-238转化成Pu-239，当达到一定浓度之后，形成持续的裂变反应，同时开始焚烧在原位生成的燃料，形成行波。

⑤ 高温气冷堆是一种先进的第四代核电堆型技术，通过核能—热能—机械能—电能的转化实现发电，具有安全性好、效率高、经济性好和用途广泛等优势。

⑥ 快堆也称快中子反应堆，是指没有中子慢化剂的核裂变反应堆。

⑦ 中国实验快堆工程（CEFR）属于“863计划”国家重点实验性核反应堆工程，是中国原子能科学研究院自主研发的中国第一座快中子反应堆。

⑧ 球床模块式高温气冷堆（Pebble Bed Modular Reactor，PBMR）是一种先进的核反应堆设计，旨在提高核能的安全性和效率。这种反应堆使用直径为6～10 cm的石墨球体作为反应堆的核心。每个球体内含有约5 000颗微小的燃料颗粒。

表 1-5　核能技术及历史发展大事年表

时　间	事　　　　件
1905 年	质能转换[①]由爱因斯坦提出，公式为 $E=mc^2$
1935 年	英国物理学家查德威克发现中子
1938 年	德国科学家奥托·哈恩发现核裂变现象
1942 年	世界第一座核反应堆在美国芝加哥大学成功启动
1951 年	美国首次实现核能发电
1954 年	苏联第一座商用核电厂——奥布灵斯克核电厂开始为电网供电
1957 年	美国建设装机容量为 90 MWe[②]的希平港原型核电站
2010 年	中国实验快堆(CEFR)实现首次临界
2021 年	华能石岛湾高温气冷堆核电厂示范工程首批核燃料装入反应堆

（参考资料：国家能源局，《国际核能发电历史沿革》。）

山东省烟台市的海阳核电厂按照“一次规划，分步实施”的原则，逐步开发出满足不同规模供暖需求的核能供暖技术，并分期推动落地实施(图 1-7)。三期工程已于 2023 年 11 月全部建成投产，在中国实现了跨地级市核能供暖。“暖核一号”采用高压缸排汽抽汽供热技术，将核电厂热效率由 36.69% 逐步提升至 55.9%，有效提升了热能的利用效率，为居民清洁供暖的商业可持续性提供了技术保障。二期工程替代了海阳市原有 12 台区域燃煤锅炉，减排 CO_2 3.3×10^5 t。三期工程达产后，供热能力将达到 900 MW，供热范围可覆盖乳山等地区，预计每个供暖季可提供热量 9.7×10^6 GJ，减排 CO_2 1.07×10^6 t。“暖核一号”二期工程投运后，市民享受到核能发展的红利，居民供热价格由每平方米 22 元下调至 21 元(国家能源局 2024 年数据)。

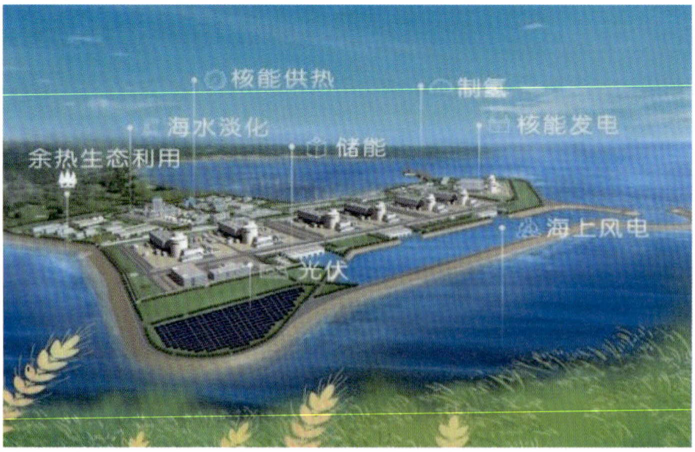

图 1-7　海阳核电厂核能综合利用蓝图

（参考资料：国家能源局，《能源绿色低碳转型典型案例汇编》。）

---

① 质能转换：物质的质量和能量可以互相转化，即质量可以转化成能量，能量也可以转化成质量，并且不违反能量守恒定律和质量守恒定律。

② MWe 即兆瓦电力，表示发电设备输出的电功率。

1.4.3 产业发展现状与趋势

根据国际原子能机构(IAEA)2023年发布的《世界核电反应堆》报告，截至2022年末，世界23个国家的核电装机容量为371 GW，在运行的核电机组共有411台。按照在运行的机组数量排序，美国、中国、法国的核电机组数量最多，其中美国在运机组92台，装机容量达94 718 MW；中国在运机组57台，装机容量达55 040 MW；法国在运核电56台，装机容量达61 370 MW。411台核电机组中，压水堆①共计301台，装机容量达289.1 GW，是在运核电的主力，占比达77.92%；其次是重水堆②，共计48台，装机容量达24.1 GW，占比达6.5%；沸水堆③共计42台，装机容量达44.1 GW，占比达11.89%(国际原子能机构2023年数据)。

核能产业是一个具有战略意义的产业，在推进核电技术的同时，它将间接地推动和增强国防核能力，对核燃料的需求将引发核燃料循环体系的建立与进步。此外，与核能相关的高级技术和配套产业也将有力地支撑国防工业的提升，并强化整个国防核工业体系的构建。因此，为了国家的安全，核能的战略地位是不言而喻的。虽然核电站的造价高昂，但随着规模化、标准化和自主化发展，核电工程的造价会逐渐降低，从而在兼顾战略意义的同时提高经济性。此外，核能产业对能源安全的保障性较好。因为核燃料的成本在核能发电成本中占比较低，存储成本较低。相较于传统化石能源，如果核燃料全部采取进口的方式，也能够保障能源安全。具体而言，依据90天石油进口储备的需求量，所需资金总额为380亿美元，这一数额足以为150座具备1×10^7 kW装机容量的核电站提供长达5.4年的核燃料存储。

中国的核电发展处于世界领先水平，主要分布在沿海的8个省份(自治区)，包括秦山第三核电站、方家山核电站、三门核电站、宁德核电站、福清核电站、岭澳核电站、大亚湾核电站、台山核电站、阳江核电站、防城港核电站、昌江核电站等。截至2023年底，中国装机容量增加至$5.703\,3\times10^7$ kW，总运行堆年④约达577.4堆年，运行机组数量及装机容量为世界第三(中国核能行业协会数据)。2023年，33台中国核电机组的综合指数经世界核电运营者协会评审荣获满分，中国核电机组的满分比例和综合指数平均值位居全球前列，连续8年保持国际领先的核电安全运营纪录。中国核电累计发电量达到4.334×10^{11} kWh，为经济发展和能源产业的绿色转型注入了强大的动力(中国核电2024年数据)。响应国

① 压水堆(Pressurized Water Reactor, PWR)是较常见的核反应堆类型之一，广泛用于核电站中。在压水堆中，水既作为冷却剂，也作为中子减速剂。水在高压力下保持液态，即使在高温下也不沸腾。

② 重水堆(Heavy Water Reactor, HWR)是一种使用重水(D_2O)作为中子减速剂和冷却剂的核反应堆。

③ 沸水堆(Boiling Water Reactor, BWR)是一种常见的核反应堆类型，在沸水堆中，水既作为冷却剂，也作为中子减速剂。不同于压水堆，沸水堆的冷却剂在反应堆堆芯中直接蒸发成蒸汽。

④ 核反应堆的累计运行时间，通常用堆年来表示。

家“十四五”规划与“2035年国家长远发展规划”，一系列核能发展战略目标和执行策略被明确，目标在于稳健推进沿海地区核电设施的建设，并致力于构建多元化的清洁能源供应体系。该策略强调了安全优先，旨在有序开展沿海核电站的建设。

1.5 生物质能

1.5.1 生物质能简介及其特色

生物质能源是基于生物质资源生产的可持续能源，这类资源涵盖农业废弃物（农作物残余如秸秆、叶片和果壳）及生活垃圾、畜牧业副产品等可再生资源。它直接或间接源自植物光合作用，经由物理变换（如通过粉碎、切割、干燥与成型提升燃烧效能）、化学转换（涉及热解、气化和液化等化学反应）和生物转换（如厌氧发酵和酒精发酵，利用微生物或酶进行转化）等方式，转化为固态、液态或气态的燃料和化学品。

生物质能作为可再生资源，其获取性取决于生物活动的持续进行。生物质能的有效利用涉及农业、林业及城市废弃物的管理，有助于缓解废物积聚与环境治理压力，降低环境污染水平。特别值得注意的是，生物质能的有害物质含量相对较低，从而显著减少了人类活动产生的CO_2排放，符合清洁能源的特性。生物质能的开发利用途径多样，包括直接燃烧以生成电力、生产生物燃料（如乙醇、沼气）以及生物质气化等，显示出广阔的应用潜力和发展前景。不过，在新能源中，生物质能的产业化程度和发展规模较低。生物质资源的获取量有限，特别是在人口密集、土地资源紧张的地区，难以满足大规模能源需求。此外生物质能转换效率相对较低，特别是传统的直接燃烧方式，能量利用率不高。利用过程中可能会产生一定的环境污染，如直接燃烧可能释放有害气体，影响空气质量。生物质能发电设备投资和技术研发成本较高，特别是在初期阶段，需要较大的资金投入，且收集、运输、储存和处理过程较为复杂，需要建立完善的供应链管理体系。

1.5.2 生物质能技术及其历史发展

生物质能作为人类生存基石的关键能源，一直以来备受关注，最早可以追溯到原始人钻木取火，这就是一种对于生物质能的利用方式。早期人类使用火的历史中，木材就是最早被利用的生物质能源，随后，动物粪便和农作物残余也被作为能源利用。19世纪的工业革命让更加高效的煤炭取代了生物质能的使用，然而，在印度及非洲的农村地域，生物质能仍然占据着显著的地位。

20世纪70年代，石油危机后，生物质能因为能源多样化的需求重新受到关注，巴西开始大规模种植甘蔗来生产乙醇燃料以减少对于石油的依赖。1978年，美国《公共事业监管政策法》鼓励生物质能及其他可再生能源的发展。80年代到90年代，厌氧消化①和生物气化②技术得到进一步开发和应用，从有机废物中生产沼气和其他类型的生物燃料。1988年，丹麦率先在全球范围内构建了首座利用农作物残余物进行生物燃烧发电的设施。90年代前后，多个国家形成了运用生物质发电的高峰期，中国也在此时开始发展生物质发电技术。

进入21世纪后，生物柴油和生物乙醇开始被看作减少温室气体排放的可行选择。2003年，美国公布了《生物质技术路线图》，其规划了美国至2020年将生物质能及其产品的贡献提升至能源总体消耗的25%。值得注意的是，2005年欧盟实施的生物燃料指令显著促进了成员国的生物燃料利用。在2009年公布的《可再生能源指令》中，设定了到2020年和到2030年的可再生能源使用目标，要求可再生能源在总能源消耗中的比例逐年增加。到了2021年，欧盟可再生能源中生物能占比达到59%，主要为热能、电力和运输燃料。2023年9月，欧洲生物能源技术与创新平台（ETIP Bioenergy）发布《2023年生物能源战略研究与创新议程》，该议程针对6种先进的生物质能转换技术，明确其关键挑战、发展建议和未来展望，并指出未来新兴技术面临的挑战，对于2项市场较为关注的技术，即可持续航空燃料和海运燃料也提出了建议。

2024年3月22日，美国宣布成立国家生物经济委员会，旨在推动生物制造领域的公共和私营部门合作，增进社会福祉、国家安全、可持续性、经济生产力和竞争力，实现可持续、安全和有保障的美国生物经济。在此前的3月14日，美国农业部发布了《构建韧性生物质供应链：美国生物经济发展计划》，提出"美国生物基优先计划"（BioPreferred Program）应该扩大认证范围和产品目录；保持对生物质生产的稳定且实质的支持措施，鼓励私营部门投资生物质供应链；继续评估和更新农作物保险计划，并通过供应链能力建设和副产品市场开发来降低风险；通过基础设施投资等措施确保公平的生物质生产收益；支持劳动力培训、项目推广和产品宣传；优先投资生物质相关数据库，跟踪生物基产品碳核算。

生物质能技术及历史发展大事年表如表1-6所示。

1.5.3 产业发展现状与趋势

根据世界生物质能协会发布的《2023年全球生物能源统计报告》，截至2020年，生

① 厌氧消化指有机质在无氧条件下，由兼性菌和厌氧细菌将可生物降解的有机物分解为CH_4、CO_2、H_2O和H_2S的消化技术。

② 在一定的热力学条件下，借助于空气（或者氧气）、水蒸气的作用，使生物质的高聚物发生热解、氧化、还原重整反应，最终转化为CO、H_2和低分子烃类等可燃气体的过程。

物热能占全球可再生热能产量的96%，而全球生物热能的88%来自欧洲。生物能源占电力结构的9%，发电量达到685 TWh①，其中，固体生物质②资源占比达69%，城市和工业废物③达17%。沼气和液态生物燃料④产量分别达到3.8×10^{10} m^3和1.46×10^{11} L。2022年，欧洲在木屑颗粒生产方面领先于全球，产量达2 600万t；非洲的木材燃料和木炭生产领先，产量分别达7.2×10^8 m^3和3.6×10^7 t(世界生物质能协会2023年数据)。

表1-6　生物质能技术及历史发展大事年表

时　间	事　　　　件
1970年左右	生物质发电出现
1978年	美国出台《公共事业监管政策法》
1988年	丹麦建立世界上第一座秸秆生物燃烧发电厂
2003年	美国出台《生物质技术路线图》
2005年	欧盟发布的生物燃料指令推动成员国使用生物燃料
2009年	欧美公布《可再生能源指令》
2021年	欧盟可再生能源中生物能占比达到59%，主要为热能、电力和运输燃料

(参考：新能源网，《生物质发电现状及其前景》。)

目前发展和产业化最为成熟的是生物质固体燃料，其中美国作为主导生产国和主要出口国的地位尤为显著，而生物质固体燃料主要的生产消费地区是欧盟。作为生产国，中国在2022年的固体燃料的年产量约为2×10^7万t。成型燃料的制备效率与原料特性相关度高。生物质液体燃料的产业化程度同样不容小觑，以燃料乙醇和生物柴油为主导

① TWh为太瓦时(Tera Watt Hour)，1 TWh=10^9 kWh。

② 固体生物质是指以固体形式存在的生物质资源，来源广泛、成本低廉，且燃烧时CO_2的排放相对较少。通过适当的处理和转换技术，可以有效提高固体生物质的能源利用效率，主要有：a. 农作物秸秆，包括小麦、玉米、稻谷等农作物的茎秆。收割后，这些秸秆通常被视为废物，但可以通过物理或化学转化用作燃料。b. 林业剩余物，包括树枝、树皮、锯末等木材加工过程中的废弃物。通过压缩成型，这些剩余物可以被制成木屑颗粒或木炭，用作燃料。c. 生活垃圾，部分可燃的生活垃圾，如纸张、纺织物等，也可以作为固体生物质资源，通过燃烧或气化等方式转化为能源。d. 畜禽粪便，经过干燥和压缩处理，可以用作燃料或肥料。

③ 从这些废物中可以分离和回收有机材料，这些材料能够通过生物过程转化为有用的能源或原料。

④ 液态生物燃料是指通过生物转化和化学转化过程，将生物质转化为液态燃料，其具有高能量密度、便于运输和储存的特点，且可以直接替代或混合使用现有的化石燃料。液态生物燃料的生产和使用，可以有效减少对石油的依赖，减少温室气体排放，具有重要的环保和经济意义。液态生物燃料主要包括以下几种类型：a. 生物乙醇，通过发酵农作物(如玉米、甘蔗等)的糖分或淀粉，生成乙醇。乙醇可以混合到汽油中使用，减少化石燃料的消耗和碳排放。b. 生物柴油，通过化学转化，将动植物油脂(如大豆油、菜籽油、废弃食用油等)转化为柴油替代品。生物柴油可以直接用在柴油发动机中，具有良好的燃烧性能和较少的污染排放。c. 生物油，通过热解或液化技术，将固体生物质转化为液态燃料。生物油可用作锅炉燃料、发电燃料，或进一步加工制成化学品和液体燃料。

产品。美国和巴西作为领军国家，在生物质液体燃料的生产和应用中占据主导地位，这两个国家的产量占据全球产量约80%。然而，乙醇的生产会产生“与人争粮”“与粮争地”等问题[①]，对于粮食安全有一定的威胁。

根据中国产业发展促进生物质能产业分会发布的《2024年中国生物质能产业发展年度报告》的数据，截至2023年末，全球生物质发电装机容量达1.5×10^8 kW，中国占比29.43%，接近1/3；生物天然气产量达7.5×10^9 m^3，中国占比仅为5.6%；生物燃料乙醇产量达8.897×10^7 t，中国占比仅3.82%；生物柴油产量达5.6×10^7 t，中国占比3.93%；可再生甲醇生产处于较低水平，中国相关项目处于规划/备案/建设阶段。在2022年，中国来自能源作物[②]、农业、林业和工业城市废弃残留物每年可利用的生物质资源约为3.5×10^9 t，丰富的生物质资源可以带来更好的环保效益。与化石能源相比，生物质中含有更少的硫和氮，用于制氢可以降解生物质，减少温室气体排放，从而促进国家能源转型及多样化发展。中国作为碳排放大国，为了在极其有限的所承诺的时间内实现碳达峰[③]、碳中和[④]的目标，所需要付出的努力远超发达国家。

生物质能可通过热化学法和生物法来制氢。生物质经过预处理，利用气化[⑤]或微生物催化脱氧制氢。利用好氢气，可以解决能源消费时的温室气体排放问题，但生产端目前还极度依赖化石能源，对于减少碳排放的帮助较小。在生物质制氢过程中，通过光合作用机制有效转化可利用的太阳能，再通过热解、气化、光解等方式来获得绿氢，这样的方式更有助于实现双碳目标。目前，生物质制氢的成本在4.8～6.1美元/kg，据国际可再生能源机构（IRENA）的预测，2030年生物质氢载体制氢的成本竞争力将大大提高，生物质制氢有希望成为制氢的重要方式。

---

① 乙醇生产通常使用粮食作物（如玉米、甘蔗、粮食谷物等）作为原料。尤其是在美国，玉米被广泛用于生产燃料乙醇。这会直接与粮食资源产生竞争，因为这些粮食原本可以用来生产食品或饲料。生产乙醇的粮食作物需要大量土地。大规模的生物燃料生产可能导致大量农业用地被转用于种植能源作物，而不是用于种植食品作物。

② 能源作物是一种特别为生产可再生生物能源（而非食品）而种植的作物。

③ 碳达峰（peak carbon dioxide emissions）指在2030年前，CO_2的排放不再增长达到峰值，之后逐步回落。碳达峰是CO_2排放量由增转降的历史拐点，标志着碳排放与经济发展实现脱钩，达峰目标包括达峰年份和峰值 。

④ 碳中和指国家、企业、产品、活动或个人在一定时间内直接或间接产生的CO_2或温室气体排放总量，通过植树造林、节能减排等形式，以抵消自身产生的CO_2或温室气体排放量，实现正负抵消，达到相对“零排放”。碳达峰与碳中和一起，简称“双碳”。中国承诺在2030年前，CO_2的排放达到峰值不再增长，之后再慢慢减下去。

⑤ 气化是指在高温下、缺氧或部分缺氧环境中，将生物质转化为可燃气体（如H_2、CO、CH_4等）的过程。具体过程包括：a. 预处理：对生物质进行干燥、粉碎等预处理，以提高气化效率。b. 气化反应：在气化炉中，生物质在高温（一般为800～1 000℃）下，通过与少量氧气或蒸汽反应，生成合成气（主要成分是H_2和CO）。c. 合成气净化：通过一系列净化步骤，去除其中的杂质，得到纯净的氢气。气化法制氢是目前生物质制氢技术中的一种重要方法，具有高效、快速的特点。

1.6 地 热 能

1.6.1 地热能简介及其特色

地热能源的根源在于地球内核的炽热岩浆，其本质是从地壳所提取的自然热能，以热力形式储存和释放。值得注意的是，该能源与地壳动力过程密切相关，可能诱发火山活动或地震，同时具备可再生性和环境友好特性。据估计，地球深部温度可达7 000℃，地下水受热后升至地表，形成地热资源。

地热能的特点在于其分布广泛、储量丰富，同时具备较好的稳定性、可靠性和清洁性。利用地热能发电的能源利用率较高，受天气影响较小，较为经济，发展前景广阔。不过，在利用地热能之前，地热资源评估是必不可少的步骤，这需要投入大量的时间、资源和技术来判断地热资源的储备量，许多条件较差的地区很难进行地热资源评估，这需要国家的宏观调控来进行地热资源的开发。地热能作为一种可再生能源，具有低碳排放、稳定性高、利用效率高等多项优势，特别适合在地热资源丰富的地区，如下文提到的高温地热带，进行开发和利用。然而，其资源分布在特定区域、高初始投资和潜在的环境影响等劣势也需要充分考虑。在未来的发展中，技术创新、政策支持和科学管理将是地热能可持续利用的关键因素。通过综合利用地热资源，地热能有望在全球能源结构转型中发挥重要作用。

地热资源总量丰富但是分布很不均匀，与板块、地震带及火山带的位置高度相关。全球性的高温地热带主要包括环太平洋带、东非裂谷带、大西洋中脊和地中海—喜马拉雅地带。同时，板块构造活动形成的造山带、山间盆地以及中新生代的沉积盆地，主要是中低温地热资源的分布区域。在中国，西藏地区富含地热资源，标志性的1 MW级高温地热站——羊八井地热站建于1976年（图1-8），堪称中国地热能利用的里程碑。该地热电站，是我国唯一仍在运营并具有经济效益的地热电站。其首台1 MW试验机组于1977年成功实现了发电。随后，通过扩建，1991年增设了8台3 MW机组，原1 MW试运行机组则于此时退役。至今，电站的总装机容量稳定在约24.2 MW，年发电量大约为1×10^8 kWh。在历史峰值，羊八井地热电站曾在冬季为拉萨电网提供高达60%的供电负荷，被誉为世界屋脊上的绿色能源瑰宝。虽然高温地热资源提供的能量更多，但是探明其分布地域所需的技术还不够成熟，因此目前中低温地热发电[①]正成为地热能发电发展的一个方向。

① 中低温地热发电主要是应用双工质循环法，即利用地下热水加热某种低沸点的有机工质，这种工质的沸点温度仅约30℃，其靠中低温地下热水加热后，能产生$(3\sim5)\times10^5$ Pa的压力，就可以推动汽轮机发电。

图1-8 羊八井地热站

（参考资料：西藏日报，《羊八井地热发电试验设施成国家工业遗产》。）

1.6.2 地热能技术及其历史发展

对于地热能的利用，最早的方式就是直接利用其热能。早期的人类利用地热能的方式较为原始，温泉疗养、医疗保健、供暖、温室设施构建、水生生物养殖以及谷物烘干等。直至20世纪，人类才对地热资源的潜在价值实现深入的认识与开发利用。

利用地热能的方式主要是发电。主流的发电技术包括背压式①等，具体技术的使用取决于地热资源的禀赋。

地源热泵②是利用地热能较广泛的形式之一，大多数热泵被安装在中国、北美和欧洲，截至2020年，已有54个国家安装了热泵，较2000年的26个国家，多了一倍左右。

1904年，意大利托斯卡纳地区的拉德瑞罗首次启用了一台以地热能驱动的发电机，其功率输出仅为100 W，可以点亮5个电灯，该发电机的动力规模微小，仅有约551 W。继此之后，1913年，全球首个地热电站在同一地区的拉德瑞罗建立，装机容量提升至250 kW。进入20世纪中期，技术进一步发展：1958年，新西兰的怀拉基地热发电厂作为首座热水型扩容闪蒸式地热电站③竣工；1960年，美国在加利福尼亚州的盖瑟斯地热田实现了里程碑式的突破，建立了第一座装机容量高达11 MW的地热电站，且持续运行超过30年。

① 背压式汽轮机是将汽轮机的排汽供热用户使用的汽轮机。其排汽压力（背压）高于大气压力。

② 地源热泵，是以地源能（土壤、地下水、地表水、低温地热水和尾水）作为热泵夏季制冷的冷却源、冬季采暖供热的低温热源，同时实现采暖、制冷和生活用热水供应的一种系统。

③ 闪蒸式地热发电系统直接利用地下热水所产生的蒸汽来推动汽轮机做功，然后将机械能转化为电能。

在20世纪70年代，中国的地热能发电产业步入了发展阶段。具体而言，1970年，广东省丰顺县邓屋率先实现了第一台中低温地热能发电机组的商业运行，成功发出了电能。随后，1977年，西藏羊八井地热电站的建成标志着我国高温地热能利用的重大突破，其装机容量曾一度达到约27.2 MW，奠定了中国在这一领域的里程碑地位。

表1-7　地热能技术及历史发展大事年表

时　间	事　　件
1904年	第一个用地热驱动的发电机在意大利托斯卡纳的拉德瑞罗投入运行
1913年	意大利托斯卡纳的拉德瑞罗的地热田建成了全球第一座地热电站
1958年	第一个热水型扩容闪蒸式地热电站——怀拉基地热发电厂在新西兰建成
1960年	美国在加利福尼亚州的盖瑟斯地热田建设了第一座装机容量为11 MW的地热电站
1970年	中国广东省第一台中低温地热能发电机组成功发电
1977年	中国第一座MW级高温地热羊八井地热电站成功发电
2016年	全球新增400 MWe地热发电装机容量，全球总地热发电装机容量达到13 500 MWe

（参考资料：汪集暘、庞忠和、程远志等，《全球地热能的开发利用现状与展望》。）

1.6.3 产业发展现状与趋势

根据世界地热大会2023年发布的《世界地热发电进展》的数据，截至2022年底，世界上有31个国家有运行的地热发电厂。统计数据显示，全球供热和制冷系统的装机容量在2020年的基础上显著提升，达到了1.73×10^{8} kWh，增长率高达60%，应用领域包括建筑物调温（占79%左右）、健康娱乐、旅游、农业和食品加工。全球使用的地热热能为410 TWh，较2020年增长了44%。全球地热发电总装机容量从1980年的2 110 MW增长到16 260 MW，分布在197个地热田①和3 700个生产井②，生产井年均产量为2 MWh左右（世界地热大会2023年数据）。

中国作为资源大国，地热资源占全球地热资源的1/6左右，中国的地热发电的增长也最为显著。2020年，中国地热装机规模在全球占比高达37.7%。中国在河北雄县建设的全国第一个地热供暖“无烟城”，供暖规模已超过1×10^{7} m²，创建了全球首例地热供暖CDM方法学，创新形成集地热勘探等技术于一体的六大核心技术体系。

近年来，随着技术的发展，对于海上地热能源的研究也有所进展。海上地热能是

① 地热田是指现代地壳内占有一定空间位置及有利地质构造部位，具有一定的物理特性（温度、压力、相态）和特殊化学组分的地下热水和蒸汽的富集区域。

② 地热的生产井指的是以井深3 500 m左右的地热能或水温大于30℃的温泉水来进行发电的设施。

位于海洋底部的天然热能，其能源来自地球内部。大洋的热流要高出大陆平均热流 35 mW/m^2，地热资源的分布也与板块运动高度相关，在板块边缘和大洋内部的分布较多。海洋地热能资源储量大、质量高，但开发难度和成本也大，技术相对不够成熟。对于海洋地热资源的利用的传统方式主要包括开采地下热水用于供暖、养殖，使用油气生产的半生水①为海上油气平台供暖和供应热水。目前海上地热发电项目多数处于论证和设计阶段。意大利是全球首个利用海洋地热发电的国家，从火山中提取蒸汽来进行发电，将蒸汽轮机、冷凝器系统、发电机、变压器等设备安置在海洋平台上。未来，随着技术的进步和成本的降低，海洋地热能有望成为重要的可再生能源来源。政策支持和国际合作将是推动这一领域发展的关键因素。创新的勘探和开采技术，特别是对于深海高温高压环境的适应性技术，将显著提升海洋地热能的可行性和经济性。此外，全球对绿色能源的需求增加也将促进海洋地热能的市场化进程。国际合作和研发投入的增加将进一步加速海洋地热能的发展，助力全球能源转型和碳中和目标的实现。

1.7 氢　能

1.7.1 氢能简介及其特色

氢作为一种二次能源，其能量的获取源于氢与氧分子之间的化学反应所释放的化学能。氢元素作为宇宙中较丰富的元素之一，其储备量巨大。按地表附近存在的元素的质量来看，氢元素排在第9位；按元素数来看，氢排在第3位，仅次于氧元素和硅元素；在宇宙元素中，氢占据了总质量的75%。常态下，氢主要以单质氢气的形式存在，其密度在已知气体中处于最低水平，更多的时候是以化合态存在。由于氢分子的可燃性，可以让其作为燃料被使用，而氢元素在大气中的体积分数在 1×10^{-6} 以下，且存在于水和碳氢化合物之中。氢能除了发电以外，也可以供热。氢的燃烧热值较高，可达酒精燃烧热值的3.9倍。由于氢的化学性质活泼，空气中氢气含量很低，自然界中没有纯氢的存在，需要通过水电解或者其他途径来制取氢气。氢的特性使得其在交通运输领域有着较为明显的优势，氢能作为二次清洁能源②，有着"21世纪终极能源"之称，在"双碳"背景下，利用氢能是一个很好的能源解决方案。

氢能被公认为一种低碳的可持续能源，其特性显著，包括高度可压缩性、巨大的储存

① "半生水"通常指在油气生产过程中产生的废水。这个术语主要在石油和天然气行业中使用，尤其是在油田开采和石油加工过程中。

② 氢能在燃烧或用于氢燃料电池时，其副产品仅有水。

潜力以及在转化过程中能量损耗为零。但其自身的易燃易爆性、泄漏性和氢脆特性也导致了氢能存在一定的安全风险。相比于其他的燃料，氢的黏度最小，这个性质导致其非常容易泄漏。氢和空气接触后形成的可燃气体混合物使得爆炸和燃烧的风险升高。由于氢的燃点低，如果在可燃气体混合物四周出现火源或高温热源，就极有可能引发氢气爆炸。在加充氢气时，如果有空气或污染杂质进入了氢箱，只要一点摩擦和静电就会导致氢箱爆炸。液氢由于其储存温度可以达到−253℃，当其气化[①]时可产生850倍的膨胀，如果液氢储罐产生泄漏或破裂，会导致低温冻伤和爆炸风险。因此，在氢能的发展过程中，需要制定并执行严格的技术规范以及安全标准。

1.7.2 氢能技术及其历史发展

相较于太阳能、风能等较早被人类所利用的能源，氢作为一种无法用肉眼观测的物质，最早是在1520年由瑞士的炼金术士帕拉塞尔苏斯(Paracelsus)以硫酸溶解金属后观察到的，他发现被投入铁屑的硫酸中会产生可燃烧的气体。直到1783年，氢才有了正式的名字，法国化学先驱安东尼·拉瓦锡(Antoine Lavoisier)赋予氢元素这一名称，源于希腊语，意指“水的产生者”。氢的历史性应用起始于1783年，工程师雅克·查尔斯(Jacques Charles)凭借波义耳的氢气制备技术，成功实施了首次无人氢气球升空实验。随后于1784年，拉瓦锡·默斯尼埃(Lavoisier Meusnier)创新地开发出铁—蒸汽法制氢，通过高温铁床催化水分解，实现了人工合成氢气的突破。然而，1785年，德洛齐埃及其同伴试图将氢气球与热气球进行组合跨越英吉利海峡，却因热气球下方火盆引发的氢气燃烧爆炸，导致两名乘员罹难，此次事件凸显了氢气易燃性的潜在风险。

从19世纪初燃料电池概念的提出到1839年第一个氢燃料电池的诞生，经过了将近40年的时光。发明氢燃料电池——格罗夫电池的威廉·罗伯特·格罗夫(William Robert Grove)也被誉为燃料电池之父。20世纪以后，氢能的发展更加迅速。1907年，全球第一台制氢机——莱恩制氢机(Lane hydrogen producer)诞生。1923年，霍尔丹(J. B.S.Haldane)首次提出利用可再生能源制取氢气。到了20世纪60年代，氢能被广泛应用于叉车、火箭发动机、水下研究船、商业化电池、高尔夫球车和汽车等场景。1963年，阿特拉斯火箭首次成功使用高能量的混合液氢和液氧，经过8次实验性飞行后成功在月球着陆。与此同时，中国的氢燃料电池研发活动步入了崭新的阶段，尤其以大连化学物理研究所的航天氢氧燃料电池项目为代表，在1987年成功制造出我国第一块碱性燃料电池。

20世纪70年代的中东战争导致了全球性的石油危机，这场石油危机催生了各种新

① 气化是指物质从液态转变为气态的过程，而汽化是指物质从固态转变为气态的过程。气化是一种化学变化，因为它会产生新的物质，比如煤气、水蒸气等；汽化是一种物理变化，因为它只改变了物质的形态，而没有改变物质的本质，比如冰变成水蒸气。

能源，也让各国开始发掘氢能的潜力，氢能作为一种替代能源进入人们的视野。1970年，美国开创性地提出"氢经济"的概念，目的是在一定程度上减少对传统化石能源的依赖。燃料电池的飞速发展，使得氢能在航空航天、发电以及交通等领域充分发挥作用，彰显了氢能作为二次能源的重要性。20世纪末21世纪初，第一家太阳能制氢厂于1990年在葡萄牙投入运营，此后，储氢瓶、氢能源机车陆续问世。

21世纪初，由于高昂的研发成本，美国终止了氢经济发展的计划，氢能产业进入了一波低潮期，但2014丰田推出的世界首款商业化的氢燃料电池汽车——未来（Mirai），形成了一波关于利用氢能的热议。随之而来的是各国围绕着发电以及交通领域所发布的氢能发展战略路线。

表1-8为氢能技术及其历史发展大事年表。

表1-8 氢能技术及其历史发展大事年表

时 间	事 件
1784年	拉瓦锡·默斯尼埃发明铁—蒸汽法制氢工艺，实现了首次人工制氢
1785年	德洛齐埃等将氢气球和热气球进行组合飞跃英吉利海峡，但氢气爆炸造成两位乘员身亡
1963年	阿特拉斯火箭首次成功使用高能量的混合液氢和液氧在月球成功着陆
1967年	氢化物压缩机诞生
1970年	约翰·伯克里斯在美国通用汽车公司演讲时首次提出氢经济
1973年	线性压缩机开始商业化生产
1988年	图波列夫Tu-155首次飞行，这是世界上第一架使用液态氢作为燃料的试验飞机
1990年	世界上第一家太阳能制氢厂投入运营
1999年	氢气收缩技术诞生
2002年	加拿大魁北克省出现第一台氢燃料电池供电的机车
2014年	丰田推出世界首款商业化的氢燃料电池汽车——未来
2017年	国际氢能理事会成立
2020年	欧盟发布《欧盟氢能战略》；美国发布《氢能计划发展规划》

（参考资料：中国电力网，《氢能发展历程》。）

当前，氢气的主要生成途径包括水电解法制氢、天然气重整法制氢、工业副产品回收制氢以及煤炭间接制氢等。这些方法构成了氢气生产的多元体系。其中，水电解制氢主要采用固体电解质电解和高温高压电解。固体电解质电解容易维护且高效；高温高压电解也是高效的电解技术，成本较低且节省容积。天然气制氢会产生温室气体，通过碳捕集、利用与封存（CCUS）等技术来减轻对环境的影响，因此天然气制取的氢气被称为"蓝氢"。工业副产制氢是将工业尾气中的氢气分离后提纯得到氢气。煤制氢的过程会有大量的温室气体产生，因此生产的是"灰氢"。绿氢是通过可再生能源（如风能、太阳能、地热能、水力等）进行水电解产生的氢气。这种氢气的生产过程不排放CO_2或其他温室气体，因此被称为"绿氢"。绿氢被广泛认为是未来清洁能源体系中的重要组成部分，具有助力实现全球碳中和目标的潜在力量。

氢的储存手段主要包括高压气态、液态及固态存储，其中高压气态储氢较为普遍，其优势在于结构简单、释氢速率高效。液态储氢分为低温储氢和有机液体储氢。目前液氢已在航天工程中成功使用。固体储氢的密度高于液氢，主要用金属氢化物、纳米材料等。

氢气的输送手段与存储方法相似，主要包括气态、液态和固态3种形式。对于大规模远程运输，以气态传输——通过管道网络和长管拖车得以实现，其经济性相对较高。液态氢的运输同样适用于此类场景，通过减少运输频率，增强了供应站点的能力，已经成为美国和日本等国家的主要氢气运输策略。至于固态运输，依赖于诸如镁基储氢材料等装置，实现了储氢密度与效率的双重优化。

四川德阳东方电气氢能全产业链项目打造了氢电互融的综合能源供应系统，涵盖光伏发电、绿色制氢、高密度储氢、氢能加注、燃料电池供电、燃料电池供热、高效吸收式制冷等多个技术环节及验证示范（图1-9）。预计可实现200 Nm^3/h级PEM电解水制氢，实现氢气高密度高安全储运，其中固态储多级增压系统最高加氢压力达到80 MPa、最大储氢量超60 kg，有机液体储运氢规模实现60 kg/d，高压气态储氢可达85 kg；该项目场景适配能力强，为氢能综合利用提供了解决方案，并带动技术升级、核心装备国产化，自主可控程度高，有力推动了氢能国产化进程。

图1-9　MW级PEM电解水制氢系统

（参考资料：国家能源局，《能源绿色低碳转型典型案例汇编》。）

1.7.3 产业发展现状与趋势

氢能产业链的上游为制氢，根据制氢的碳排放情况分为“绿氢”“蓝氢”和“灰氢”；产业链中游是氢储运，目前使用最多且高度商业化的储运方式是高压气态储运技术；产业链下游是氢的应用，需求量主要集中在工业生产、交通运输等。氢能在交通运输领域的应用主要包括氢燃料汽车、氢储能电站和轨道交通的应用。

随着我国“双碳”目标的提出，氢能产业的发展愈发迅速。氢能在全球新能源版图中占据显著地位，众多国家已制定氢气发展路径或氢战略，如欧美和日本等已将氢能纳入国家级能源战略规划，其中日本和美国在核心技术方面占据领先地位。全球对氢能行业的高度关注直接推动了该行业基础架构的构建与市场规模的逐年增长，区域供应网络逐渐成型。中国的区域供应网络也在积极搭建中。

绿氢及其衍生物(氢基能源)是实现净零排放的关键。有效利用绿氢等可再生能源，通过提升能源利用效率，有助于实现《巴黎协定》目标所要求的大部分减排内容。如图1-10所示，根据国际可再生能源署(IRENA)的计算，在《巴黎协定》的1.5℃的目标[①]下，到2050年，绿氢及其衍生物可能会减少12%的CO_2排放量，并能满足全球最终能源消耗的14%，而电解槽容量需要扩大到2050年的5.722×10^6 MW。

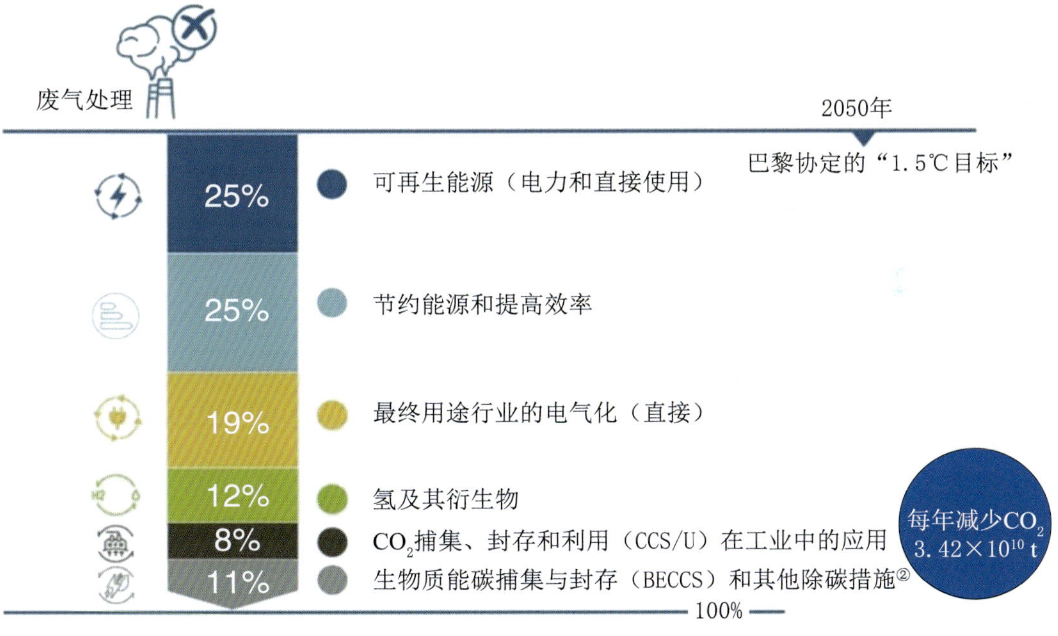

图1-10 《巴黎协定》1.5℃目标下2050年的CO_2减排量

(参考资料：国际可再生能源署，《绿氢发展2024》。)

绿氢及其衍生物为高度工业化国家的工业转型提供了实现净零排放的机会，同时也为可再生能源资源丰富的国家的工业发展绘制了前景。实现这些目标需要强有力的需

①《巴黎协定》设定的目标是将全球升温控制在不超过工业化前2℃以内，最好是1.5℃；1.5℃被认为是一个临界阈值，因为超过这一界限，气候变化的影响预计会变得越来越严重；如果我们继续以目前的速度排放温室气体，到21世纪末，全球将升温2.7℃。

② BECCS是指通过分离和吸收大气中的CO_2，并将其封存在地下来减少大气中CO_2的技术。

求信号、有效的公共政策和私营部门的积极参与。绿氢的部署还将涉及新的价值链的创建，其中一些价值链跨越全球，涉及广泛的利益相关者，需要进行国际合作，以分享最佳做法以及在此过程中吸取的经验教训。

国际氢能理事会(Hydrogen Council)和麦肯锡公司联合发布的《氢能洞察2023》(Hydrogen Insights 2023)指出，2030年的氢能直接投资额将达到3 200亿美元，其中近一半投资于氢能的大规模工业应用，而大约20%投资在交通运输领域。全球范围内，超过1 000座加氢站已经投入运营，标志着氢能的进一步普及。已经公布的电解槽项目总容量已达230 GW(《氢能洞察2023》)。在已宣布的投资中，大约有2/3的资金用于氢能的供应端，每年投入使用的绿氢供应量约有8×10^5 t，其生产总量达到3.8×10^7 t。可再生能源制氢的产量每年约为6×10^5 t，相当于700 MW的电解水容量。据世界能源理事会预计，至2030年，全球氢能源行业的总投资额将攀升至5 000亿美元的峰值，到2050年，氢能可在全球终端能源消费量中占25%。

随着全球能源转型的进程推进，氢能的发展愈发迅速。根据《氢能洞察2023》的数据，目前全球氢能市场的总规模约为1 250亿美元，到2030年时将达到2 500亿美元左右，到2050年市场规模将超过万亿美元。即使氢能目前在新能源中占比并不高，但是由于其在碳减排战略和能源体系中的重要性，未来氢能会呈现量级的增长，具有很大的发展潜力，未来可期。中国在氢气产量上的增速领跑全球，国际能源署(IEA)统计，2022年全球氢气总产量达到9.813×10^7 t(图1-11)，同比增长3%，而在这一年，中国的氢气产量为3.781×10^7 t，同比增长13.1%，占据了将近40%的份额。预计至2050年，氢能在我国能源结构中的份额将达到约10%，届时氢气需求量预计将攀升至6×10^8 t，年度产值预期超过100万亿元。全球能源互联网发展合作组织在其发布的研究报告《全球能源包容公正韧性转型——方案与实践》中详细阐述了能源体系加速转型的实施路径。该报告提倡构建“风光水火储”多能互补的能源生产体系、“电氢冷热气”互通互济的能源消费体系等。同时，倡导以平等互利的原则推进能源转型，兼顾能源与产业、就业和社会治理的协调发展，致力于实现所有人共享可持续能源；秉持创新安全理念，统筹能源系统与气候环境等自然要素，强化基础设施的灾害抵御能力。通过整合气候数据和风险评估，以设计更具韧性的能源系统。例如，采用耐风暴和耐震设计的电力基础设施，为水电站和风电场提供更有效的防洪措施。通过实时监控和预警系统，迅速响应极端天气事件，从而减少对能源供应的影响，保障持续稳定的能源供应。

全球加氢站市场总规模正在不断扩大，这体现了氢能产业的强劲发展势头。如图1-12所示，2023年，全球已建成的加氢站有1 089座，2024年上半年总数达到1 262座。随着氢能技术的不断发展和应用推广，加氢站行业有望在未来迎来更加广阔的发展前景。

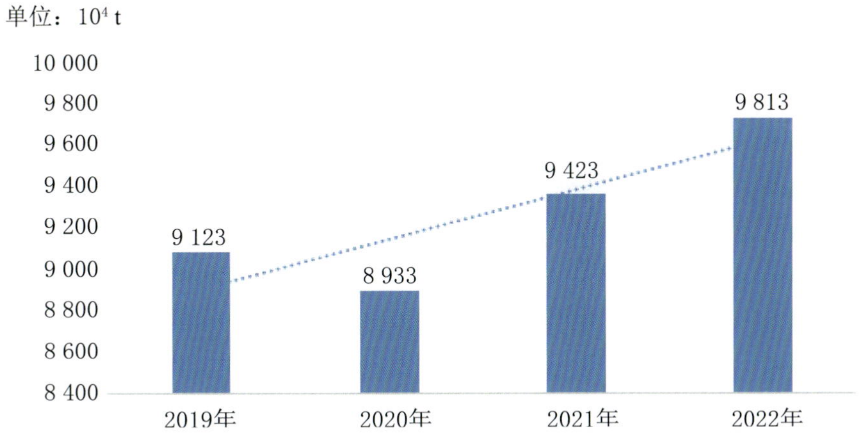

图 1-11　全球氢气产量

（参考资料：《2023 年氢能产业洞察白皮书》。）

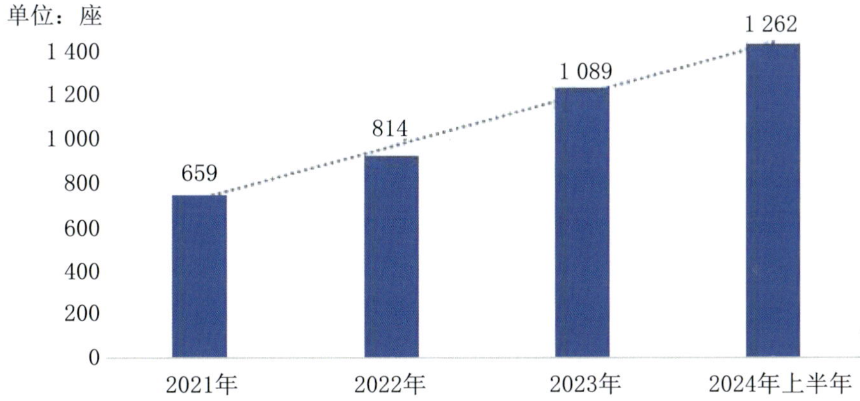

图 1-12　全球加氢站数量

（参考资料：中关村新型电池技术创新联盟官网，《全球累计建成加氢站达 1 262 座　中国保有量占比全球最大》。）

《2023 年氢能产业洞察白皮书》指出，全球氢能经济面临着投资决策滞后的问题，只有 10% 的投资通过了最终投资决策。目前通过最终投资决策的电解产能已超过 9 GW，其中 40% 是中国承诺产能。目前拥有加氢站最多的地区是亚洲，超过 650 个，远超欧洲。从 2021 年底到 2022 年，全球加氢站的部署量增长超过了 50%，增长最快的地区包括中国、韩国和日本。尽管氢能行业的发展在全球受到了很大的关注，但实际承诺资本只占目前已宣布投资的 10%。此外，氢能行业仍面临着供应链紧张、通货膨胀、利率上升、劳动力短缺以及公众支持不足等挑战。如果想在 2030 年实现净零增长，氢能的承诺资本必须增长 20 倍以上。氢能的主要应用领域是工业领域，在 2022 年，工业领域用氢占到总用氢比重的 99%。长期来看，氢能在工业领域的应用占比为 95%，至 2060 年将降至 57%，在交通领域增至 28%，其他 15% 则来自电力、建筑和农业等领域。氢能减碳方案所具有的比较竞争力，决定了其在各部门的部署潜力。

1.8 新能源产业的比较分析

1.8.1 新能源产业发展程度及特色比较

根据国际能源署发布的《2023年可再生能源》的统计数据，全球可再生能源新增装机量在2023年实现了50%的年度增长率，其增速超越了过去30年的历史记录。据预测，在现有政策和市场条件下，预计全球可再生能源装机容量在2023—2028年将达到7 300 GW。到2025年初，可再生能源将成为全球主要的电力来源。国际可再生能源署(IRENA)发表的《可再生能源装机容量统计年鉴2024》显示，截至2023年，全球太阳能发电装机容量为1 419 GW，占比37%；水力发电装机容量为1 268 GW，占比33%；风力发电装机容量为1 017 GW，占比26%。全球能源结构中可再生能源装机容量增加了473 GW，而太阳能在其中占据了73%。为实现2050年前控制全球温度升高的目标，预计2030年前还需增加7.2 TW的可再生能源装机容量。相比之下，核能、生物质能、地热能、氢能等的装机容量没有达到1 000 GW。截至2022年末，世界23个国家的核电总装机容量为371 GW。其中，2023年可再生能源装机容量增长最多的地区是亚洲，占比达20.1%，装机容量增长了1 961 GW，而亚洲地区增长的来源主要是中国。尽管新增装机容量创下新高，但能源转型仍未达到预期，需要达到2023年的一倍的增量才能满足年增接近1 100 GW的目标。能源供应需要多种形式的储能手段来进行调控，以解决新能源发电不稳定的问题。

中国在新能源产业发展的过程中占据着至关重要的地位。自2020年以来，中国政府明确提出了“双碳”的战略愿景，中国不断采取措施，颁布相关政策，争取产业转型并调整能源结构，不断实现技术突破来应对气候变化。随着这些努力，中国已经在新能源领域成为领跑者。截至2024年5月，中国新增发电量中有80%来自可再生能源，占比从2023年底的32%增长到34.2%。

如表1-9所示，虽然都属于清洁能源，但水能和风能在获取时可能会产生CO_2，核能也有泄漏的风险；太阳能、水能和地热能的地域性较强，只能在特定地点建设；太阳能、风能和水能存在不同程度的季节性，受太阳辐射和水资源的影响较大；而在各种新能源中，氢能的储存较为简单，也可以长周期储能，这是其他新能源不易达到的特性，而且氢燃料电池汽车是少有的能在低温下启动的，抗极端天气能力较强。

表1-9 主要新能源的特点比较

新能源	清洁性	地域性	季节性	储　存	抗极端天气能力
太阳能	清洁能源，可再生	受地域影响大	受光照影响大	储存其热量或转化为电能储存	一般
风能	清洁能源，可再生，涡轮机的生产和安装会产生一定碳排放	选址较为灵活，可以在海上建设，但需远离人口中心	季节性较强	主要通过电池、压缩空气、水泵、超级电容器等方式储能	一般
水能	清洁能源，但建设水电站时如果库区有植物，会产生大量的CO_2和CH_4	受地域影响大	可以通过水库调节丰水期和枯水期	通过水库和泵水储能	一般
核能	清洁能源，但核事故会产生很大的辐射影响	无地域限制	无季节限制	通过电能储能	一般
生物质能	清洁能源	无地域限制	无季节限制	通过电能储能	一般
地热能	清洁能源，可再生	受地热资源限制	无季节限制	通过热能和电能储能	一般
氢能	清洁能源，燃烧时副产品只有水	无地域限制	无季节限制	易于储存，可以将电能转化为化学能储存；具有长周期储能能力；储能密度大	抗寒冷天气能力好，目前最低可在－40℃无损冷启动

（参考资料：朱美芳、熊绍珍，《太阳电池基础与应用》，科学出版社2014年版；宋敏、董占飞，《我国水能开发现状及发展机遇》；中国工程院“我国核能发展的再研究”项目组，《我国核能发展的再研究》，清华大学出版社2015年版；日本氢能协会，《氢能百科全书》，机械工业出版社2023年版。）

在新能源产业的发展中，不同的新能源有着不同的特色，有自己的优势和劣势。但各类新能源并不是单独存在的，需要彼此扬长避短，通过互补来构建一个低碳的综合能源系统。要想构建一个低碳综合能源系统，需要通过各种新能源互补、多网络融合、多元储能等方式来保证多样化的服务。

1.8.2 氢能的比较优势

在所有新能源中，氢能的自身性质决定了其优势（表1-10）。制氢的原料是水，几乎不存在资源上的限制，氢气作为燃料在燃烧后仅生成水，因此被认定为一种环保的清洁能源。因此，氢的循环也不会像化石能源一样，扰乱自然循环，而更接近于水循环。相比之下，液氢的运输成本较低，效率也高，其兼备热源、动力源、燃料电池、化学原料的各种用途。即使氢能现在在新能源中的占比并不高，但是未来会呈现量级的增长，发展具有潜力，未来可期。

表1-10　氢能的比较优势

氢能优势	相　关　事　例
高转换效率	氢燃料电池将化学能转换为电能，发电效率可以达到50%～60%
储能的高密度和长期性	氢储能密度可达140 MJ/kg，是天然气、汽油、柴油的2.7倍，是锂电池等的100多倍。锂电池不能做到长期储能，但氢能只要不发生泄漏，就可以实现长期存储，进行跨季节、跨区域的调峰
有效降低碳足迹	氢能可以将不稳定的新能源电力转换为易于存储的氢能来进行储存和运输，从而减少碳足迹；在工业中，氢气可作为还原剂代替焦炭和天然气，从而减少碳排放
抗极端天气性能好	东风氢舟H2·e能在−30℃的环境中快速启动；海马汽车的海马7X-H氢燃料电池汽车续航里程可达800 km，一次加满氢气仅需3～5 min，百公里氢耗低至0.87 kg，电堆使用寿命长达30 000 h，即使在−30℃的高寒环境中也能正常使用
可再生能源制氢	利用新能源发电的多余电力来制氢等，将“弃电”转化为氢能
经济性	1 kg氢的储能成本在1 000元以下，氢储能的成本仅是储电成本的10%左右
氢制氨/甲醇	氢气制成氨或者甲醇也是一种氢能的储存方式。氨在目前主流的电制液体中成本是最低的。同时，由于氨的爆炸极限(16%～25%)较氢(4%～75%)更窄，提高了安全性
高安全性	根据斯韦恩(Swain)博士的燃烧对比试验，氢燃料电池汽车燃烧时的损坏更小

（参考资料：欧阳明高，《储能成本偏高难题亟待破解》；张娜、米倩玉、邓嘉纬等，《新能源崛起对中国新能源产业战略的影响》；大连日报，《预计2030年前后燃料电池轿车进入寻常百姓家》；湖北日报，《一口“气”跑600公里》；氢能源网，《70 MPa车载储氢系统：舜华助力海马氢燃料电池汽车示范运营》。）

第一，氢能的一大优势是其具有较高的转换效率。相较于其他新能源，氢燃料电池本质上是能量转换装置，输入燃料后产出电能，能量从化学能转换至电能的形式，其途径非经由热机途径，从而规避了卡诺循环①的约束，显示出显著的高效特性。燃料电池的发电效率在50%～60%，而且氢还有部分能量转化为热能，可以在寒冷的天气为车辆供暖，适合在北方寒冷地区行驶，续航里程也不会减少。

第二，氢能的另一大优势在于其极高的储能密度和储能的长期性。氢储能因其显著的能量密度优势，展现出在储存和运输方面的卓越潜力。氢储能密度可达140 MJ/kg，是天然气、汽油、柴油的2.7倍，是锂电池等的100多倍。其他新能源的电能形式，如太阳能发电并以锂电池的形式来存储电能，这种存储方式会使得电力随着时间的流逝而被消耗，但是氢能只要不发生泄漏，就可以实现长期存储，也可以作为“应急电源”存在，在电

① 卡诺循环(Carnot cycle)是指只有两个热源(一个高温热源温度T1和一个低温热源温度T2)的简单循环。由于工作物质只能与两个热源交换热量，所以可逆的卡诺循环由两个等温过程和两个绝热过程组成。

力缺乏时供应电力。氢的这一特性在电力系统的大型调峰过程中展现出显著效益，并支持着季节性和区域间的储能功能的实现。由于各类新能源的不稳定性、季节性、地域性等缺点的存在，氢能可以作为一种储能形式用以调节电力的供应。主要方案是在用电低谷期将多余的新能源电力利用电解水制氢，然后将这些能源以氢气的形式存储下来，等到用电的高峰期，再利用氢能发电，从而达到跨季节、跨区域的调峰。

第三，从国家战略层面来看，利用氢能是降低碳足迹的重要介质，氢能也是新能源发展的必要支撑。中国是能源大国，亦是出口工业品的大国，随着发达国家对于碳足迹要求的提高，工业品的准入门槛也愈发严格。对此，只有通过提高新能源的应用以及在能源的使用中的比重，才能降低工业品的碳足迹。中国各类新能源的资源储备非常丰富，但是目前制约中国碳足迹的重要原因是储能技术、能源转换效率等。氢能的优势在于，将不稳定的新能源电力转换为易于存储的氢能来进行储存和运输，利用氢能来发电可以提供稳定的电力。这样可以有效地降低碳足迹，从而提高工业品的竞争力，抢占国际市场。氢能源除其基本的燃料特性外，还在工业领域扮演着至关重要的角色。作为工业催化剂，氢气能够有效地替代传统原料如焦炭和天然气，特别是在钢铁和冶金行业中，其应用显著减少了碳排放量，几乎消除了此类过程产生的大部分温室气体排放，有助于化工领域的降碳减排工作推进，更能助力提升我国能源系统的整体效率。

第四，氢燃料电池汽车相较于电动汽车在抵御严寒及性能表现上占据优势，具备迅速启动和供热能力。东风氢舟H2e，中国首例全功率燃料电池车型，已进入示范运行阶段。在极寒（−30℃）条件下，其能实现快速启动，加氢3 min实现600 km的续航，百公里氢消耗量约为0.75 kg。海马7X-H装配了丰田电堆系统与舜华70 MPa车载储氢系统，最大行驶里程可达800 km，单次加氢仅需3～5 min，且百公里氢耗低至0.87 kg。该车型电堆寿命高达30 000 h，且展现出卓越的耐寒特性。

第五，可再生氢（renewable hydrogen）的兴起成为新能源研究的焦点，其生产途径包括利用风电、光伏等新能源过剩电力驱动电解水制氢，核能热解制氢，生物质热裂解和气化制氢，以及光电化学和太阳能热化学耦合制氢。中国水电规划设计研究院发布的《2023年中国可再生能源发展报告》显示，我国当前可再生制氢产业发展迅速，年度产能已达到78 000 t，同比增长123%，且绿色氢生产技术路径呈现出多元化并加速商业化的发展趋势。

第六，利用氢储能的成本相较于其他长周期储能方式经济性更高。随着储能时间的上升，其系统的边际价值①减少，整体成本也随之降低，使得大规模氢储能相较于电力储能的经济效益优势更为明显。欧阳明高院士提到，1 kg氢的储能成本在1 000元以下，但同等电量的储电成本保守估计在16 500元左右，氢储能的成本仅是储电成本的10%左右，这说明了氢储能的经济性。

① 边际产品价值（VMP），特指在保持其他因素恒定的情况下，额外引入一个生产要素单位所对应的产物增值额。

第七，氢气制成氨或者甲醇也是一种氢能的储存方式。将氢气转化成能量密度更高的氨气或甲醇，耗费的储运成本比液氢更低。例如，氨在主流的电制液体储存介质（包括液氢、液氨、液化天然气、甲醇及有机液态储氢）中具有相对较低的成本。同时，由于氨的爆炸极限（16%～25%）较氢（4%～75%）更窄，提高了安全性。这样的“氨—氢”能源路线，可以更好地完善能源体系。

第八，氢燃料电池汽车的安全系数相对较高。参照Swain博士（美国迈阿密大学）针对氢燃料电池车与内燃机汽车燃烧特性进行的严谨对比实验，在同时进行泄漏点火试验时，高压氢气在3 s后从汽车尾部垂直冲向上方，与此同时燃油汽车从下部开始着火；1 min后，氢燃料汽车的火焰并未扩散对汽车造成伤害，仍是垂直喷射，但燃油汽车的燃烧对汽车造成了较大的损害。因此，在空间较为开阔的情况下，氢燃料电池汽车对于汽车的损坏是更小的，这也表明氢燃料电池汽车的安全系数较汽油汽车更高。

参考文献

[1] 朱美芳，熊绍珍.太阳电池基础与应用[M].北京：科学出版社，2014.

[2] 高鹏飞，任泽豪.太阳能技术在新能源汽车领域的应用探析[J].汽车测试报告，2023(10):65-67.

[3] AFCUD协会.太阳能：发展历程与现状[EB/OL].[2024-06-17].https://www.afcdud.com/cn/energie-2/449-why.html.

[4] Expert Market Research. Global Solar Energy Market Market Size Analysis Report - Market Share, Forecast Trends and Outlook[EB/OL].[2024-06-17]. https://www. expertmarketresearch.com/reports/solar-energy-market.

[5] 舟丹. 太阳能光伏产业发展现状[J]. 中外能源，2023，28 (2)：50.

[6] 中国政府网.去年光伏产业总产值超1.75万亿元　主要制造环节产量同比增长均超64%[EB/OL].[2024-06-17].https://www.gov.cn/yaowen/liebiao/202403/content_6939497.htm.

[7] Tony Burton.风能技术[M].武鑫，译.北京：科学出版社，2014.

[8] 日本氢能协会.氢能百科全书[M].北京：机械工业出版社，2023.

[9] 孙学军. 氢分子生物学[M].北京：第二军医大学出版社，2013.

[10] 黄婕，许云.新能源发展对电力市场竞争力的影响分析[J].智能建筑与智慧城市，2024(4):98-100.

[11] 张娜，米倩玉，邓嘉纬，等.新能源崛起对中国新能源产业战略的影响[J].中国软科学，2024(2):1-8.

[12] 中国工程院“我国核能发展的再研究”项目组.我国核能发展的再研究[M].北京：清华大学出版社，2015.

[13] 中国核电.推动核能发展，保障能源供给[EB/OL].[2024-06-17].https://www.cnnp.com.cn/cnnp/zhzx83/mtjj71/1427921/index.html.

[14] 中国核能行业协会.我国核电运行年度综合分析核心报告[EB/OL].[2024-06-17].https://www.

china-nea.cn/site/content/44665.html.

[15] 国际电力网.浅析巴西水电发展[EB/OL].[2024-06-17].https://power.in-en.com/html/power-2409987.shtml.

[16] 国家核安全局.国际原子能机构发布《世界核电反应堆(2023年版)》[EB/OL].[2024-06-17].https://nnsa.mee.gov.cn/ywdt/gjzx/202310/t20231012_1042969.html.

[17] 世界生物质能协会.2023年全球生物能源统计报告[EB/OL].[2024-06-17].https://www.las.ac.cn/front/product/detail? id=607a495715d9c76a4d4c72dc69b7986b.

[18] 中国产业发展促进会生物质能产业分会.2024中国生物质能产业发展年度报告[EB/OL].[2024-06-17].https://beipa.org.cn/newsinfo/7147401.html.

[19] 田宜水,单明,孔庚,等.我国生物质经济发展战略研究[J].中国工程科学,2021,23(1):133-140.

[20] 尹正宇,符传略,韩奎华,等.生物质制氢技术研究综述[J].热力发电,2022,51(11):37-48.

[21] 李娜娜,陶诚,孔彦龙,等.全球地热发电现状与研究进展[J].热力发电,2024(6):1-11.

[22] 汪集暘,庞忠和,程远志,等.全球地热能的开发利用现状与展望[J].科技导报,2023,41(12):5-11.

[23] 马冰,贾凌霄,于洋,等.世界地热能开发利用现状与展望[J].中国地质,2021,48(6):1734-1747.

[24] 苏锋,甄梅楠,刘孝刚.我国水能工程发展现状及其对生态环境的影响研究[J].中国设备工程,2022(13):231-233.

[25] 田振环,王厚杰,王威,等.海上地热能开发现状及其对中国的启示[J].海洋地质前沿,2024,40(6):1-12.

[26] 岳国君,林海龙,彭元亭,等.以生物质为原料的未来绿色氢能[J].化工进展,2021,40(8):4678-4684.

[27] 宋敏,董占飞.我国水能开发现状及发展机遇[J].科技创新与应用,2023,13(19):25-28.

[28] 中国水力发电工程学会.你知道水力发电的历史吗?[EB/OL].[2024-06-17].http://www.hydropower.org.cn/showNewsDetail.asp? nsId=16909.

[29] 集邦新能源网.同比增长52%! 美国2023年光伏装机达35.3GW[EB/OL].[2024-06-17].https://www.energytrend.cn/news/20240306-134034.html.

[30] 国家能源局.截至2023年12月底全国太阳能发电装机容量约6.1亿千瓦 同比增长55.2%[EB/OL].[2024-06-17].https://news.smm.cn/news/102600137.

[31] 北极星火力发电网.我国地热发电现状与展望[EB/OL].[2024-06-17].https://news.bjx.com.cn/html/20200804/1094322.shtml.

[32] 国际氢能网.一文详解“氨-氢”能源路线[EB/OL].[2024-06-17].https://h2.in-en.com/html/h2-2418809.shtml.

[33] 中国储能网:氢储能在我国新型电力系统中的应用价值、挑战及展望[EB/OL].[2024-06-17].https://www.escn.com.cn/20231211/63c945b0e7ea4e5d966dc8903e28879b/c.html.

[34] 侯家萍,王闻,张蕾欣,等.现代生物质能源技术体系及其产业化应用态势[J].现代化工,2022,42(5):7-13.

[35] 氢能源网:70MPa车载储氢系统:舜华助力海马氢燃料电池汽车示范运营[EB/OL].[2024-06-17].http://www.china-h2.org/details.aspx? newsId=63618&firtCatgoryId=9&typeIndex=1.

[36] 欧阳明高.储能成本偏高难题亟待破解[J].中国石油企业,2024(4):8-9.

[37] 大连日报.2023年度大连市最高科学技术奖获奖者、中国工程院院士衣宝廉:预计2030年前后燃料电池轿车进入寻常百姓家[EB/OL].[2024-06-17].http://www.dicp.cas.cn/xwdt/mtcf/202403/

t20240326_7053711.html.

［38］ 湖北日报.一口“气”跑600公里［EB/OL］.［2024-06-17］.https://www.dfmc.com.cn/news/zixunju-jiao/news_20240508_1118.html.

［39］ 章建华.统筹发展和安全　推动电力行业安全高质量发展［EB/OL］.［2024-06-17］.http://www.nea.gov.cn/2023-06/01/c_1310722793.htm.

［40］ 氢启未来网.为什么氢燃料电池汽车安全系数相对最高［EB/OL］.［2024-06-17］.https://baijiahao.baidu.com/s? id=1705327799509058874&wfr=spider&for=pc.

［41］ 华经情报网.2023年全球及中国风力发电行业现状分析，海上风力发电占比将进一步提高［EB/OL］.［2024-06-17］.https://www.huaon.com/channel/trend/933020.html.

［42］ 人民网.我国正在研究制定新一轮核电发展中长期规划［EB/OL］.［2024-06-17］.http://finance.people.com.cn/n1/2021/0418/c1004-32080840.html.

［43］ 中国科学院科技战略咨询研究院.美国发布生物经济发展计划并宣布成立国家生物经济委员会［EB/OL］.［2024-06-17］. http://www. casisd. cas. cn/zkcg/ydkb/kjzcyzxkb/2024/zczxkb2022405/202406/t20240614_7189119.html.

［44］ 前瞻网.2022年新能源行业产业链全景梳理及区域热力地图［EB/OL］.［2024-06-17］.https://www.qianzhan.com/analyst/detail/220/220718-b63c8cac.html.

［45］ 华经情报网.2023年全球及中国加氢站行业现状及发展趋势分析，将迎来广阔的市场前景和巨大的发展机遇［EB/OL］.［2024-07-11］.https://www.huaon.com/channel/trend/972829.html.

［46］ 国家能源局.能源绿色低碳转型典型案例汇编［EB/OL］.［2024-07-11］.https://www.nea.gov.cn/2024-05/19/c_1310775206.htm.

［47］ 中国电力企业联合会.未来5年全球可再生能源将迎来快速增长期［EB/OL］.［2024-07-11］.https://mp.weixin.qq.com/s/JkWSS3_iSbutdOF-WXErSA.

［48］ 央视财经.中国可再生能源发电占比创新高［EB/OL］.［2024-07-23］.https://mp.weixin.qq.com/s/Yv8Tya56t2Ox6mHdAI9Q-A.

［49］ 世界生物质能协会.2023年全球生物能源统计报告［EB/OL］.［2024-06-17］.https://www.las.ac.cn/front/product/detail? id=607a495715d9c76a4d4c72dc69b7986b.

2 氢能产业发展概述

2.1 发展氢能的重要性及必要性

氢能作为一种清洁能源，在能源安全及国家战略层面，推广氢能应用可以为实现我国碳达峰和碳中和目标提供支持；在环境保护及社会可持续发展层面，氢能的利用能够促进环境保护，发展氢能有助于实现能源、经济、环境的可持续发展，为后代子孙留下更美好的生存环境；最后，氢能的发展将会有效推动技术创新与产业升级。

2.1.1 能源安全及国家战略层面

2020年9月，“中国将提高国家自主贡献力度，采取更加有力的政策和措施，CO_2排放力争2030年前达到峰值，努力争取2060年前实现碳中和”被正式提出①。这为中国积极应对气候变化确立了碳达峰、碳中和目标（以下简称“双碳”目标）目标。在“双碳”目标的指引下，能源领域正经历一场深刻的变革。这场变革的核心在于，将原本依赖化石燃料的能源结构，转变为一个以可再生能源为核心、多种能源形式相互补充的全新体系。中国“双碳”目标的提出，在国内国际社会引发了广泛的关注，发展氢能被视为实现全球“双碳”目标的关键路径。作为一种储量丰富、环境友好且用途广泛的二次能源②，氢在推动可再生能源广泛使用方面扮演了关键角色。它能够满足电网大规模调峰以及跨季节和地区储能的需求，因此有助于加速工业、建筑和交通等领域向低碳化发展。开发和应用氢不仅能够减少对化石燃料的依赖，还能显著减少温室气体排放，从而推动能源结构的转型。推广氢能应用，有助于降低大气中CO_2等温室气体的浓度，为实现我国“双碳”目标提供支持。

目前全球氢能发展如火如荼，中国国家发展和改革委员会以及国家能源局联合颁布了《氢能产业发展中长期规划（2021—2035年）》，明确指出氢能是未来国家能源体系的重要组成部分。2024年4月，氢能已被正式纳入《中华人民共和国能源法（草案）》，这意味着氢能作为能源，将在全国综合能源规划、全国分领域能源规划、省市区能源规划中有明确的发展规划。随着全球对可持续发展理念的认同和环保意识的增强，氢能作为一种清洁能源的优势逐渐凸显。国际能源机构（IEA）预测，未来几十年内，氢能可能会成为世界能源市场上的重要组成部分，特别是在运输、电力和工业领域。而氢能可以通过多种方

① 2020年9月22日，习近平主席在联合国大会一般性辩论上向全世界宣布。

② 二次能源是转化过形式的能源，是由一次能源经过加工或转换得到的其他种类和形式的能源，也称“次级能源”或“人工能源”。

式生产，包括水电解、化石燃料重整等，这增加了能源供应的多样性和安全性。中油碧辟石油有限公司（简称“中油碧辟”）在其发布的《世界能源展望》（2023版）中称，为覆盖2050年能源系统可能出现的多种情况，其将全球能源系统划分为“快速转型情景”[①]“净零情景”[②]“新动力情景”[③]，上述三种情景将与能源和环境相关的诸多因素纳入考虑范畴，例如，能源生产和使用及化石燃料的提取、运送与分发环节中产生的碳排放和甲烷排放。随着能效加速提升，“快速转型情景”“净零情景”“新动力情景”下的全世界终端能源的需求均将达峰，能源行业的供给将面临更大的挑战，如图2-1所示。

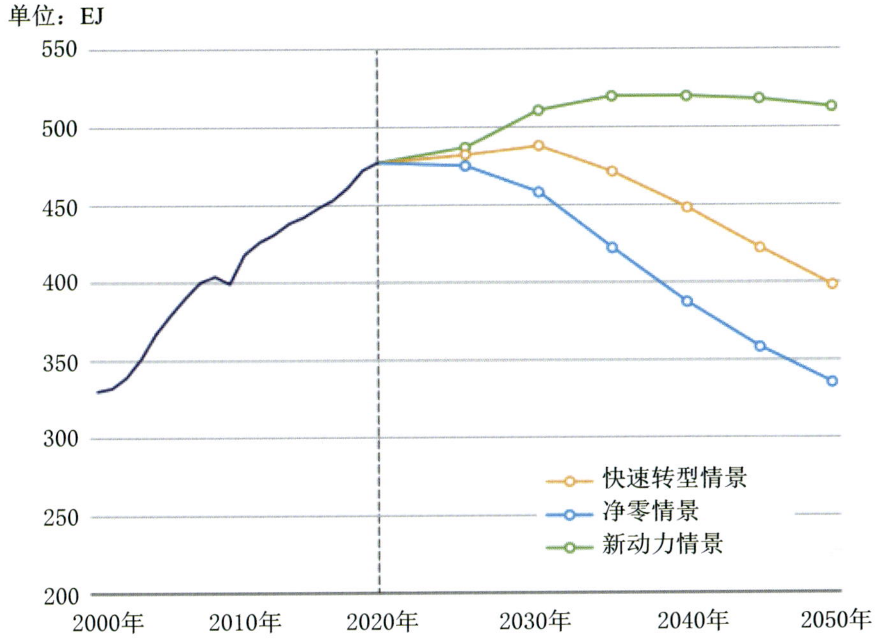

图2-1 三种情景里的终端能源需求量[④]

（参考资料：《世界能源展望》（2023版）。）

氢能的储存和运输技术的发展，也为能源供应提供了更多的灵活性，氢能的开发与利用也被视为破解能源危机的一种方式。氢能的储存和运输是实现氢能应用的关键步骤。传统上，氢气的储存和运输技术面临着成本高、效率低、安全性要求高等挑战。而随着技术的进步，这些难题正在逐步被克服，从而为氢能在能源系统中的应用提供了更多的可能性和灵活性。除了减少进口依赖之外，氢能还可以增强能源结构多样化，因为氢能作为一种清洁能源载体，其开发利用有助于打破传统以化石燃料为主导的能源结构。

① 快速转型情景指一种加速的能源转型路径，目标是尽快减少碳排放并实现能源系统的深刻变革。

② 净零情景指到某一特定年份实现净零碳排放的目标，即在该年份内所有温室气体的排放量与吸收量相抵消。

③ 新动力情景指一种以新的经济动力和创新为核心的发展模式，旨在通过采用新技术、业务模式和治理方式推动可持续发展。

④ 艾焦（EJ）是一种能量单位，也称作艾焦耳，是国际上用来衡量能量和做功的单位。1 EJ=10^{18} J。

通过整合风力和太阳能等可再生资源来生产氢气，我们能够建立一个多样化的能源供应网络。这种方法有助于降低对单一能源的依赖程度，提高能源结构的韧性。更为重要的是，氢能的广泛应用有助于构建更为分散和坚韧的能源供应网络，降低因地缘政治、自然灾害等因素引发的能源供应中断风险。同时，通过减少对外部能源的依赖，氢能增强了国家或地区在能源领域的自主性和安全保障能力。

此外，氢可作为规模化储能载体，通过可再生能源电解水制氢再发电回网的方式，实现电网削峰填谷。氢能可以打破可再生能源并网消纳的瓶颈，加速可再生能源资源开发利用。通过"电—氢"耦合，即将电力系统与氢能系统相结合，实现两者之间的互补与优化，可以提高电网系统抗风险能力和稳定性，增强电网供应体系的韧性。建立电氢体系是推进可再生能源开发和加速能源转型的重要途径。通过电力与氢气的联合应用，可以克服电网在接纳新能源发电方面的限制，从而促进风能、太阳能和水能等可再生能源的广泛开发和应用，以满足社会各行业多样化的能源需求。氢能的引入为能源的使用和体系的完善提供了更多的选择，能够有效地缓解单一终端能源体系的安全难题。电氢体系对于我国减少对油气资源的外部依赖、提升能源安全水平、实现碳排放的峰值和中和目标、改善生态环境、构建美好家园具有深远的现实意义。

随着全球能源形势的变化，各国纷纷提出减排目标，发展清洁能源已成为国家战略需求。氢能作为一种具有广泛应用前景的清洁能源，对于实现国家战略目标具有重要意义。同时，氢能技术是未来能源技术竞争的重要领域。通过加快氢能产业的发展，可以提升国家在新能源技术领域的竞争力，增强国家的国际地位和影响力。在氢能技术的创新与产业应用方面，必须全面考虑氢能的供应能力、产业基础、市场潜力以及技术创新的水平，积极有序地开展示范项目，以确保氢能产业的稳健发展。

然而，要实现氢能在能源结构中的广泛应用，还需要解决一些挑战，如氢气的储存和运输问题、现有能源系统的适配问题以及相关法规和标准的制定问题。在发展氢能的过程中，安全和环保是不可忽视的重要因素。为提升氢能产业链的风险防控能力，需构建一种既清洁又低碳、成本效益高的多元化氢气生产体系。在此体系中，应优先发展利用可再生能源的氢气制备技术，同时对依赖化石燃料的制氢过程实施严格限制。与此同时，国际合作和政策支持将对氢能的快速发展起到至关重要的作用。总之，氢能作为推动能源结构转型的重要力量，其潜力巨大。各国需要共同努力，通过政策制定、技术研发、市场推广等多方面的措施，加速氢能在全球能源体系中的融入，以实现低碳、清洁、可持续的未来能源愿景。

2.1.2 环境保护及社会可持续发展层面

氢能的利用能够促进环境保护，对社会的可持续发展也大有益处。作为一种可再生能源，发展氢能有助于实现能源、经济、环境的可持续发展，为子孙后代留下更美好的生存环境。在促进可持续发展方面，氢能具有关键作用，影响着多个领域。例如，在城市化进程中，氢能也为建设智慧城市和绿色交通体系提供了新的解决方案。氢燃料电池公交车和出租车正在逐渐取代传统燃油车辆，减少了城市交通的碳排放。此外，氢能技术还可以应用于城市能源系统；在工业领域，氢能具备成为传统化石燃料替代品的潜力，可应用于钢铁、化工等高耗能、高排放行业，推动这些行业的低碳转型。例如，在钢铁生产中，氢气可以被用来替代煤炭作为还原剂，显著减少炼铁过程中的CO_2排放。在交通运输领域，氢能在该领域的应用不限于公共交通工具，还包括私人汽车、卡车、船舶甚至飞机。氢燃料电池汽车的推广可以减少交通运输对石油的依赖，降低交通领域的碳排放，同时提供与传统燃油车辆相当的续航里程和充电速度。

相反地，化石燃料的广泛使用引发了显著的环境退化和生态系统破坏，其从开采、输运到燃烧的各个环节中都可能会造成相应的环境污染问题。例如，运输石油的油船起火，在造成人员伤亡的同时，泄漏的原油还会在海域表面形成浮油层，造成严重的环境污染；同时还会造成生态破坏，海域的大多数生物也将面临死亡。例如，在毛里求斯旅游胜地发生的一起货船燃油泄漏事件，对毛里求斯环境及经济的影响可能持续数十年。

在全球碳中和倡议加速实施的背景下，我们正经历着一场前所未有的全球性能源革命。考虑到地球上的资源分布极不均匀，以及某些资源的不可再生特性，人类对资源的竞争和争夺自远古以来就从未停止过。世界各国由于争夺化石能源，甚至引发了战争。例如，在1979—1980年，伊朗经历了一场革命，紧接着的是与伊拉克之间的战争，这导致全球石油日产量急剧下降，进而引发国际石油市场价格的突然上涨。化石燃料的需求对各国间的社会、政治和经济的往来产生了巨大影响。

2.1.3 技术发展带来的经济效应层面

氢能的发展将会推动技术创新与产业升级。氢能产业的发展需要不断的技术创新和进步，从制氢、储氢到运氢、用氢，每一个环节都需要高水平的技术支持。例如，在氢气的运输方面，目前常用的管道输送、液化氢气运输以及压缩气体运输等都有其局限性，如成本居高不下、氢气泄漏的安全隐患等，因此，选择经济、高效和保证大规模运输安全的氢气输送方式是运氢环节需要突破的关键技术。开发新型的储运氢技术，可以显著降低成本和提高安全性，这有助于推动相关技术的突破和创新，进而带动产业的升级和转型。

同时，氢能产业以其技术密集、影响广泛和强大的带动效应而著称。该产业的发展不仅能为我国经济的高质量增长注入新的活力，还将推动相关产业链的进步。氢能全产业链会催生新的就业机遇，推动经济增长和产业结构优化。2024年5月，中华人民共和国人力资源和社会保障部（人社部）公布新拟定的生物工程技术人员等职业信息。这些新增加的职业中包含了一个与氢能相关的岗位，即氢基直接还原炼铁工。这是人社部首次发布氢能相关职业信息。据国际氢能委员会（Hydrogen Council）的预测，至2050年，氢能产业预计将提供3 000万个就业机会，降低6×10^9 t的CO_2排放量，并产生2.5万亿美元的经济价值。根据《中国氢能产业发展蓝皮书（2023）》的预测，在全球能源结构中，氢能的比重有望达到18%。

《新能源汽车产业发展规划（2021—2035年）》预测，到2025年，氢燃料电池汽车的总量将达到约5万辆。同时，计划建设一系列加氢站。此外，通过可再生能源生产的氢气预计将达到每年$(1\sim2)\times10^5$ t，这将显著增加氢能的消费比例，并有望实现每年减少CO_2排放$(1\sim2)\times10^6$ t，这将为社会提供巨大的经济效益。针对能源利用的效率而言，氢能的能量密度高，可以用于高效发电、燃料电池汽车等领域。

通过加快氢能产业的发展，可以提升国家在新能源技术领域的竞争力，增强国家的国际地位和影响力。近年来，随着全球能源形势的变化，各国纷纷提出减排目标，发展清洁能源已成为国家战略需求。氢能作为一种具有广泛应用前景的清洁能源，对于实现国家战略目标具有重要意义。

2.2 氢能的种类

在目前的能源结构中，石油、天然气等均为一次能源。这些资源在未经处理的状态下不能直接使用，因此需要通过加工转化为电能或汽油等二次能源，氢气也是一种二次能源。目前，人类已经找寻到了很多几乎不留下碳足迹的氢制取方法，因此，氢气的分类可以根据其生产方法的不同来进行分类，同时依据制氢工艺所产生的碳排放程度进行分类，从高到低依次为灰氢、蓝氢和绿氢。

2.2.1 灰氢

灰氢，作为一种氢能源的形态，是指通过石油、天然气以及煤等化石燃料转化而来的氢气。在生产过程中，会伴随大量的CO_2排放。尽管这种制氢方式的成本相对较低，但其碳排放量却相当高，因此被称为“灰氢”。具体来说，灰氢的特点如表2-1所示。

表2-1　灰氢的特点

类　别	特　　　点
生产过程	依赖于化石燃料
环境影响	生产伴随着大量温室气体排放，对环境的影响相对较大
经济性	成本上相对较低，是目前市场上最常见的氢气形式

（参考资料：马可·阿尔韦拉，《氢能革命：清洁能源的未来蓝图》，机械工业出版社2022年版；国家标准全文公开系统，《氢系统安全的基本要求》。）

值得一提的是，随着全球对于减少温室气体排放的共识加深，灰氢可能会逐渐被更环保的绿氢所取代。灰氢作为一种传统的氢气生产方式，虽然在现阶段具有一定的经济优势，但在环境保护和气候变化的大背景下，其长期发展前景受到限制。

2.2.2 蓝氢

蓝氢是指通过化石燃料制取，并结合碳捕集、利用与封存技术（CCUS）[①]所获得的氢气。这种方式的碳排放量相对较低，然而其碳捕集的成本较为昂贵。蓝氢作为氢气的一种生产方式，结合了传统的灰氢生产和碳捕集技术，其生产过程包括运用各类化石燃料，例如，石油、天然气和煤炭等，通过化学反应产生氢气，这一点与传统的灰氢生产相同。不同之处在于，蓝氢生产过程中采用了CCUS技术，而不是将CO_2释放到大气中，这样做实际上降低了温室气体如CO_2的排放量。这种碳捕集技术有助于减轻化石燃料制氢对环境的影响，使得蓝氢成为一种相对更环保的选择。具体来说，蓝氢的主要特点如表2-2所示。

表2-2　蓝氢的特点

类　别	特　　点
生产过程	依赖于化石燃料，结合碳捕集、利用与封存技术来减少CO_2排放
环境影响	大幅减少温室气体的排放
经济性	成本上较灰氢高（碳捕集、利用与封存技术的投资和运营成本）

（参考资料：马可·阿尔韦拉，《氢能革命：清洁能源的未来蓝图》，机械工业出版社2022年版；国家标准全文公开系统，《氢系统安全的基本要求》。）

综上所述，蓝氢作为一种过渡性的清洁能源，其生产过程结合了传统化石燃料制氢和碳捕集技术，环境影响相对于灰氢有所改善，但仍非最理想的零排放解决方案。经济性方面，随着技术进步和规模化生产，蓝氢有望在未来发挥更重要的作用，尤其是在推动能源转型和实现碳中和目标的过程中。蓝氢的出现是向绿色能源过渡的重要一步，它为那些短期内难以完全转向可再生能源生产的地区或行业提供了一个中间方案。通过减少而不是消除碳排放，蓝氢为全球能源结构的转型提供了灵活性和现实性。随着全球对于减少温室气体排放的共识加深，蓝氢作为一种过渡方案，其重要性可能会在未来几十年内逐渐增加，直到最终实现以绿氢为主的清洁能源体系。

2.2.3 绿氢

绿氢是指通过利用风能、水能和太阳能等可再生能源进行电解水制氢的过程。在这

① CO_2捕集、利用与封存（CCUS）是指将CO_2从能源利用、工业过程等排放源或大气中捕集、分离，并输送到适宜的场地加以利用或封存，以实现CO_2长期封存或转化利用的过程。

个过程中，由于完全避免了碳排放，因此具有环保优势，但成本相对较高[1]。绿氢的制作过程涉及使用太阳能、风能等可再生能源来产生电力，随后这些电力被用于电解水(H_2O)，从而分解水分子得到氢气(H_2)和氧气(O_2)。这个过程是完全环保的，因为它不依赖于化石燃料，因此不会产生温室气体排放。绿氢的生产方式主要是电解水，这个过程利用了如太阳能、风能等可再生能源，其碳排放几乎为零，被认为是未来氢能发展的主要方向，也被认为是实现碳中和目标的关键途径之一。具体来说，绿氢的主要特点如表2-3所示。

表2-3　绿氢的特点

类　别	特　　点
生产过程	依赖于可再生能源，如光伏和风能，是构建未来“氢能社会”的主要氢源之一
环境影响	低碳甚至零碳排放，对环境的影响极小
经济性	成本较高

（参考资料：马可·阿尔韦拉，《氢能革命：清洁能源的未来蓝图》，机械工业出版社2022年版；国家标准全文公开系统，《氢系统安全的基本要求》。）

综上所述，绿氢作为一种环保且可持续的能源解决方案，其生产过程的清洁性、对环境的积极影响以及潜在的经济效益，都标志着它是未来能源转型和实现低碳社会的重要环节。它有助于实现CO_2的转化和资源化利用，为煤炭等传统能源的替代提供了可能性。绿氢的发展对于达到全球“双碳”目标极为重要，它将推动工业、建筑、交通等领域的低碳化进程。尽管目前面临技术和成本的挑战，其经济性受到电解技术成本和可再生能源成本的影响，但随着政策支持、技术革新和规模化生产，绿氢的成本有望逐渐降低，对于推动能源转型和实现长期的环境保护目标具有重要意义。

2.3 氢安全性及氢安全相关事故

2.3.1 氢安全性及氢安全相关事故

氢是元素周期表的首位元素，其相对原子质量为1.008。这种气体无色、无味、无臭，且具备高度易燃的特性。根据国家标准，氢的物理化学性质如表2-4所示。

① 2030年，以光伏发电和陆上风电作为电力来源的绿氢成本预计为10～16元/kg。

表2-4 氢的物理化学性质

类 别	特 点
状态	氢在标准状况下是无色气体，具有非常低的熔点(−259℃)和沸点(−253℃)
密度	氢气的密度非常小，大约为0.089 9 g/L(101.325 kPa, 0℃)，约为空气密度(约为1.225 g/L)的7.3%，这意味着它会在空气中上升并迅速扩散
溶解性	氢气在水中的溶解度较低，大约为0.000 17g/100 mL
燃烧性	氢气在常温常压空气中的可燃极限为4%～75%(体积分数)，氢气极易燃烧，且在高浓度时具有窒息性。它对钢材有渗透作用，可能导致氢脆化现象。氢气在常温常压空气中的爆轰极限①在可燃极限范围内，为18.3%～59%(体积分数)，爆轰速度为1 480～2 150 m/s。氢气也是高能燃料，当与空气或其他氧化剂结合着火时，会释放出大量的能量
化学反应性	氢气是一种强还原剂，广泛用于合成氨、合成甲醇、合成盐酸等化工过程

(参考资料:国家标准全文公开系统,《氢系统安全的基本要求》。)

由于氢气的上述特性，它在工业上有着广泛的应用，同时也是未来能源技术中的一个关键元素。同时，氢气还有一些与安全性和安全风险相关的特性，以下为其主要表现：鉴于其黏性较低，以及较强的透过和分散特性，在氢气的产出、运输及利用环节，泄漏的风险显著上升且由于氢气是无味、无色、无毒的可燃性气体，因此不易被人察觉；点火能量小，仅0.02 mJ，极易被点燃。氢气的点火温度大约在500℃；它具有较宽的燃烧范围，氢气的可燃极限为4%～75%，这意味着当氢气在空气中的浓度处于4%～75%时，遇到足够能量的点火源(如火花、明火)即可发生燃烧或爆炸。相比石油和天然气，氢气是极易燃易爆炸的，使用时必须注意其安全规范；另外，一旦起火后，其火焰温度高，传播速度快；最后，在氢的高压输运和高压储存、压缩等环节，可能会遇到材料的氢脆问题。因此，在处理和应用氢气时，需要注意其安全性，因为它极易燃烧和扩散，可能需要采取特殊的安全措施来防止火灾和爆炸的风险。

然而，与化石燃料相比，氢气的使用仍具有一定优势。例如，氢起火的持续时间仅为碳氢化合物(如石油、天然气)的1/15～1/10，火灾造成的损害也较轻。在氢能的利用端而言，氢燃料电池汽车相较于传统的燃油车也具有一定的优势。对于氢燃料电池汽车，氢气泄漏后火焰会向上(因为氢气的上浮速度快等)，不会波及整个车辆；而传统的燃油车由于汽油下淌，在地上蔓延，可能会引燃整台车辆，甚至点燃油箱，发生汽车爆炸事故。所以，氢燃料电池汽车比燃油车具有更高的安全性。

氢的安全性种类主要取决于其储存和使用方式。氢气的储存与运输方式多样，涵盖了压缩氢气、液化氢气及金属氢化物等形式。每种方式都有其特定的安全要求和风险，具体如表2-5所示。

① 爆轰极限是指易燃易爆气体、蒸汽或粉尘在空气/氧气中形成可引发爆轰的爆炸气体混合物的浓度范围。

表 2-5　氢气储存和运输方式的安全要求和风险

具体环节	氢气储存和运输方式的安全要求和风险描述
压缩氢气	氢气压缩存储在高压气瓶中，但这需要严格的安全措施来防止泄漏和火灾
液化氢气	将氢气冷却到极低温度(−253℃)使其变成液体，储存在特制的容器中，这种存储方式的氢气密度更高但需要保持低温
金属氢化物	氢气可以与某些金属(如镁)反应生成金属氢化物，这是一种固态储存方式，可以在需要时释放氢气

(参考资料：国家标准全文公开系统，《氢系统安全的基本要求》。)

氢气作为一种轻质、无色、无味且具有易燃特性的气体，在安全方面具有一些独特的基本特性，具体如表 2-6 所示。

表 2-6　氢气的安全特性

氢气的安全特性	描　　述
泄漏	氢气由于分子小，易于从容器或管道的微小裂缝中泄漏。因此，对于氢设施的密封性要求非常高，以防止氢气的意外泄漏
漂浮	氢气是最轻的气体，其密度远低于空气，因此在释放到大气中时会迅速上升并向上扩散。这个特性有助于氢气在开阔区域中的快速分散，但也意味着在封闭或半封闭空间内，氢气可能聚集在顶部
火焰可见性	氢气燃烧产生的火焰通常是蓝色的，几乎无烟，这使得在光照充足的环境下火焰肉眼可能不太可见，增加了安全隐患
火焰温度	氢气燃烧时的火焰温度较高，可以达到 2 000℃以上，这意味着它能够引燃许多难以点燃的材料
燃烧速度	氢气的燃烧速度较快，一旦发生燃烧，火势可以迅速蔓延①
火焰热辐射	氢气燃烧时产生的热辐射强度大，这可能导致相邻物体或结构的热损伤，尤其是在密闭空间内
极限氧指数	氢气的极限氧指数(LOI)很低，大约为 4%，这意味着在空气中只要含有 4% 的氧气，氢气就可以燃烧。这一特性表明氢气对氧气的依赖性较低，即使在缺氧的环境中也能燃烧

(参考资料：国家标准全文公开系统，《氢系统安全的基本要求》。)

综上所述，氢气作为一种重要的工业气体和能源载体，其安全性至关重要。无论是在生产、储存还是使用过程中，都需要严格遵守安全规范和操作程序，以确保人员和设施的安全。

2.3.2 氢安全事故

氢能产业的长期可持续发展依赖于氢安全，这是其发展的前提条件和基础。在当前阶段，我国的氢能产业仍旧处于发展的初始阶段。但安全、可靠的发展是世界各国及产

① 氢气在空气中的燃烧速度约为 20 m/s，这比天然气高 4 倍。

业界首先需要面对的重要问题,应当引起社会各界广泛的关注和足够的重视。近年来,多起氢安全事故在国内外发生,涉及氢能供应链的各个环节,这些事故反映了氢能供应体系中的多个关键部分存在安全隐患。根据国际氢能事故报告数据,设备失效、操作错误、设计瑕疵以及保养不当这四个主要因素在339起氢能事故中总共占比超过一半。

事故的出现并非无迹可寻,通常可以归纳为三个主要因素:设备或环境的不安全条件、操作者的不安全操作以及监管层面的不足。因此,本章综合考虑事故发生的年份(事故发生时间距离现在的远近)和事故导致的受灾规模大小(选取了规模较大的),共总结梳理了6起与氢相关的安全事故(表2-7),详细描述了其年份、事故、发生地、受灾规模大小和原因,以期为后续氢的安全使用提供相关启示。

表2-7　氢相关安全事故梳理

年　份	事　　故	发生地	受灾规模大小	原　　因
1937	氢燃料“兴登堡号”飞艇焚毁事件	美国	36人遇难	由发动机放出的静电或火花点燃了降落时放掉的氢气
1986	挑战者号航天飞机灾难	美国	飞机解体,机上7名宇航员全部遇难	燃料舱在高温烧灼下,其结构失效
2007	俄亥俄州火电厂氢气爆炸事故	美国	拖车司机死亡,10名电厂工作人员受伤	储罐的爆破片破裂,氢气泄漏发生爆炸
2019	挪威加氢站爆炸事故	挪威	2人轻微受伤,并送医院观察	高压储氢瓶装配错误导致氢气泄漏
2019	美国加州圣克拉拉氢转运设施事故	美国	2人轻伤,现场停泊的车辆受损严重	氢气意外从一个开口的管道中泄漏
2022	Suiso Frontier 远洋运氢船首航事故	澳大利亚	没有造成人员伤亡和财产损失	电磁阀[①]出现故障,导致气体燃烧和装置排气管发生燃烧,引发火灾事故

(参考资料:HIAD数据库。)

1. 氢燃料“兴登堡号”飞艇焚毁事件

1937年5月,一起震惊航空界的灾难在美国新泽西州曼彻斯特镇发生。德国载客飞艇兴登堡号在准备着陆时,在距离地面92 m的高空突发大火。由于船体内充满了可燃的氢气以及易于燃烧的外壳,火焰迅速扩散。仅34 s,这艘飞艇便化为灰烬。这场灾难造成飞艇上35人及地面上1人遇难,成为当时航空界死亡人数较多的灾难之一,97名乘客中仅有61人生还。通过一系列的实验发现,兴登堡号飞艇表面的铝热剂涂层与其事故之间存在关联。这种高度易燃的混合物几乎等同于火箭燃料。而覆盖其上的铝粉也是高度易燃物质,与内部填充的氢气共同引发了这场灾难。

① 电磁阀是用来控制流体方向的自动化基础元件,属于执行器;通常用在机械控制和工业阀门上,通过一个电磁线圈来控制阀芯位置,切断或接通气源以达到改变流体流动方向的目的,从而对介质方向进行控制,进而实现对阀门开关的控制。

2. 挑战者号航天飞机灾难

1986年1月，挑战者号航天飞机在发射后的73 s内，由于O型环密封圈①出现故障，导致外部燃料舱②在高温火焰的烧灼下瓦解，这股高温火焰从裂缝中逸出并烧毁了外部燃料舱，使得高速飞行中的航天飞机解体，机上7名宇航员不幸遇难。

挑战者号航天飞机灾难与氢燃料紧密相关。挑战者号使用的外挂燃料箱外壳非常薄弱，却装填了760 t的液氧和液氢。在O型环失效后，高温燃气泄漏并加热了旁边的燃料箱，导致内部液体迅速膨胀并引发爆炸。在发射前夕，工程师们还对低温下发射的危险性表示担忧，但这一警告未能引起足够重视。此次灾难性事件导致美国航天飞机的飞行计划暂停了32个月。调查结果显示，NASA（美国国家航空与航天局）在决策过程中存在严重的缺陷，管理层未能对已知的固体火箭助推器设计上的不足提出改进建议，并且忽视了工程师们对低温发射潜在危险的警告。

3. 俄亥俄州火电厂氢气爆炸事故

2007年1月，俄亥俄州火电厂一辆正在进行例行充注作业的压缩氢气长管拖车发生了氢气爆炸事故。事件导致拖车司机遇难以及9名电厂工作人员受伤。事故发生时，其中一个储罐的爆破片在未达到其设定的压力保护值时意外破裂，导致氢气通过泄压排气管道的破损部分喷出，并在上方天棚下迅速形成了一个爆炸性的气体环境，随即发生了爆炸。

调查结果显示，这起致命事故是由多个关联性故障引起的。首先，本应作为固定式储罐过压保护的爆破片提前异常破裂。在爆破片失效的情况下，泄压排气管道由于设计不当，管道的薄弱处无法承受释放的氢气流的压力而发生破裂。由于天棚处没有合适的排气设计，逃逸出的氢气迅速上升，在半封闭的空间内形成了爆炸性气体环境。此外，天棚下方的照明电路未经过防爆处理，存在多种潜在的点火源。

4. 挪威加氢站爆炸事故

2019年6月，Nel Hydrogen公司发布声明，确认其合作伙伴运营的位于奥斯陆郊外的加氢站于6月10日发生爆炸。该事故导致2人受伤并引发连锁反应，如丰田和现代汽车宣布暂停在挪威销售氢燃料电池汽车。据当地媒体报道，尽管没有直接人员伤亡，但爆炸冲击波触发了附近其他汽车的气囊，致使2人受伤。

Nel Hydrogen公布了关于加氢站爆炸事件的调查结果。报告显示，氢气泄漏主因是高压存储设备中某个特定接口的装配不当。在识别出事故的根本原因之后，Nel Hydrogen对旗下所有具有相似接口的高压存储设施进行了彻底的检查，并启动了完整性验证流程。在确保加氢站安全性的基础上，之前临时关闭的服务站点在最短时间内重新对外开放。

---

① O型密封圈指的是一个经典的圆环形状，它的存在纯粹是为了在两个其他零部件之间创建一个更好、更不易泄漏的密封界面，通常的目的是防止气体或液体的无意外泄漏。

② 用于贮存主、辅机所用燃油的舱室，一般为双层底内的若干舱室。

5. 美国加州圣克拉拉氢转运设施事故

在2019年6月，空气产品公司位于加利福尼亚州圣克拉拉的氢转运设施发生了一起高压氢气泄漏事故。2021年6月，Hydrogen Safety Panel发布的一份公开调查报告显示，该事故缘于在高压氢气拖车加氢过程中操作不当和沟通失误导致的氢气泄漏。拖车模块中的氢气通过未完全连接的管道高速喷出，周围迅速形成了爆炸性混合气体。这些混合气体被点燃后引发了爆燃和喷射火焰。泄漏发生几秒后，氢气与空气形成的易爆混合物引发了爆炸，导致高压喷射火焰。火灾和随之而来的爆炸损坏了管道，触发了储氢瓶的热敏泄压装置①，进一步增加了氢气泄漏量。估计共有约250 kg的氢气在此次事故中泄漏。火焰虽然蔓延到了附近的其他拖车，但该公司的工作人员迅速启动了紧急停车程序，并成功将其他拖车与氢气源隔离，有效控制了事故的进一步扩大。

然而，与多数氢气爆炸事故相似，空气产品公司和圣克拉拉消防局都未能确定确切的点火源。根据空气产品公司提供的信息，可能的点火源包括由高压气体释放引起的粉尘云，或者是气流推动金属门移动而产生的静电。此外，还有一种可能性是冲击波②引发的延迟自燃现象③。

6. Suiso Frontier远洋运氢船首航事故

澳大利亚运输安全局(ABTS)详细披露了一起与全球首艘液化氢运输船“Suiso Frontier”号相关的事故。这艘船是由日本川崎重工在其神户工厂设计和建造的，并前往澳大利亚哈斯汀港。当船只停靠在澳大利亚哈斯汀港时，气体控制设备的故障导致了事故。尽管发生了这一事故，“Suiso Frontier”号仍顺利且安全地返回日本神户港，这标志着全球首次液化氢长途海运任务的成功完成。

在事故发生后，澳大利亚运输安全局(ABTS)进行了详细的调查，确定该起事故的根本原因是电磁阀的不当安装所引起的功能失效。这一失效导致火焰从船舶的燃气燃烧装置的通风口暂时性地喷出。尽管此次事件没有引发更严重的火灾或爆炸，也未造成任何人员伤亡或对设备的损害，但它反映了船只安全管理方面的重大漏洞。为了防范此类事故的再次发生，气体燃烧装置的制造商等已经对其旗下的每台空气风扇排气阻尼器实施了改进措施。如安装了限制开关，这种开关的主要功能是监测阻尼器④的实时位置。同时，系统的控制逻辑也进行了重新编程。

① 热敏泄压装置是一种用于防护区气体压力释放的自动安全装置。

② 冲击波也被称为激波，是一种具有巨大能量和破坏力的非线性波动现象。

③ 延迟自燃现象指从氧化剂与自燃燃料相接触到出现火焰之间的时间间隔。

④ 阻尼器是一种用于减缓或消除振动和冲击的装置。

2.4 氢能产业链及氢安全风险隐患分析

氢能产业链由上游制备、中游储运和下游应用三个环节构成，具体结构如图2-2所示。

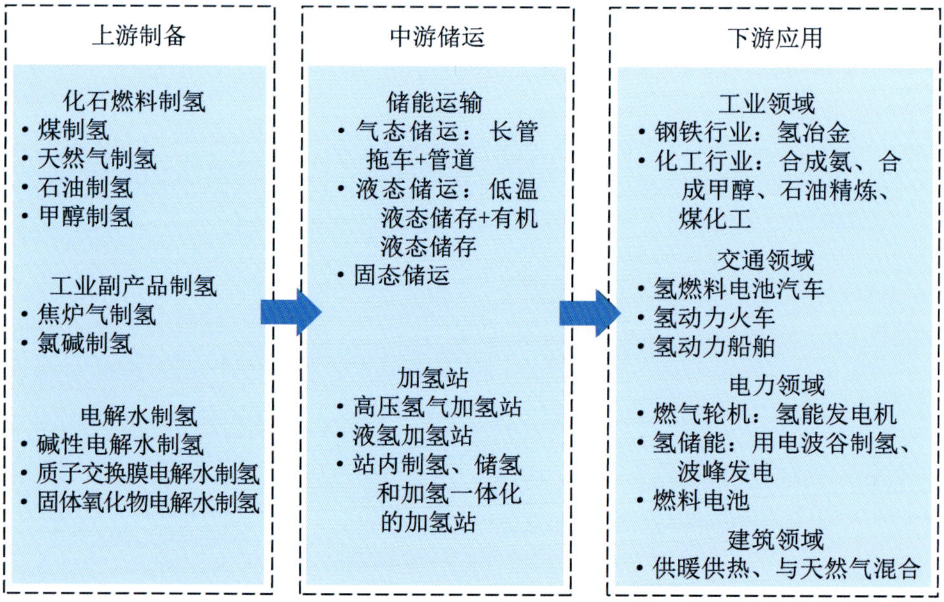

图2-2　氢能产业结构

（参考资料：《中国氢能产业发展报告（2024）》。）

上游是氢气制备，包括化石燃料制氢、工业副产品制氢、电解水制氢；中游是氢气储运环节，包括储能运输以及加氢站；下游是氢气的应用，包括工业领域、交通领域、电力领域和建筑领域应用等。

氢气具有高度易燃和爆炸性，其燃烧范围广泛（4%～75%），点火所需的能量较低，扩散速度快，在氢气的生产、储运和使用等各个环节中，都存在着泄漏和爆炸的风险。因此，对于氢能产业链及氢安全风险隐患进行深入分析，对于促进氢能产业的健康和持续发展至关重要。

这种分析不仅有助于我们理解氢能产业的发展动态，优化产业结构，提升产业的竞争力，还对于确保整个产业的安全性具有重要的理论和实际意义。通过深入分析，可以为政府决策、企业战略规划和行业安全管理提供科学依据，推动氢能产业的健康、安全、快速发展。

以下将深入分析氢能产业链的各个环节及产业链各环节隐藏的安全风险和隐患，以期为氢能产业的健康发展提供理论参考。

2.4.1 上游制备

关于氢气产业链的上游制备方面，我国在制氢方面拥有坚实的基础，作为全球最大的氢气生产国，年产量高达约3.3×10^7 t。我国已经掌握了包括氢能制备、储存与运输、加注、燃料电池以及系统集成在内的一定的关键技术和生产流程。氢气难以直接从自然环境中大规模提取，因此必须依靠各种技术手段和生产方法来进行制造。目前，主要的制氢方式涵盖了利用化石燃料、工业副产品气体、电解水以及其他可再生能源进行氢气制备。根据不同的制氢技术和CO_2排放量的差异，氢气可以被分类为灰氢、蓝氢和绿氢三种类型，具体内容见“2.2　氢能种类”。

在“灰氢”的生产过程中，目前主要依赖化石燃料的化学重整方式（占总量的80%）。该过程涉及高温高压条件以及复杂的氢能制取流程，这些因素增加了反应容器失效的可能性，进而可能导致危险化学品泄漏、火灾、爆炸等灾难性事故的发生（表2-8）。

表2-8　化石燃料制氢过程事故模式与风险因素分析

事故模式	风险因素
火灾危险性	由于制备的原材料（甲烷、天然气、重油、煤）均是可燃、易燃物质，有火灾爆炸危险； 氢能源制取所使用的化学反应除了会产生氢气外，还会产生一些附加产物，如CO、CO_2等
泄漏、爆炸危险性	氢能的生产过程涉及多种步骤，包括从气态到液态再到气态的多次状态转换，这要求使用复杂的设备和设施。如果管道或容器的安全监测和预警系统不充分，可能会发生泄漏，特别是在工厂环境温度较高的情况下，这种泄漏极易引发爆炸

（参考资料：张来斌、胡瑾秋、张曦月等，《氢能制—储—运安全与应急保障技术现状与发展趋势》。）

至于“蓝氢”的生产，其关键环节包括“天然气制氢+碳捕集、利用与封存（CCUS）”。在这一环节中，CO_2地质封存过程存在风险。这些风险可以大致分为两种：一种是因潜在的CO_2泄漏而可能引发的健康、安全以及环境风险；另一种是与地质封存场所相关的安全性问题（表2-9）。

表2-9　碳捕集、利用与封存（CCUS）环节安全风险问题

关注的主要风险类型	具体风险因素
CO_2泄漏引发的相关的健康安全环境风险	在CO_2地质封存过程中，极可能会发生缓慢但持续的泄漏。如果这些泄漏的CO_2在低洼地区积聚到一定浓度，可能会对人员健康或生态环境构成威胁。同时，CO_2在地下的迁移可能对上层水体、土壤以及其他能源开采区域的资源环境造成污染

（参考资料：张来斌、胡瑾秋、张曦月等，《氢能制—储—运安全与应急保障技术现状与发展趋势》。）

在“绿氢”生产方面，电催化水分解和光催化水分解被视为前沿的制氢技术。然而，使用可再生能源进行制氢的过程也面临着基础设备设施故障的风险，包括设备腐蚀、裂纹、焊缝撕裂和冲蚀磨损等问题（表2-10）。

表2-10　可再生能源制氢过程事故模式与风险因素分析

事故模式	风险因素
设备本体腐蚀	压力容器材质与工艺介质可能发生化学反应，即压力容器本体材质腐蚀速率过快，其寿命远达不到设计寿命规定，导致容器在使用过程中腐蚀过快，出现泄漏甚至爆炸等恶劣安全事故
裂纹、焊缝撕裂	压力容器使用过程中可能出现由未知因素导致的内部应力变化，出现容器壳体裂纹、管口根部焊缝撕裂等问题
冲蚀磨损	在水电解制氢设备中，气液出口处遭受了显著的冲蚀磨损问题。此外，随着设备产气量的提升，该磨损问题呈现加剧趋势
制氢机故障	在制氢过程中，氢气的分子小，一旦隔膜出现问题，氢分子将向氧室渗透，就会引起氢气纯度下降和制氢设备的极大危险

（参考资料：张来斌、胡瑾秋、张曦月等，《氢能制—储—运安全与应急保障技术现状与发展趋势》。）

2.4.2 中游储运

中游储运是氢能产业链的重要一环。考虑到氢元素在自然界中的不同形态，其存储与输送手段大致分为三类：气体形式、液体形式以及固体形式。在这些分类中，气体形式的存储因其经济性高、充能与释放速率快、能源消耗低及能在室温环境下实施而备受青睐。尽管如此，气体氢的稀薄特性使得所需的存储空间异常庞大，这无疑提升了转运的复杂程度。进一步地，采用气体形式存储氢还可能引发存储罐泄漏氢气及发生爆炸等安全隐患。相比之下，低温液态储氢和固体材料储氢虽然具有较高的储存密度和安全性，但成本相对较高，有待进一步的技术创新和成本降低。但是，液氢储运过程中也包含着一定的风险，如泄漏风险、设备失效风险、蒸发风险、自燃和爆炸风险。这决定了当前氢主要形式是气态输运，包括高压气氢拖车和管道输运两种方式。高压气氢拖车是氢气近距离（200 km）输运的重要方式，技术较为成熟，目前应用广泛。管道输运，作为实现氢气大规模、长距离运输的重要途径，主要包含纯氢的管道输送以及天然气与氢气的混合输送。这种方式在输氢量、运行压力、能耗和成本方面展现出显著的优势，具体表现为较大的输氢能力、较低的运行压力、较小的能源消耗以及较低的成本。将氢气压缩到耐高压容器里储存运输，是目前氢气最常见的储运形式。根据材质和结构的不同，可将目前常用的气瓶分成Ⅰ～Ⅳ型气瓶四种型号。

Ⅰ型气瓶通常采用优质碳钢或合金钢等材料制造。由于其具有优良的物理特性，Ⅰ型气瓶广泛用于存储和运送永久气体（包括氢、氧、氮等压缩气体）以及高压液化气体。

这些容器的充气压力通常较高，目的是增加装载量并提升运输效率。

Ⅱ型气瓶主要以钢板为原料，其特别适合装载低压液化气体。Ⅱ型气瓶主要被用于装载临界温度较低的液化气体，如乙烯等。这类气瓶的设计考虑到了液化气体在常温下可能的气化情况，因此具备一定的压力调节能力。

Ⅲ型气瓶具有良好的气密性能和良好的绝热性能。因其轻质和高强度的特点，该类气瓶是专为存储供呼吸用的压缩空气而设计的，它们非常适合于消防人员、在有毒环境或氧气不足区域工作的人员背负使用，该类型气瓶的容积相对较小，但充气压力较高。

Ⅳ型气瓶专为低温液化气体设计，具有极好的保温性能，以防止气体在存储和运输过程中的蒸发。内部通常采用多层绝热材料，如真空绝热或多层绝热材料，以最大限度地减少热量交换。Ⅳ型气瓶主要用于存储和运输需要低温保存的液化气体，如液氮、液氧和液氢等。这类气瓶能够在极低的温度下工作，保持气体的稳定性和安全性。

有关高压氢气的利用中，气态氢可能发生的安全风险主要集中在以下几个方面：受限空间内输氢管道及容器泄漏、高压氢气的密封泄漏、明火及静电积累、系统置换不彻底和通风不良或排空不当等。以受限空间内输氢管道及容器泄漏的问题为例，在各种燃料中，氢的黏度是最低的，因此也是最容易发生泄漏的。这种泄漏可能是由于系统中氢气的外漏，或者是由于外部空气通过管道裂缝进入系统内部，这两种情况都会在封闭容器内外形成可燃的气体混合物，从而带来燃烧和爆炸的潜在危险。为了防止外部空气混入系统，必须确保管道和容器内的氢气输送压力始终高于外界大气压力。但问题是，氢的扩散性非常显著，其扩散系数达到空气的3.8倍。这意味着一旦氢燃料发生泄漏，它并不会立即消散，这种持续存在的氢气才是最为危险的。而针对于液态氢而言，其可能发生的安全风险主要集中在：液氢汽化超压、液氢设备大温差导致局部应力超标、液氢低温导致人体冻伤、杂质固化导致液氢低温设备冻堵和液氢泄漏引发着火和爆炸等。

2.4.3 下游应用

在下游应用环节，氢能在工业领域（如钢铁行业的氢冶金等）、交通运输领域（如氢燃料电池汽车、氢动力船舶等）、电力领域（如燃气轮机、氢储能、燃料电池等）和建筑领域（供暖供热、与天然气混合等）等多个领域均有应用。氢能在交通、电力等全球碳排放的重要来源领域扩展迅速，在重载交通工具、长时储能等领域潜力巨大，氢燃料电池和加氢站是近年的发展热点，将成为整个氢能产业链中的重要增长点。

然而，氢能在应用端也存在着一定的风险。以氢燃料电池汽车为例，其在使用中存在泄漏风险、易燃易爆风险和设备失效风险等。由于氢气多采用高压存储，在储存和运输过程中，一旦发生泄漏，很难被及时发现。同时，氢气的燃烧范围广，点火能量低，遇火容易引发燃烧和爆炸。如果车辆在设计上未设计能有效控制氢气燃烧的措施，发生泄漏后，车内人员可能面临窒息或爆炸的危险。此外，氢系统中的瓶口阀和减压阀①等关键零部件存在失效风险，可能导致氢气泄漏。而氢燃料电池汽车上的储氢容器如保养维护不到位，也可能引发安全事故。综上所述，虽然氢燃料电池汽车具有高效、环保的优点，但在使用中仍面临泄漏风险、易燃易爆风险、设备失效风险等多方面的挑战。建议加强对氢能源汽车的安全设计、完善相关标准法规，并通过技术创新和严格的操作规范来降低这些风险，从而确保氢燃，料电池汽车的安全可靠性。

2.5 氢能典型运用领域——交通应用

根据中国氢能联盟数据，2020—2060年，利用绿氢预计将实现超过2×10^{10} t的碳减排。特别是交通领域，其累计减排量达到约1.56×10^{10} t，占总减排量的70%以上。此外，可再生氢将在交通、钢铁制造和化学工业等多个关键领域中扮演重要的无碳原料角色。因此，分析氢能在交通领域的应用，对于推动交通运输行业的绿色发展、提升能源效率、促进技术创新、响应政策导向、改善公众生活质量等具有重要意义。通过深入分析和研究氢能在交通应用领域前沿的、典型的案例，可以为政府决策、企业战略规划和行业安全管理提供理论依据，推动氢能运用的健康、安全、快速发展。氢能及其相关产业的发展有助于优化地方产业结构，提升产业附加值。氢能交通应用的推广有助于加强区域间的协同发展，形成规模效应。

2.5.1 氢燃料电池汽车

氢燃料电池汽车凭借其无尾气排放、高能量密度和迅速的燃料补给等优点，在交通行业获得了全球性的广泛关注。它通过在燃料电池内实现氢气与氧气的电化学反应，进而产生电力，驱动电动机工作，以此实现车辆的动力输出。目前，氢燃料电池汽车的推广使用正在为氢能产业的发展构建坚实的工业基础。作为氢能应用的前沿领域，中国在推动氢燃料电池汽车的应用方面也不断取得新的进展，并已经掌握了关键零部件制造等一定的核心技术。

① 瓶口阀是一种控制瓶内氧气进出的阀门，通常应用于高压气体或液体存储容器上，用以控制其内容物的释放或关闭。减压阀则是一种控制系统压力的机械装置，它将输入的高压流体转变为低压输出，常用于工业和家用设备中以稳定压力。

在我国,氢燃料电池汽车产业已经成为新能源汽车领域的重要组成部分,并且在近年来得到了政策层面的持续扶持。2020年9月,五个相关部委联合发布了《关于开展燃料电池汽车示范应用的通知》,这项政策的实施标志着从传统的“国家级补贴+地方级补贴”模式向中央政府将政策奖励下发给城市示范群所在的地方政府的转变。地方政府将自主制定并执行产业发展奖励政策,根据本地实际情况发展氢燃料电池产业。这不仅推动了上游技术的突破,也促进了下游应用及基础设施的发展。从政策执行的目标来看,其争取在大约4年的时间里,快速完善氢燃料电池汽车产业链,关键核心技术如电堆、交换膜等取得突破进展。国家层面已经出台了一系列政策来支持氢能源和氢燃料电池汽车的发展,地方政府也制定了相应的政策措施,推动氢能在交通领域的应用,如河南省发布的《郑汴洛濮氢走廊[①]规划建设工作方案》等。政策的引导和激励作用有助于形成良好的市场环境,吸引更多投资进入氢能交通领域。近年来,众多省份纷纷制定了关于氢能的发展规划和目标,包括北京、广东、上海和山东等省市,它们已经公布了与氢能源相关的专项政策或规划,并明确了推动氢能产业发展的具体目标。

2.5.2 氢能公交车和氢能重卡

安徽六安、合肥及山西太原等地相继开通首条氢能公交示范线路。2019年12月,六安市首次将氢燃料客车引入公共交通系统,成为安徽省首条氢能源公交示范线路。这标志着六安市在绿色交通发展中迈出了重要一步,也彰显了安徽省在推广新能源应用及实现碳中和目标方面的积极努力。新疆克拉玛依也将首条氢能公交示范线路列入发展规划。该氢能应用领域的发展势头在2024年得以延续,公交领域加速迈入“氢时代”。2024年1月,安徽合肥首条氢燃料电池公交线路开通运行,首批23辆氢能公交投入应用。根据建设方案,总计会有100辆氢能公交车分期分批投入应用。2024年1月,山西太原首条氢能公交示范线908路公交专线在清徐县开通,首批投运6辆氢能公交,实现清徐—晋源—小店—太原南站的直达通行。

图2-3展示了2022年12月,一辆氢燃料电池公交车(左侧)正在进入一座专为氢能公交车设计的加气站进行燃料补给的情景(该照片由无人机拍摄)。

氢能重卡是一种采用氢燃料电池系统或氢内燃机作为动力来源的重型商用车[②],具备零排放、重载(总质量大于14 t)和长续航等优势。相比电动重卡[③],氢能重卡的充能时

① 指通过建设加氢站等氢能基础设施,连接主要城市或交通干线,促进氢燃料电池汽车特别是氢能重卡的广泛应用,推动区域高质量协同发展的一种经济带。

② 重型商用车指在设计和技术特征上主要用于运送人员和货物,且具有较大载重量和车体尺寸的汽车。

③ 电动重卡是一种采用电动机和动力电池作为动力来源的重型商用车,具有零排放、低噪声等优点,适用于港口、工程、环卫等多种运输场景。

间更短，适合长距离运输，而电动重卡通常搭载大容量电池，以支持较长的续航里程。例如，一些车型配备约350度电的动力电池，满电可行驶约120 km。氢能重卡的续航里程通常在400～1 000 km，完全适应长途运输需求。氢能重卡主要适用于矿山、港口、码头和钢铁厂等较为固定的运输场景。随着氢能产业链的成熟，氢能重卡已经逐步市场化，越来越多的物流企业开始采用这种新型重卡。国内如东风、重汽、陕汽等主流主机厂也在积极布局氢能重卡市场，其中部分车型已投入示范运营。一汽解放的“星熠”氢能重卡是国内一款典型的氢能重卡车型。其在2023年中国国际商用车展览会上亮相，引起了广泛关注。它具备超强动力、超长续航和超级智能等优势，特别是在续航方面，配备70 MPa储氢系统和百公里7 kg的低耗氢量，使其可以实现1 200 km的超长续航，大大提升了运输效率。

图2-3　氢能公交车

（图片来源：新华社。）

氢燃料电池公交车的应用能够提高城市空气质量，改善居民生活环境。氢能交通应用的推广有助于增强公众的环保意识，促进绿色生活方式的形成以及在氢能技术领域与国际先进企业和研究机构进行合作，共同推动技术进步。

综上所述，与纯电动车相比较，燃料电池商用车具有载重量大、续航里程长、低温适应性强、补能时间短等优势，更适合城市支干线和城际之间的大载重量货物运输。氢燃料电池公交车和氢能重卡的应用具有广阔的前景和重要的改善环境的意义。通过不断的技术创新和政策支持，氢燃料电池公交车和氢能重卡正逐步成为推动交通运输行业绿色发展的重要力量。

2.5.3　氢能飞机

为积极应对气候变化，全球超过140个国家和地区提出了“双碳”目标。2022年10

月，国际民航组织（ICAO）在第41届会员大会上确定了航空业的长期气候目标：2050年前实现国际航空业务的净零碳排放。在此背景下，航空氢动力技术的发展和应用受到了各国的高度重视。航空碳减排引发各国广泛关注，航空运输业低碳化发展渐成趋势，氢能在航空领域以其高效、清洁、可持续的特性，被视为未来航空器较佳的能源载体之一。航空领域碳减排同样受到国际组织和各国政府的高度重视。国际民航组织（ICAO）推出国际航空碳抵消与减排方案（CORSIA），旨在通过市场手段促进航空业的碳排放减少。要求全球航空业2035年的CO_2排放量不超过2020年的水平（即碳达峰），2050年的CO_2排放量应达到2005年水平的50%以下（即碳中和）。我国"双碳"战略目标的正式提出，为民航运输业的绿色低碳发展指明了发展方向，需要开展一系列的技术与管理变革。

氢能飞机的发展不仅有望推动航空业实现"双碳"目标，还将引领航空科技革新和航空运输业的高质量发展。目前，在全球范围内，氢能飞机的研究和应用正在加速推进。例如，国外已有多家企业和研究机构在氢能飞机领域取得了显著进展，如美国的ZeroAvia公司和波音公司均在研发氢燃料电池飞机。2020年，欧盟委员会支持开展"洁净天空计划"项目，计划2028年完成氢动力通勤飞机认证和支线飞机试飞、2035年完成中程氢动力飞机开发、2050年完成中远程氢动力飞机开发。

我国也在积极布局氢能飞机技术的研发，已有多个研究机构和企业参与到氢能飞机的研究中，致力于掌握核心技术并推动产业化发展。氢能飞机是提升我国航空业技术基础的重要方向。2010年，沈阳航空航天大学成功组建了通用航空重点实验室，并开始尝试制造氢燃料电池无人机。2012年，"雷鸟"氢燃料电池无人机完成了它的首次飞行，标志着我国首款氢燃料电池无人机的诞生。2017年，我国首架两座氢燃料电池试验机研制成功并顺利完成试飞。到了2023年，沈阳航空航天大学研制的四座氢燃料内燃机飞机（搭载了2 L氢燃料内燃机，图2-4）实现了其首次飞行，这标志着我国首架采用氢内燃机作为动力源的通用航空飞机的成功试飞。积极推进氢能源飞机的研发对于在新兴技术领域取得先发优势、确保在全球新能源航空技术竞争中占据领先地位以及利用航空制造业的综合竞争优势具有重要的战略意义。

图2-4　四座氢内燃机飞机验证机

（参考资料：国际氢能网，《搭载一汽国内首款氢内燃机！我国首架四座氢内燃机飞机在沈阳成功首飞》。）

2.5.4 氢能船舶

水运行业的环保转型被视为该领域的领先技术和发展趋势。从中长期视角考虑，诸如氢、氨这类零碳燃料的技术发展是实现水路运输工具零碳排放目标的关键路径。采用氢燃料电池作为能源的船舶，不仅实现了能源的高效利用和零排放目标，还能提升乘船的舒适度。满足未来绿色船舶市场的需求，并展现出广阔的应用前景。

国际海事组织(IMO)2020年发布的第4次温室气体(GHG)研究报告显示，船舶业的年度碳足迹估计达到1.08×10^9 t，这构成了全球CO_2排放总量的约2.9%。并且这一数字还在持续增长。面对国际海事组织(IMO)在2020年实施的限硫规定以及追求“双碳”目标的大背景，船舶业的绿色转型显得尤为迫切。氢作为一种被视为“零碳排放”的高效清洁能源，在这场减碳变革中扮演着关键角色，因此，开发氢能源船舶成为实现绿色转型的关键途径之一。氢动力船舶主要服务于湖泊、河流和近海等水域，以客船、渡船、内河货船和拖船等为主要类型；目前，全球正趋向于研发如海上工程船、超级游艇等大型氢动力船舶。此外，配备氢燃料电池动力系统的潜艇亦显示出较大的发展潜能。

“蠡湖未来”号是我国氢动力船舶的典型代表。其是我国首艘氢燃料电池海上交通船，于2024年8月25日在大连海事大学码头下水。该船采用全铝合金结构，总长20.5 m，型宽5.2 m，额定乘员20人，最大续航里程可达200海里。其动力由未势能源自主研发的2套110 kW级船用燃料电池发电系统提供，系统最高效率达到58.8%，并满足多种安全规范要求。

2.5.5 氢能列车

氢能列车是一种采用氢能源作为动力来源的轨道交通工具，它通过内置的氢能动力系统为车辆运行提供强劲持久的动力(图2-5)。这种列车具有清洁、零碳、可再生能源的特点。氢能列车不仅实现了整车控制的深度集成，还大幅提高了能量利用效率及供能的灵活性和可靠性。

2024年3月，由中车长客股份公司自主研制的我国首列氢能源市域列车在位于长春的中车长客试验线进行了运行试验，氢能列车在试验中以时速160 km满载运行，每千米实际运行平均能耗仅为5 kWh，最高续航里程可达1 000 km以上。这些指标表明，氢能列车在保证高速运行的同时，也实现了高能效和低排放。同时，氢能列车还集成了多项智能技术，如自动驾驶技术、车—车通信系统、智能检测系统等，提升了列车的安全性和司乘体验。氢能列车特别适用于市中心至另一市中心的一站直达零换乘等应用场景，能够助力实现都市圈内城轨、市域(郊)互联互通。

图2-5 我国首列氢能源市域列车运行试验

（图片来源：新华网。）

2.5.6 氢能空轨

2024年4月，全球首条氢能空轨在太原“试飞”，如图2-6所示。清徐空轨一列空轨由两节车厢组成，载客容量200人，是国内第二条空轨线路，也是全球首条以氢能为动力的空轨。从2023年8月底封闭道路，对清泉湖到东湖空轨试验线（1 023 m）进行施工，到2023年11月开始挂车①，再到2024年4月试运行，太原清徐空轨创造了全国轨道交通建设的最快速度，从开工建设到试运行仅用了半年多的时间。线路东起清徐县清泉湖畔城北体育公园，西至东湖旁清源水城，全长1 023 m，可容纳200余人，设计时速30 km。

空轨，作为一种创新的低运量城市轨道交通方式，其完整名称为“空中轨道列车”，亦被广泛称作“悬挂式单轨”。它属于轨道交通的一种独特形式，其设计将列车悬挂于单一轨道之下，通过把轨道提升至空中，有效解决了传统轨道交通系统所面临的诸多挑战，这种设计无需对城市现有的道路基础设施进行扩建，即可有效缓解交通拥堵问题。②

原本依托电网系统运营的空轨改用氢能，摆脱了地域、空间、供电的束缚，实现了更环保、低廉、高效运行，在交通运输领域具有广泛的应用前景。

① 指在悬挂式单轨轨道上进行试运行的列车车厢，用于测试和调试轨道及动力系统的性能。

② 在造价方面，空轨的成本较地铁、轻轨都要低，费用约为地铁的1/3。空轨占地面积小、建设成本低、施工方式简单。由于是全封闭电力驱动，无噪声、无污染，它不受恶劣天气的影响，遇到大雪、冰冻等天气照样能运行。

图 2-6　全球首条氢能空轨在太原“试飞”

（图片来源：搜狐网，《全球首条！氢能空轨在山西太原清徐成功试跑》。）

2.6 经验与总结

本章主要概述了氢能产业的发展情况，并深入分析了氢能发展的重要性和必要性，主要涉及能源安全及国家战略层面、环境保护及社会可持续发展层面和技术发展及经济效益层面，并介绍了氢能种类、氢的安全性及氢安全相关的事故、氢能产业链及氢安全风险隐患，最后聚焦于氢能典型运用领域——交通领域的前沿案例，梳理了氢燃料电池汽车、氢能公交车和重卡、航空等氢能在交通领域的典型运用。

依据制氢工艺所产生的碳排放程度，可以从高到低依次将氢划分为灰氢、蓝氢和绿氢，氢能产业链包括上游制备、中游储运、下游应用三个环节，各个环节都有一定的潜在安全风险和隐患。氢能产业链及氢安全风险隐患分析对于推动氢能产业的健康发展至关重要，而且对于把握氢能产业的发展趋势、确保产业安全具有重要的理论和实践价值。

目前全球氢能发展如火如荼，氢能被视为未来国家能源体系的关键要素，并且其产业的推进也构成了国家战略的一个关键环节。国际上对绿色氢能的关注持续上升。2024 年 11 月，氢能被正式写入《中华人民共和国能源法》，这意味着氢能作为能源，将在全国综合能源规划、全国分领域能源规划、省市区相关规划中有明确的发展规划。氢能的开发在提升能源稳定性、环境质量以及促进社会技术进步和经济增长方面扮演着关键角色，各国需要共同努力，通过政策制定、技术研发、市场推广等多方面的措施，加速氢能在全球能源体系中的融入，以实现低碳、清洁、可持续的未来能源愿景。

参考文献

[1] 2022年国家标准全文公开系统.氢系统安全的基本要求[EB/OL]. https://openstd.samr.gov.cn/bzgk/gb/newGbInfo? hcno=CD2CACD6BCF1403D48EF0508798A01A9.

[2] 李汉勇，侯燕，张伟，等.氢能概论[M].北京：中国石化出版社，2023.

[3] 安全管理网.发生事故的原因分析及预防方法[EB/OL]. https://www.safehoo.com/Manage/examine/201104/179143_2.shtml.

[4] 国家航天局."挑战者"悲剧30年 太空探索在坎坷中前行[EB/OL].(2016-01-28). https://www.cnsa.gov.cn/n6758823/n6759010/c6773689/content.html.

[5] 新浪网.美电厂爆炸如"地震"致5死26伤[EB/OL].(2010-02-09). https://news.sina.com.cn/w/2010-02-09/041017067108s.shtml.

[6] Hydrogen Safety Panel.Report on the June 2019 Hydrogen Explosion and Fire incident in Santa Clara, California[Z]. 2021.

[7] 国际船舶网.首航期间突然起火！全球首艘液化氢运输船事故报告发布[EB/OL].(2023-02-04). https://www.eworldship.com/html/2023/OperatingShip_0204/189492.html.

[8] 刁凡超，刘璐.新能源重卡突围：从试点到全面铺开仍需政策支持与技术创新[EB/OL].(2024-01-30). https://www.thepaper.cn/newsDetail_forward_26157607.

[9] 张赢.重卡竞争也是系统竞争？盘点各家氢能重卡布局情况[EB/OL].(2023-11-28). https://www.ne21.com/news/show-186283.html.

[10] 马晓成，胡弋.我国自主研制的首列氢能源市域列车成功达速试跑[EB/OL].(2024-03-21). http://www.news.cn/politics/20240321/4dfd1d5b744044e09c82627dce0a06d5/c.html.

[11] 毛宗强.氢能利用关键技术系列：氢安全[M].北京：化学工业出版社，2020.

[12] 马可·阿尔韦拉.氢能革命：清洁能源的未来蓝图[M].刘玮，万燕鸣，张岩，译.北京：机械工业出版社，2022.

[13] 张雨晨.氢能崛起[M].北京：科学普及出版社，2021.

[14] 杨勇平.氢能，现代能源体系新密码[EB/OL].(2022-05-07). https://www.nea.gov.cn/2022-05/07/c_1310587396.htm.

[15] 氢能产业发展中长期规划；2021—2035年[EB/OL]. https://www.gov.cn/xinwen/202203/24/5680975/files/6b388f7c324a4b1db0b30dc6f52b7e02.pdf.

[16] 曲艺.氢能安全风险不容忽视[EB/OL]. https://cpnn.com.cn/news/zngc/202306/t20230627_1612770.html.

[17] 姜传胜，余孝东，丁美文，等.氢能全产业链安全监管的突出问题与对策研究[J].中国应急管理，2024(3):70-75.

[18] 张来斌，胡瑾秋，张曦月，等.氢能制—储—运安全与应急保障技术现状与发展趋势[J].石油

科学通报，2021(2)：167-180.

[19] 李阳，王锐，赵清民，等．中国碳捕集、利用与封存技术应用现状及展望．石油科学通报[J]. 2023(4)：391-397.

[20] 蒋珊．绿氢制取成本预测及与灰氢、蓝氢对比[J]. 石油石化绿色低碳，2022(2)：6-11.

[21] 仲蕊．氢能安全风险可防可控[EB/OL]. http://paper.people.com.cn/zgnyb/html/2021-08/23/content_3065150.htm.

[22] 中华人民共和国国家标准：氢系统安全的基本要求[EB/OL]. https://www.cnis.ac.cn/bydt/bzyjzq/gbyjzq/202102/P020210205592600744537.pdf.

[23] 人民网．“氢”装上阵、未来可期 我国氢能产业应用加速落地[EB/OL]. https://news.cctv.com/2024/04/13/ARTI2XeVgTS1XwljiijGufzC240413.shtml.

[24] 张夕勇．氢燃料商用车应用场景分析及发展建议[EB/OL]. http://auto.people.com.cn/n1/2020/0820/c1005-31829696.html.

[25] 陈云富．氢燃料电池汽车“领跑”氢能应用[EB/OL]. http://www. news. cn/2023-01/20/c_1211720657.htm.

[26] 汽车总站网．各地氢燃料公交车怎么“卷”[EB/OL]. https://new. qq. com/rain/a/20240201A07STN00.

[27] 赵琼．公交领域加速迈入“氢时代”[EB/OL].https://paper.people.com.cn/zgnyb/html/2024-02/26/content_26044978.htm.

[28] 陈国峰，王默玲，杨有宗，等．氢能公交驶上多地街头[EB/OL].http://www.jjckb.cn/2023-01/06/c_1310688592.htm.

[29] 国际新能源网．氢燃料电池重卡技术发展分析[EB/OL].https://newenergy.in-en.com/html/newenergy-2426278.shtml.

3 中国氢能产业发展与安全监管政策

3.1 中国氢能产业政策发展概述

中国的氢能产业发展态势与政府产业政策推动密切相关。政策在推动氢能产业发展的同时，非常重视安全监管问题，相关氢能的安全生产法律规章制度不断完善。

3.1.1 氢能产业发展历程

中国氢能产业发展可以大致分为三个阶段：初期阶段、推广阶段和加速发展阶段。

1. 初期阶段

中国氢能产业处于起步阶段，此时中国政府主要关注氢能技术研发，这一阶段主要探索氢能在能源领域的应用潜力。

"863"计划（即国家高技术研究发展计划）由中国政府于1986年3月启动，旨在推进重大科技研发项目，其主要目标是推动高新技术的发展和应用，提高国家的综合国力和国际竞争力。在氢能源方面，该计划重点研究氢气的制备、储存与运输、氢燃料电池以及氢能基础设施建设，旨在解决制氢技术、高效储氢材料、氢燃料电池技术和加氢站建设等关键问题。通过这些研究，"863"计划显著推动了中国氢能技术的发展和应用。

"973"计划（国家重点基础研究发展计划）由中国政府于1997年启动的，旨在支持基础科学研究和前沿技术开发。在氢能方面，该计划重点研究氢气制备的高效方法、储氢材料和技术、氢燃料电池的关键技术以及氢能应用中的安全性和经济性等问题。通过这些研究，"973"计划为氢能领域提供了坚实的科学基础和技术支持，推动了中国氢能技术的创新与发展。

2. 推广阶段

随着各国对于氢能技术进步的关注，中国也开始加大对氢能产业的支持力度。早在2006年，我国《"十一五"科学技术发展规划》已将氢能和氢燃料电池技术纳入前沿技术作超前部署，开展重点研究。

3. 快速发展阶段

中国政府逐渐将氢能产业纳入国家发展规划。2017年，中国政府发布《关于积极推进氢燃料电池汽车产业发展的若干意见》，明确了支持氢燃料电池汽车发展的政策措施，包括财政补贴、建设氢能基础设施、政府采购等。2019年的"两会"，氢能首次被纳入《政府工作报告》，随后各类产业政策密集发布，工信部、国务院、发改委等部门相继推出支持和规范氢能发展的政策，如表3-1所示。

表3-1 快速发展阶段促进氢能发展的纲领性文件及支持性政策

年 份	文 件 与 政 策	说 明
2015	《中国制造2025》	到2025年，制氢、加氢等配套基础设施基本完善
2016	《“十三五”国家战略新兴产业发展规划》	进一步发展壮大与氢能源相关的新能源汽车、新能源、节能环保等战略新兴产业
	《新能源技术革命创新行动计划(2016—2030)》	明确氢能及燃料电池技术创新与路线图
2017	《汽车产业中长期发展规划》	积极开展氢能与燃料电池汽车研发示范应用
	《“十三五”交通领域科技创新专项规划》	明确氢能及燃料电池技术创新与路线图
2018	《关于调整完善新能源汽车推广应用财政补贴政策的通知》	制定燃料电池车补贴标准，2020年前不退坡，并持续到2025年
2019	《绿色产业指导目录(2019)》	鼓励发展氢能利用设施建设、燃料电池装备以及在新能源汽车和船舶上的应用
	《政府工作报告》	“推动充电、加氢等设施建设”，首次将氢能源写入《政府工作报告》
2020	《中华人民共和国能源法(征求意见稿)》	支持开发应用替代油气的新型燃料和工业原料，首次从法律上确认氢能属于能源
	“2030年碳达峰，2060年碳中和”	习近平主席提出中国在2030年实现碳达峰，2060年实现碳中和
2022	《氢能产业发展中长期规划(2021—2035年)》	明确氢能产业的战略定位： 1. 氢能是未来国家能源体系的重要组成部分； 2. 氢能是用能终端实现绿色低碳转型的重要载体； 3. 氢能产业是战略性新兴产业重点发展方向
	《关于完善能源绿色低碳转型体制机制和政策措施的意见》	推进绿色交通，氢能制、储、运、加、用产业链发展
2024	《政府工作报告》	提出加快发展新质生产力，加快前沿新兴氢能等产业发展
	《中华人民共和国能源法》	明确将氢能列入能源范畴

（参考资料：2024年6月，邵志刚在国际氢能与氢燃料电池大会上所做主旨报告《绿色制氢燃料电池研究进展》；2024年6月，胡松在国际氢能与氢燃料电池大会所做主旨报告《规模化绿电制氢系统安全稳定运营的关键难题及解决方案》。）

3.1.2 氢能发展战略与相关法规政策

1.《关于开展氢燃料电池汽车示范应用的通知》

2020年9月，财政部、工信部、科技部、发改委及能源局联合发布了《关于开展氢燃料电池汽车示范应用的通知》，该方案标志着购置补贴模式向示范应用支持模式转变。该方案旨在激励符合条件的城市群聚焦于氢燃料电池汽车核心技术的研发与产业化实践，通过为期约4年的努力，实现关键技术的突破，并建立完善的氢燃料电池汽车产业生态链，为该领域的大规模商业化应用打下坚实基础。

根据《关于开展氢燃料电池汽车示范应用的通知》，中央财政通过设立专项奖励，旨在加速新技术示范与核心技术的产业化进程，促进基础材料、关键部件及整车技术的研发创新。此奖励资金由地方及企业协同管理，重点支持氢燃料电池汽车关键技术的产业化推进、人才招募与团队建设，以及新车型与技术的示范展示。

2.《氢能产业发展中长期规划（2021—2035年）》

2022年3月，国家能源局发布了《氢能产业发展中长期规划（2021—2035年）》，明确了氢作为清洁能源的关键地位，制定了氢能产业发展的核心原则和阶段性目标，旨在推动氢能产业高质量、可持续地发展，为氢燃料电池汽车的进步注入动力。

该规划重点强调：至2025年，构建氢能产业发展的健全政策框架，显著提升产业创新能力，实现核心技术与生产工艺自主可控，初步搭建起全面供应链与产业架构。预计到2030年，氢燃料电池汽车的保有量将突破5万辆，可再生能源制氢量将达到$(1\sim2)\times10^5$ t/年，成为氢能消费的主要力量，年减碳效应预计可达$(1\sim2)\times10^6$ t。展望2030年，氢能产业将拥有成熟的技术创新体系和清洁能源制氢供应网络，产业布局将更合理、高效，可再生能源制氢将得到广泛应用，为实现碳达峰目标提供有力支持。到2035年，氢能产业体系将全面成型，覆盖交通、储能、工业等多个领域，形成多元化的氢能应用生态，推动社会能源结构的转型。

3. 其他规范性文件

除此之外，还有一些重要的政策和法规对氢能产业的发展起到关键作用：

（1）2017年，《可再生能源法》首次将氢能纳入可再生能源范畴，奠定了法律基础。

（2）《能源技术革命创新行动计划（2016—2030年）》明确氢能和氢燃料电池作为重点发展的创新技术方向。

（3）《新能源汽车产业发展规划（2021—2035年）》将氢燃料电池汽车的发展列为重要任务之一，推动氢能在交通领域的应用。

（4）各地方政府氢能发展规划：如北京市、上海市、广东省等地都发布了地方性的氢能发展规划，形成了地方政府与中央政府的联动。

3.1.3 主要制氢技术

当前，氢气的制备已发展出三条较为成熟的技术路径：首先，利用煤炭、天然气等化石能源进行制氢，占比约为81%；此外，通过回收焦炉煤气、氯碱尾气和丙烷脱氢等工业副产气体制取氢气，占比约为18%；再者，通过电解水技术，特别是碱性电解水制氢与酸性质子交换膜电解水制氢等方式，实现氢气的绿色生产，占比约为1%。

本章聚焦电解水制氢技术，特别是其在“绿氢”生产领域的应用与优势。

1. 电解水制氢

电解水制氢技术是指通过直流电分解水生成氢气和氧气，其独特之处在于能够利用可再生能源电力作为动力源，实现无CO_2及有害物质排放的绿色产氢过程，产出的氢气被誉为“纯净绿氢”。此技术不仅理论上转化效率高，且实际上能确保氢气的高纯度。电解水制氢领域涵盖了多种技术路径，主要包括碱性电解水（ALK）和质子交换膜电解水（PEM，尽管传统上PEM在酸性环境中运行，但此处强调其作为电解水技术的一种）、高温固体氧化物电解水（SOEC）以及探索中的其他创新电解技术。

表3-2概述了几种电解水技术的核心参数与特性差异。其中，高温固体氧化物电解水技术受限于需在极端高温（超800℃）下运行，此条件不仅要求持续热源支撑，还对材料耐高温性能提出挑战，故当前仍处于科研探索阶段。综合考量，碱性电解水技术以其操作简便、投资低廉、寿命长久及维护成本低的优点，成为当前工业应用最广泛的电解水方式。然而，其电解效率有待提升，且需处理强腐蚀性碱液的问题，这些方面仍需不断优化改进。

表3-2 不同电解水技术的参数

参数类型	碱性电解水	质子交换膜电解水	高温固体氧化物电解水
电解质/隔膜	30%KOH/石棉膜	纯水/质子交换膜	固体氧化物(YSZ)
工作温度(℃)	<90	<80	>800
电解效率(%)	<70	70～80	90～100
产氢纯度(%)	99.8	>99.99	>99.99
产业化程度	成熟	较成熟	未产业化
电解槽成本(元/kW)	2 600～4 000	6 500～9 800	约13 000

（参考资料：《中国氢能产业发展蓝皮书(2023)》。）

当前，国内碱性电解水制氢技术以其成本优势在电解水制氢领域中最为显著，碱性电解槽的国产化进程已较为成熟。然而，对于质子交换膜电解水（PEM）电解槽及其关键材料如质子交换膜等，仍高度依赖进口技术。尽管如此，碱性电解槽在产能上展现出强劲实力，单槽最高可达1 000 m^3/h，且国内已有兆瓦级应用案例，其规模化效应有效降低了设备、土建及运营维护成本，相较于PEM电解更具经济优势。

2. 不同制氢工艺的比较

对比各种制氢途径的特性，传统方法依赖煤、天然气等化石燃料，此过程伴随CO_2排放，且所得氢气常混杂硫、磷等有害于氢燃料电池的杂质，故对提纯技术及碳捕集提出高标准。利用焦炉煤气、氯碱尾气等工业副产品进行氢气提纯，虽能减少氢气浪费，促进资源有效利用，但受限于规模，难以成为大规模氢能供应的核心方案。相比之下，电解水制氢以其高纯度、低杂质特性，并易于整合可再生能源，被视为最具发展前景的绿色氢能生产方式，预示着未来氢能供应的绿色转型方向。表3-3是各种制氢方式优劣比较。

表3-3　主要制氢方式和优缺点

制氢方式	原　料	优　点	缺　点	碳排放（每1 kg氢气）	未来趋势
化石能源制氢	煤	技术成熟，成本低，来源丰富，适合大规模生产	制氢过程中有碳排放，需要提纯和去除杂质	19～29 kg CO_2	当前主流，未来结合CCUS技术可实现低排放，在化石燃料储量丰富的国家将持续占据重要地位
	天然气	技术成熟，来源广泛，适合大规模制取		10.86～12.49 kg CO_2	
工业副产氢	轻烃利用	使用含氢工业尾气作为原料，回收并提纯以制氢，所获氢气在成本和减排方面有显著优势。经测算工业副产氢的成本可控制在3.36～16.8元/kg，优于其他所有制氢工艺	需要提纯和去除杂质，因此不适合大规模集中氢能供应	<5 kg CO_2	中短期内，化工副产氢气最适合大规模推广，能充分利用以往的副产氢气，并成为氢燃料电池的主要氢源。然而，从长远来看，由于主产品产能的限制，化工副产氢气将面临产能瓶颈
	焦炉煤气				
	氯碱				
	合成氨、合成甲醇			3.29～3.85 kg CO_2	
电解水制氢	电、水	工艺简单，制氢过程无碳排放	尚未实现大规模应用，成本较高	无排放	结合可再生能源开发，电解水制氢在技术突破后有望成为长期供氢的主要来源

（参考资料：《中国氢能产业发展报告（2020）》。）

3.2 安全监管政策体系

3.2.1 氢能安全监管相关的法律法规及政策制定

1.《危险化学品安全管理条例》

发文字号：国令第344号；发文机关：国务院；发布日期：2002年1月26日。

由于没有专门针对氢能的相关安全监管法规，而氢能产品属于易燃易爆的危化品，本章使用《危险化学品安全管理条例》类比危化品内容对氢能安全监管进行说明。

（1）危险化学品定义与分类：

氢气是一种无色、无味的气体，被定义为危险化学品中的易燃气体。由于其极低的点燃能量，氢气在空气中非常容易被点燃和燃烧。氢气的爆炸极限范围广泛，在空气中浓度达到4%～75%都可能形成爆炸性混合物，因此在生产、储存和运输过程中需特别小心处理。

氢气的高扩散性和轻质特点使其更容易渗透和泄漏，进一步增加了火灾和爆炸的风险。如果氢气在密闭空间内积聚，可能会导致严重的爆炸事故。因此，在涉及氢气的各类操作中，必须严格遵守相关的安全管理规定，采取适当的防护措施，如使用防爆设备、加强通风、定期检查管道和储罐的密封性等，以确保安全生产和操作。

（2）生产管理：

① 生产许可：从事氢气生产的单位必须获得危险化学品经营许可证和工业产品生产许可证等，这意味着任何想要从事氢气生产的企业都必须经过严格的审核和批准程序，确保其具备符合国家标准的生产条件。取得生产许可不仅是法律的要求，也是保障生产安全的重要措施。许可的取得通常涉及对企业的生产能力、技术水平、安全管理体系等方面的全面评估和审查。

② 安全设施：氢气生产设施应包括泄漏检测装置、防爆设施和应急处理系统。泄漏检测装置用来实时监测氢气的泄漏情况，确保能够及时发现和处置泄漏问题，防止其引发更大的事故。防爆设施则是为了防止由于氢气泄漏或其他原因引发的爆炸事故，包括防爆墙、防爆电器、防爆灯具、防爆通风设备等。应急处理系统是为了在发生意外事件时，能够迅速采取有效的应急措施，减轻事故的影响，保护人员和设备的安全。这些安全设施的配备和维护对于氢气生产单位来说是至关重要的，直接关系到生产过程中的安全性。

（3）储存管理：

① 储存条件：氢气的储存容器和设备必须符合国家标准，具备耐高压、耐腐蚀的特性，同时具备防爆功能。国家标准对氢气储存容器的材料、设计、制造、检验等都有严格的规定，确保储存容器能够在高压环境下安全可靠地运行。耐腐蚀性能是为了防止氢气对储存设备产生腐蚀，延长设备的使用寿命。防爆功能则是为了防止由于氢气泄漏或其他原因引发的爆炸事故，保护人员和设备的安全。

② 泄漏监测和报警装置：氢气储存场所应配备泄漏检测和报警装置，以便及时发现并处置氢气泄漏。泄漏检测装置应能够实时监测氢气的浓度变化，确保在氢气泄漏时能够迅速发出警报。报警装置需具备声音和视觉警报功能，确保在任何情况下都能引起操作人员的注意。及时处置氢气泄漏可以防止事故进一步扩大，保障人员和设备的安全。

（4）运输管理：

① 运输条件：氢气运输工具必须严格符合安全要求，并配备必要的防火、防爆设施。

特别是使用专用的高压气瓶或罐车进行氢气运输时，必须确保气瓶和罐车的密封性良好，有效防止氢气泄漏，减少安全风险。这些设施不仅要符合国家相关标准，还需定期检查和维护，确保设备功能正常。

② 运输过程中的安全措施：在氢气运输过程中，运输单位必须严格遵守交通安全规定，避免在人员密集区和火源附近停留，以减少意外事故的发生可能性。此外，应设立专人负责运输过程中的安全监控，随时检测氢气运输工具的状态和运行情况，确保在运输中及时发现并处理任何潜在的安全隐患。

（5）使用管理：

① 操作规范：使用氢气的操作人员必须接受专业的安全培训，深入了解氢气的特性、危险性以及应对突发事件的处理方法。他们必须熟悉氢气使用的安全操作规程，严格按照操作规范进行工作，确保操作的安全性和可控性。在使用氢气的过程中，操作人员必须特别注意，避免氢气与氧气或空气混合，因为这可能会形成爆炸性混合物，增加安全事故的风险。

② 设备检查与维护：使用单位必须定期检查和维护所有与氢气使用相关的设备和设施，确保其在使用过程中的正常运行和安全性。这包括但不限于氢气供应系统、所使用设备的防爆措施、泄漏检测装置等。设备的及时维护和修复能有效降低因设备故障引发的安全风险，保障使用过程中的安全性和稳定性。

（6）经营管理：

① 经营许可：所有氢气经营单位必须获得危险化学品经营许可证[①]。该许可证确保了经营单位具备了必要的资质和能力，能够在法律允许的范围内合法经营氢气相关事宜，并且按照相关的安全管理要求进行操作和管理。

② 经营场所管理：经营氢气的场所必须配备必要的安全设施和设备，以确保在经营过程中能够有效控制和管理潜在的安全风险。这些安全设施包括但不限于防爆设施、泄漏检测装置等。经营单位必须确保这些设施和设备的有效性和完好性，以应对可能发生的突发情况。

③ 定期检查与安全排查：经营单位应定期对经营场所的安全设施进行检查和安全排查，确保其在运行过程中的有效性和可靠性。检查的内容包括安全设施的完整性、操作规程的执行情况以及应急预案的有效性等。如发现任何安全隐患或问题，必须立即采取相应的措施予以解决和处理，以保障人员和设施的安全。

（7）安全责任与应急事故：

① 法律责任：所有从事氢气生产、储存、运输、使用和经营的单位和个人，必须严格遵守相关的安全管理规定。违反这些规定将会承担相应的法律责任，可能面临罚款、停产停业、吊销许可证等处罚。这些措施旨在确保所有参与者在其活动中遵循最高的安全标准，保护公众和环境免受潜在的安全风险影响。

---

①《危险化学品经营许可证管理办法》第18条规定，经营许可证有效期为3年。

② 应急措施:在氢气泄漏或爆炸等事故发生时,必须立即启动预先制定的应急预案。应急预案应包括详细的应急救援程序和措施,旨在迅速控制事故、减少损失。首先,必须迅速采取措施阻止泄漏源并隔离泄漏区域,确保事故不会进一步扩大。其次,应组织专业的救援队伍进行现场救援和处理,确保安全事故得到及时、有效的应对和处理。

③ 事故现场管理:发生事故后,必须立即设立警戒区域,并迅速疏散无关人员,以避免二次伤害和扩散风险。所有救援行动必须在专业安全人员的指导下进行,确保救援队伍的安全并最大限度地减少事故造成的影响。同时,必须及时向相关主管部门和公众通报事故信息,以便社会各方采取适当的预防和保护措施。

(8) 应急预案。氢气生产、储存、使用单位必须制定详细的应急预案,并定期组织应急演练以验证和提高应急预案的可操作性和有效性。应急预案应包括详细的应急救援程序、责任分工、通信联络方式以及应对不同类型事故的具体措施。演练过程中,应根据模拟的事故情境进行全面检验,评估人员的应对能力和反应速度,确保在实际事故发生时能够迅速、有效地应对和控制局势,最大限度地减少损失和影响。

2.《氢能产业发展中长期规划(2021—2035年)》

发文机关:发改委、国家能源局;发布日期:2020年10月20日。

(1) 健全安全规范标准。建立健全安全标准规范对氢能全产业的安全管理至关重要。制定全面的氢能全产业安全标准规范,涵盖从生产、储存、运输到使用的各个环节,是确保整个氢能源生命周期符合高度安全标准要求的关键步骤。这些规范不仅需要详细规定每个环节的操作流程和技术要求,还应包括设施设计的标准、材料选择的指南、设备运行的安全要求等,以有效预防可能导致泄漏、火灾或其他安全风险的情况发生。通过严格执行和持续更新这些规范,可以最大限度地保障氢能源产业的安全性,确保其在生产、运输和使用过程中的可持续发展和安全运行。

(2) 强化安全监管。强化安全监管是保障氢能源安全的关键。为了落实企业和政府的安全责任,必须确保安全管理措施全面到位。企业在氢能源的生产、储存、运输和使用过程中,应积极实施安全管理,包括建立完善的安全制度和配备必要的安全设施、开展定期安全培训等。政府部门则需加强监督检查力度,确保企业按照规定操作,及时发现和解决存在的安全隐患和问题。通过建立定期检查和评估机制,加强对企业安全管理实施全面监督,确保各项安全管理措施的有效性和持续改进。这样可以有效提升整个氢能源产业的安全运行水平,降低事故发生的概率,保障公众和环境的安全与健康。

(3) 加强技术研发。加强技术研发是推动氢能安全发展的关键举措。需注重安全技术与氢能核心技术的协同发展。这意味着不仅要在氢能源的生产、储存和运输等环节中提升技术水平,还要将安全技术融入到整个产业链中,以确保每个环节都符合严格的安全标准和要求。通过加强对特种设备的技术创新和检验检测手段的改进,可以有效降低事故发生的风险,提升整体的安全管理能力。

3.《中华人民共和国能源法》

2024年11月8日，第十四届全国人民代表大会审议通过了《中华人民共和国能源法》，该法首次将氢能纳入国家能源管理体系中，于2025年1月1日正式生效实施。

其第33条明确："国家积极有序推进氢能开发利用，促进氢能产业高质量发展。"该条款的核心内容包括：① 积极有序推进氢能开发利用，即国家将采取有计划、有步骤的方式来推广氢能的应用，确保氢能技术和产业的可持续发展。② 促进氢能产业高质量发展，表明氢能不仅仅作为一种新兴的能源形式存在，而是要在产业链的每个环节，包括技术研发、生产、储存、运输、使用等方面都得到高质量的发展。

尽管氢能在一些场合已经被视为可再生能源或清洁能源的重要组成部分，但氢能尚未被正式纳入国家能源管理体系。当前的能源管理体系主要聚焦于传统能源（如煤炭、石油、天然气）和可再生能源（如风能、太阳能）。氢能的管理体系尚处于建设过程中，还需要相关法律法规的进一步完善，尤其是针对氢气的生产、储存、运输、应用等全链条的规范。

3.2.2 氢能安全标准制定

1. 发布机构

表3-4列举了主要的氢能安全标准发布机构及其职责与作用。以部门和地方政府为主体的安全标准发布机构，发布了涵盖氢能生产各领域的重要的规章制度。

表3-4　安全标准的发布机构

机构名称	职　　责	作　　用
国家标准化管理委员会（SAC）	制定和发布国家标准（GB标准）	作为中国标准化工作的最高管理机构，协调氢能标准的制定和实施
中国质量认证中心（CQC）	负责产品认证和质量认证	确保氢能相关产品符合国家标准和安全要求
中国工程院（CAE）	制定技术路线图和发展规划	提供技术指导，推动氢能技术的发展
国家能源局	能源政策的制定和实施	在氢能产业发展中起到监管和支持作用
工业和信息化部（MIIT）	工业政策和标准的制定	推动氢能在工业领域的应用，制定相关行业标准
地方政府	地方性法规和标准的制定	在地方层面推动氢能产业发展和安全管理

（参考资料：鲍威、叶秋仪，《探索创新驱动的标准化新路线：技术标准创新的"佛山模式"》。）

（1）国家标准化管理委员会（SAC）。我国氢能和燃料电池的相关标准的制定主要由国家标准化管理委员会（SAC）负责，该机构由国务院授权，负责统一管理全国的标准化工作。我国共发布百余项氢能国家标准，涉及氢制取、氢储运、加氢基础设施、燃料电池及应用、氢系统等。国家标准化管理委员会负责规划并推动国家氢能安全标准的制定工作,包括批准并发布相关国家标准,同时审议并颁布关于氢能应用的标准化政策、管理制度、长远规划及重要公告等文件。此外,它还承担着将强制性氢能国家标准向国际通报的职责,以提升国家间的透明度和一致性。

国家标准化管理委员会管辖的数百个分技术委员会中,有3个分技术委员会专门负责审议和实施氢能领域专业的国家标准,分别为全国氢能标准化技术委员会(编号SAC/TC 309)、全国燃料电池及液流电池标准化技术委员会(编号SAC/TC 342)、全国汽车标准化技术委员会(编号SAC/TC 114),如图3-1所示。

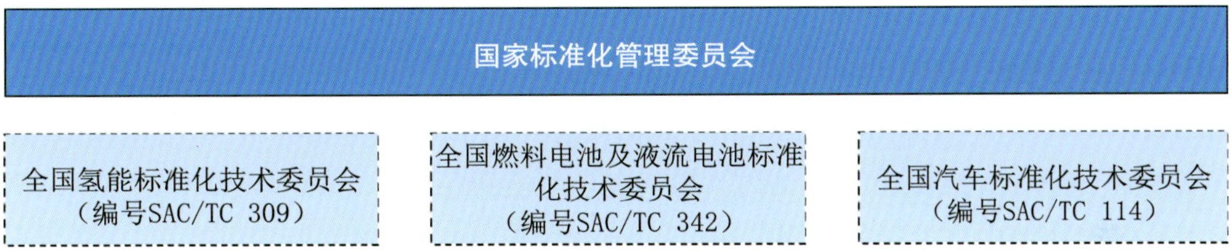

图3-1 氢能领域专业的分技术委员会构成

(参考资料:李汉勇等,《氢能概论》,中国石化出版社2023年版。)

(2) 中国质量认证中心(CQC)。中国质量认证中心(CQC)在氢能安全监管标准领域扮演着至关重要的角色。中国质量认证中心不仅积极参与并推动了氢能安全相关标准的制定与实施,还通过提供权威的检测认证服务,确保了氢能产品、设备、系统的安全性和合规性。同时,CQC还为企业提供技术支持与咨询服务,助力企业提升氢能安全管理水平。此外,CQC还积极参与国际交流与合作,提升了我国在氢能安全监管标准领域的国际影响力和话语权,为我国氢能产业的健康发展提供了强有力的保障。中国质量认证中心编制了全球首个绿氢标准《低碳氢、清洁氢与可再生氢等标准与评价》。

(3) 中国工程院(CAE)。中国工程院通过制定技术路线图和发展规划、提供技术指导和支持科研项目,推动氢能技术的研发、应用和产业化,促进示范项目、人才培养和国际合作,积极引领和推动中国氢能产业的安全、可持续发展。中国工程院在氢能基础与安全方面作出了贡献,主要包括术语、图形符号、氢能综合评价、氢品质及通用件等基础共性标准。

(4) 国家能源局。国家能源局在中国氢能产业发展中扮演着核心角色。首先,该机构负责制定和实施能源政策,旨在推动氢能技术的研发、推广和市场化。这些政策不仅促进能源结构的转型,还推动了环保和可持续发展的目标。国家能源局等六部门联合发布了《氢能产业标准体系建设指南》(2023版),系统构建了氢能制、储、输、用全产业链的标准体系。

(5) 工业和信息化部(MIIT)。工业和信息化部(MIIT)在推动氢能在工业领域应用方面具有重要作用。MIIT负责制定和实施工业政策,这些政策包括支持氢能技术在制造业、能源生产和其他工业领域的应用。工业和信息化部将从科技创新、迭代应用和政策支持三个方面，更好地推动氢能产业高质量发展。通过政策引导，MIIT 促进了氢能技术的研发、生产和市场应用，推动工业结构优化和环保发展。

(6)地方政府。地方政府在推动氢能产业发展和安全管理方面扮演着重要角色。地方政府通过制定地方性法规和标准，为氢能产业在当地的发展提供法律和制度保障。这些法规和标准可以针对地方特有的气候、地质和经济条件，制定适合本地氢能项目的管理要求，确保其安全运行和环境友好。例如，北京市、嘉兴市和佛山市等都根据自身氢能产业发展状况构建有利于地方发展的氢能标准。

2. 国际标准

中国在氢能标准制定过程中，参考了多项国际标准，以确保与国际接轨，主要包括：

(1) ISO 14687:《氢气质量要求》。ISO 14687 是国际标准化组织(ISO)制定的《氢气质量要求》标准，旨在确保氢气在氢燃料电池等应用中的安全性和可靠性。该标准规定了氢气的物理和化学特性，如纯度要求、杂质含量限制、湿度控制等。此外，该标准还详细描述了氢气的生产、存储、运输和加注过程中的质量管理要求，包括生产设备和操作流程的规范，以确保氢气在整个供应链中的高质量和安全性。

(2) ISO/TS 19880—1:《加氢站安全》。ISO/TS 19880—1 是国际标准化组织(ISO)发布的《加氢站安全》技术规范的第一部分，专门对氢气加氢站的安全管理和操作作了详细规定。该技术规范旨在确保氢气加氢站在设计、建设和运营过程中的安全性和可靠性。

① 安全管理体系要求：该标准规定了氢气加氢站必须建立完善的安全管理体系，包括风险评估[①]、事故预防和应急响应计划等。它详细描述了加氢站在设计和建设阶段需要考虑的安全性能标准，如设备的材料选择、加氢过程中的安全控制和监测要求。此外，该技术规范还涵盖了加氢站的维护和操作指南，以确保加氢过程中操作人员和周围环境的安全。

② 设备和安全要求：该标准详细规定了加氢设备的设计和安全要求，包括加氢压力、温度控制、泄漏检测和紧急停机系统等技术措施。此外，该标准还就加氢站周围的环境安全、建筑物结构和防火措施提出了具体要求，确保加氢站在各种操作条件下能够稳定和安全地运行。

(3) SAE J2601:《轻型汽车氢燃料加注协议》。SAE J2601 是国际自动机工程师学会制定的《轻型汽车氢燃料加注协议》，旨在规范氢燃料电池车辆的加氢过程，确保安全、高效和一致性。该协议详细描述了以下两方面：

① 加氢过程的技术规范：该协议定义了氢燃料电池车辆的加氢过程，包括加氢压力、温度控制、流量管理和加氢时间等关键参数。这些技术规范旨在确保加氢过程的安全性，同时最大限度地减少氢气的损耗，提高能源利用效率。

---

① 加氢站风险评估包括评估流程、评估标准及实施要求。

② 用户体验和操作指南：此协议不仅规定了加氢设备和车辆之间的通信标准[①]，还提供了用户操作指南和加氢站运营者的培训要求。这些措施旨在提升用户体验，确保驾驶员能够安全、便捷地使用氢燃料电池车辆，并为加氢站的运营者提供了操作和维护的最佳实践。

③ SAE J2601通过标准化的加氢协议，为全球氢能汽车的商业化和市场应用提供了重要的技术支持，促进了氢能技术在轻型汽车[②]领域的可持续发展和普及。

3. 国家标准

中国在氢能领域制定了一系列国家标准(GB)。

(1)《加氢站技术规范》(GB/T 34584—2017)。《加氢站技术规范》针对加氢站的设计、建设和运营提供了详细的技术要求和标准。该技术规范主要涵盖以下几个方面：

① 设施和设备要求。该技术规范规定了加氢站的设施和设备设计要求，包括但不限于氢气储存设备、加氢设备、压缩机、安全阀、泄漏检测系统等。这些设备必须符合相关的安全标准和性能要求，确保加氢站的安全性和可靠性。

② 安全管理和操作规范。该技术规范详细描述了加氢站的安全管理体系，包括风险评估、事故应急预案、操作流程和安全培训要求等。加氢站的操作人员必须接受专业的培训，并严格按照规范中的操作要求执行，以确保加氢过程中人员和设备的安全。

③ 环境保护和能源效率。该标准还关注了加氢站的环境保护要求，包括对加氢过程中的排放控制、废气处理和水资源管理等方面的规定。此外，该技术规范还鼓励采用节能、高效的技术和设备，提升加氢站的能源利用效率。

④ 监测与评估。该标准要求加氢站在投入使用后应定期进行监测与评估，确保其运行状态符合规范要求，并及时调整和优化运营管理措施，以提高加氢站的运行效率和服务质量。

《加氢站技术规范》为加氢站的设计、建设和运营提供了全面的技术指导和管理要求，促进了氢能技术的安全、可持续发展和在市场上的推广应用。

(2)《氢气质量标准》(GB/T 3634.2—2011)。《氢气质量标准》规定了氢气的质量要求和相关检测方法。该标准主要涵盖以下几个方面：

① 氢气的物理和化学特性。该标准详细规定了氢气的纯度要求，通常要求氢气的纯度达到99.9%以上。该标准还规定了氢气中允许的杂质含量限制，如氧气、水分和其他杂质的最大允许量，以确保氢气在应用过程中的安全性和效率。

② 检测方法和技术要求。该标准提供了氢气质量检测的详细方法和技术要求，包括但不限于气相色谱法[③]、质谱法[④]等。这些方法能够准确测量氢气的各种物理和化学指

① 加氢过程中的通信：车辆和加氢站相互配合，基于数据传输，使加氢站收到的数据经验证是有效的。

② 轻型汽车：重量不超过3.5 t的车辆。

③ 气相色谱法：利用气体作流动相的色层分离分析方法。

④ 质谱法：质谱仪将氢气中的组分分离出来，然后通过分析得到一张质谱图。

标，如纯度、杂质含量、水分含量等，为氢气生产、储存和运输等环节提供了科学依据和技术支持。

③ 质量管理和标准化。该标准强调了氢气质量管理的重要性，要求氢气生产和使用单位应建立健全的质量管理体系，确保生产过程中氢气的质量符合标准要求，并在实际应用中稳定可靠。标准化的质量管理能够提升氢气的生产效率和经济性，同时为氢能技术的推广应用提供了坚实的基础。

《氢气质量标准》为中国氢能产业提供了重要的质量管理框架和技术规范，为氢气在能源转型和清洁能源应用中的安全和可持续发展提供了重要保障。

(3)《氢燃料电池汽车安全要求》(GB/T 24549—2009)。《氢燃料电池汽车安全要求》规定了氢燃料电池汽车在设计、制造和使用过程中的安全性要求和技术规范。该标准主要涵盖以下几个方面：

① 设计和制造要求。该标准规定了氢燃料电池汽车的整体设计要求，包括车辆结构强度、安全防护措施、电气系统安全性等方面。该标准要求车辆应符合相关的国际和国内安全标准，确保在发生事故时能够提供足够的保护。

② 电池系统安全。该标准详细描述了氢燃料电池系统的安全要求，包括电池包装的材料选择、电池的安全防护措施、温控系统的设计和应急切断装置等。电池系统的安全性关乎整个车辆的稳定性和可靠性，该标准要求制造商在设计和制造过程中严格遵守这些安全要求。

③ 安全评估和认证。该标准要求氢燃料电池汽车必须通过评估与认证，包括原型车和批量生产车辆的安全性验证。这些评估和认证确保车辆在不同的使用场景和环境条件下能够安全运行，并符合国家和国际的安全标准和法规要求。

④ 使用和维护指南。该标准提供了氢燃料电池汽车的使用和维护指南，包括驾驶员的操作要求、车辆的日常维护和故障排除方法。这些指南帮助用户正确使用和保养氢燃料电池汽车，提高车辆的使用安全性和经济性。

《氢燃料电池汽车安全要求》为中国氢燃料电池汽车的设计、制造和使用提供了必要的安全指导和技术支持。

(4)《车用氢燃料电池技术条件》(GB/T 19774—2005)。《车用氢燃料电池技术条件》旨在规范和指导车用氢燃料电池系统的设计、制造和应用。该标准主要涵盖以下几个方面：

该技术条件定义了不同类型的车用氢燃料电池系统，包括固体聚合物电解质氢燃料电池(PEFC)、磷酸盐氢燃料电池(PAFC)、碳酸盐氢燃料电池(MCFC)、固体氧化物氢燃料电池(SOFC)等。该标准对不同类型的电池系统提出了性能和安全要求，以确保其在车辆应用中的稳定性和可靠性。

4. 行业标准

行业标准由各行业协会或特定行业主管部门制定，通常更具针对性。中国电器工业协会、中国汽车工程学会、中国化工学会等对行业标准有各自的管理要求。

(1) 中国电器工业协会(CHEM)。中国电器工业协会在氢能领域制定了多项行业标准,主要包括:

① 氢能发电设备技术要求。这些标准涵盖了氢能发电设备的设计、制造和安装要求,包括电解水制氢设备、氢燃料电池发电设备等,确保其在电力生产过程中的安全性、效率和环境友好性。

② 氢能储氢及输氢设备技术要求。这些标准规定了氢气的储存和输送设备的设计和制造要求,包括压缩储氢设备、液态储氢设备、氢气管道输送系统等,旨在确保氢气在各个环节的安全和可靠运输。

③ 氢能安全管理标准。这些标准涵盖氢能生产、储存、运输和使用过程中的安全管理措施,以确保人员和设施的安全。

(2) 中国汽车工程学会(SAE-China)。中国汽车工程学会在氢燃料电池汽车领域制定了一系列行业标准,主要包括以下几个方面:

① 氢燃料电池汽车性能和测试标准。这些标准涵盖了氢燃料电池汽车的整体性能要求、动力系统的效率和稳定性测试方法,以及在不同环境和工作状况下的性能验证要求。这些标准旨在确保氢燃料电池汽车在各种操作条件下的安全、可靠和高效运行。

② 氢燃料电池系统设计和集成标准。这些标准规定了氢燃料电池系统在车辆设计和集成过程中的技术要求,包括电堆的布置、冷却系统的设计、电控系统的集成等。这些标准旨在优化系统的结构和布局,提升整车系统性能和可靠性。

③ 氢气储存和供给系统标准。这些标准规定了氢气在氢燃料电池汽车中的储存、输送和供给系统的设计和安全要求,包括氢气储罐的材料选择、安全阀的配置、供氢系统的压力和流量控制等。这些标准旨在确保氢气在车辆中的安全、高效和可靠使用。

④ 安全管理和应急响应标准。这些标准涉及氢燃料电池汽车的安全管理体系建立、事故预防措施、应急响应计划等方面,为车辆制造商和运营商提供了安全管理方面的规范和指导。

(3) 中国化工学会(CIESC)。中国化工学会在氢能领域制定了多项行业标准,这些标准涵盖了氢能全产业链,主要包括以下几个方面:

① 氢能生产技术标准。这些标准规定了不同氢能生产技术的要求和指导,如水电解制氢、天然气重整制氢、生物质制氢等,包括生产过程中的安全、环保和能效等方面的要求。

② 氢能储存与输送技术标准。这些标准涵盖了氢气的储存技术,包括压缩氢气储存、液态氢气储存以及氢气的管道输送系统,确保储存和输送过程中的安全和效率。

③ 氢能应用技术标准。这些标准适用于氢能在各种应用场景中的技术要求,如氢能在交通运输、工业生产和能源系统中的应用,包括设备设计、安全操作和环境影响评估等方面的规定。

④ 安全管理与环境保护标准。标准涉及氢能生产、储存、运输和使用过程中的安全管理措施和环境保护要求，包括事故预防、应急响应、排放控制和废弃物处理等方面的规范。例如，针对气态氢的使用、置换、储存、压缩与充装、排放过程以及消防和紧急情况处理、安全防护等方面的安全技术要求。

5. 氢能全产业链安全

如图3-2所示，氢能全产业链安全涉及制氢、储氢、加氢、运氢、用氢5个环节，需严格遵守安全标准和规范。生产环节应防止泄漏和爆炸，储存需确保罐体的强度和密封性，运输中要采用专用容器并监控温度和压力，应用阶段要配备安全装置和操作培训，确保氢能使用的全程安全。通过综合的技术措施和管理制度，才能实现氢能全产业链的安全保障。

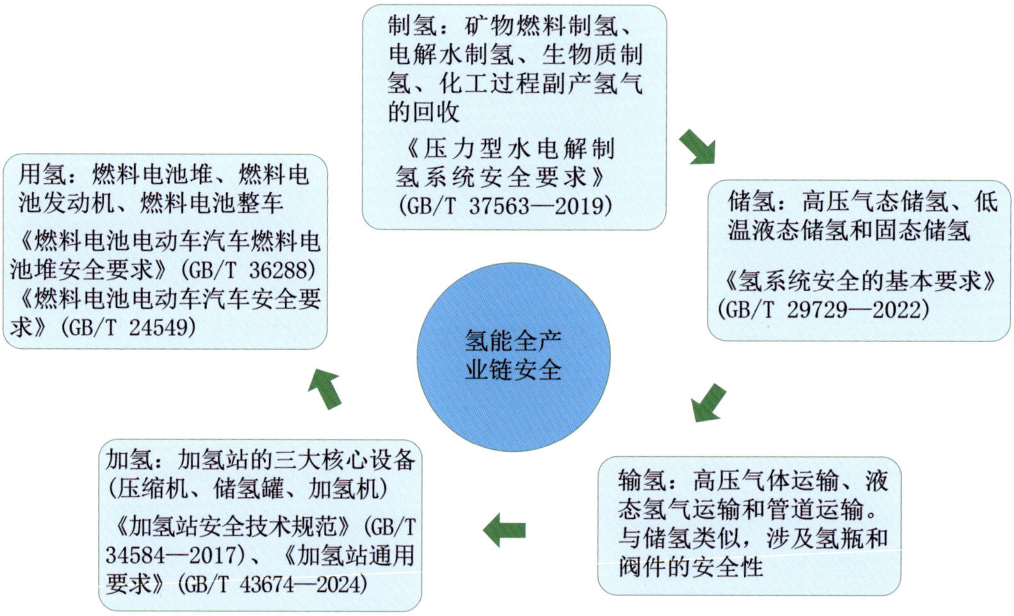

图3-2 氢能全产业链安全

（参考资料：2024年6月，柴长松在国际氢能与氢燃料电池大会上的主旨报告：《“一站式”检验检测服务平台助力氢能产业安全高质量发展》。）

3.2.3 氢能产业及其安全体系构建方面的各机构的协同机制

图3-3展示的是中国氢能产业及其安全体系构建方面的各机构协同机制，以氢能企业为核心，包括四大板块，分别为政策制定、技术和研发与人才培养、安全监管、产业和金融支持，以下对相关组织机构进行阐述。

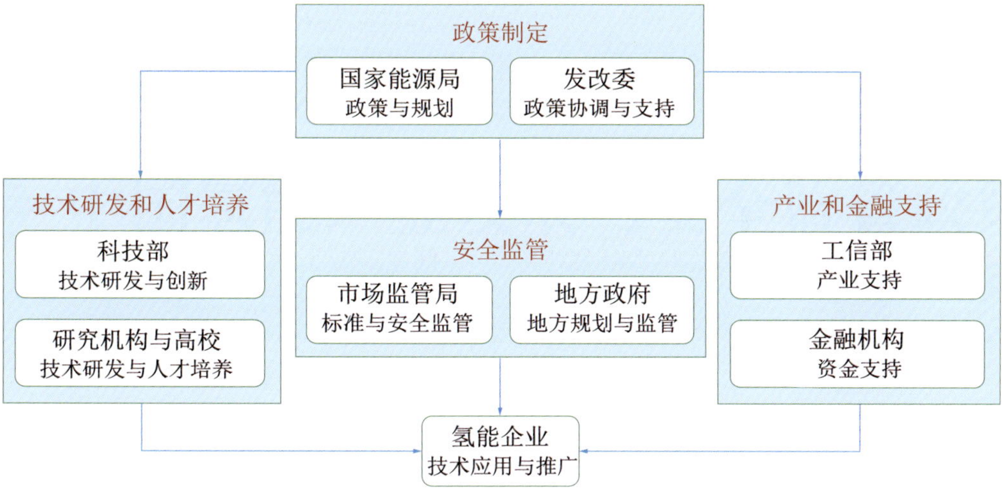

图3-3 中国氢能产业及其安全体系

（参考资料：姜传胜、余孝东、丁美文等，《氢能全产业链安全监管的突出问题与对策研究》。）

1. 政府部门

各级政府部门负责氢能产业的政策制定、技术研发支持、产业推动及安全监管。

（1）国家能源局。国家能源局通过制定国家氢能产业中长期发展规划，明确了氢能在国家能源体系中的定位和发展目标，并将长期目标分解为阶段性任务，确保各阶段目标的实现。同时，评估国内可再生能源资源分布，选择适合的制氢技术路线，推动多元化、低成本的制氢体系建设。国家能源局统筹氢能源安全生产监管体系。

在完善产业布局方面，国家能源局规划氢能产业链的合理布局，协调制氢、储运、应用等环节的发展，推动氢能示范区和试点项目建设。此外，制定财政支持和金融政策，激励企业和科研机构进行氢能技术研发和产业化，并推动金融机构为氢能产业提供融资支持。

（2）国家发展和改革委员会。国家发展与改革委员会通过制定国家氢能发展战略和总体规划，协调各部门和地方政府的政策措施，确保氢能产业发展方向明确、路径清晰。发改委在政策层面上推动氢能纳入国家能源体系，制定配套的扶持政策和发展目标，促进氢能在全国范围内的协调发展。国家发展和改革委员会协调各部门开展政策支持。

（3）科学技术部。科学技术部在氢能技术研发中扮演着关键角色，通过设立专项科研基金和资助项目，支持基础研究和应用技术的创新，推动氢能关键技术和核心材料的突破。科技部的资助覆盖从实验室研究到产业化的全过程，确保技术创新的可持续性和前瞻性。

（4）工业和信息化部。工业和信息化部通过制定和实施氢能产业相关政策，支持氢能技术研发和产业化，推动产业政策的有效落地。通过出台技术创新和产业支持政策，鼓励企业和科研机构开展关键技术攻关，提升氢能技术自主创新能力，解决核心技术瓶颈，推动氢能技术在交通、工业等领域的应用。

（5）国家市场监督管理总局。国家市场监督管理总局在氢能产业发展中发挥着重要作用，通过制定和实施标准，确保氢能技术和产品符合安全、质量和环保要求。市场监管局牵头建立氢能全产业链的技术标准体系，包括制氢、储运、加注及应用等环节，推动行业规范化和标准化发展。

2. 氢能企业

图3-4展示了氢能企业的技术研发与推广，包括生产技术、储运技术和应用技术。

（1）氢能生产技术研发与推广：

① 研发新型制氢技术。氢能企业通过开发绿色制氢技术（如电解水制氢、光解水制氢等），提升制氢效率并降低生产成本。

② 建设制氢设施。投资建设规模化制氢工厂，确保氢气生产的稳定供应。

③ 优化制氢流程。通过技术创新和流程优化，提高制氢过程的能源利用效率和环保水平。

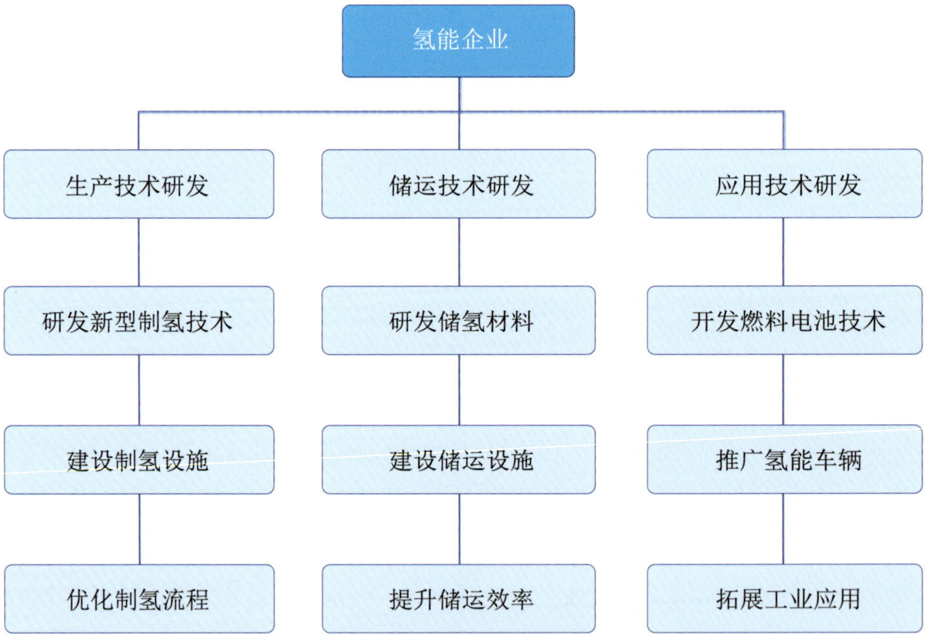

图3-4　氢能企业技术研发与推广

（参考资料：王意东、许苏予、何太碧等，《中国氢能及燃料电池产业政策研究及启示》。）

（2）氢能储运技术研发与推广：

① 研发储氢材料与技术。开发高效、安全的储氢材料和技术，包括高压气态储氢、低温液态储氢和固态储氢。

② 建设储运设施。投资建设氢气储存设施和运输网络，确保氢气在生产、存储和运输过程中的安全性和稳定性。

（3）氢能应用技术研发与推广：

① 开发氢燃料电池技术。研发高效氢燃料电池技术，提升氢燃料电池的性能[①]和可靠性，推动氢燃料电池在交通、工业等领域的应用。

② 推广氢能车辆。与汽车制造企业合作，推广氢燃料电池汽车，建设加氢站网络，促进氢能交通应用的发展。

③ 拓展工业应用。推动氢能在化工、冶金等工业领域的应用，替代传统化石能源，降低工业生产的碳排放。

3. 科研院所与高校

科研院所在氢能产业中扮演着关键角色，通过基础研究和技术攻关，为氢能技术的突破提供了科学支持。它们致力于研究氢能的基本原理和关键技术，包括制氢、储氢、输氢以及氢能应用的各个环节。通过开展深入的科学研究和技术实验，科研院所能够解决技术瓶颈，推动氢能技术的不断进步，为氢能产业的技术升级奠定坚实基础。同时，科研院所还与企业合作，将研究成果进行产业化应用，加快技术成果转化，促进氢能产业的快速发展。其中，中国科学院大连物理化学研究所在氢能研究领域较为领先。

高校在氢能产业的发展中也具有重要作用，主要体现在人才培养和科研工作两方面。高校通过开设氢能技术相关专业课程，培养具备专业知识和实践能力的技术人才，为氢能产业提供了大量高素质的后备力量。这些人才不仅能够从事氢能技术的研发和应用，还能够在企业中担任技术管理和工程实施等重要角色，推动氢能技术的推广和应用。同时，高校还开展广泛的科研工作，如清华大学设立北京清华工业开发研究院、浙江大学设立氢能研究院、上海交通大学设立氢科学中心、山东大学设立氢能研究中心，进行前沿技术研究和创新。

4. 金融机构

银行与投资机构在氢能产业发展中扮演着重要的资金支持角色，通过提供贷款、投资和融资等多种金融服务，为氢能项目的建设和运营提供了强有力的资金保障。这些金融机构不仅关注项目的经济效益，还注重其社会效益和环保效益，从而推动氢能产业的可持续发展。他们的资金支持帮助企业在技术研发、生产设施建设、市场推广等各个环节上顺利推进，为产业快速扩张和技术创新提供了坚实基础。其中“闰土投资”对国鸿氢能的投资较早，是国内较早关注氢能研发的金融机构之一。

5. 地方政府

(1) 地方能源部门。地方能源部门在氢能产业发展中起到关键的桥梁作用。他们依据国家能源战略和政策，结合地方实际情况，制定切实可行的地方氢能产业发展规划。这些规划不仅要符合国家的总体方向，还需要考虑地方的资源禀赋、产业基础和市场需求，确保氢能产业在地方经济中占据重要地位。省、市、县或区能源部门统筹管理，自上而下对氢能全产业链安全进行监督管理。

---

① 氢燃料电池性能指标：质量功率密度、体积功率密度、电极功率密度、额定功率、系统低温启动能力、动态性能验证等。

(2) 安全监管部门。安全监管部门在氢能产业的安全生产中发挥着至关重要的作用。他们根据国家和地方的安全管理政策，制定具体的氢能安全监管措施和标准，确保整个产业链各环节的安全合规。这些标准涵盖氢气的生产、储存、运输和应用等多个方面，力求消除潜在的安全隐患。

在实施安全监管方面，安全监管部门进行严格的监督检查和执法。地方应急管理局、消防部门定期或不定期对氢能企业进行安全检查，重点监控高风险环节和关键设施，确保安全措施落实到位。对于发现的安全隐患和违规行为，及时落实整改措施，严肃处理，保障产业的安全运营。

3.3 地方层面氢能产业政策发展

3.3.1 总体概括：五大示范城市群引领氢能产业发展

2017年以后，中国氢能产业迎来快速发展阶段，中国政府逐渐将氢能产业纳入国家发展规划。其中，五大氢能产业示范城市群“以点带面”引领了以氢燃料电池汽车为主体的氢能产业政策布局和产业发展。

在2020年9月，中国财政部、工业和信息化部等5个国家部委联合发布了《关于开展燃料电池汽车示范应用的通知》，其目的是打造氢能产业示范区以引领氢能产业的发展，加速绿色转型，并采用“以奖代补”①的政策激励措施。2021年8月，五部委确定了第一批燃料电池汽车示范城市群，包括京津冀、上海和广东。接着在2022年1月，河南的郑州和河北的张家口领衔的城市群也被批准为第二批示范城市群。五大示范城市群设立了各自的发展目标(表3-5、图3-5)，从成效来看，尽管氢能在交通领域的大规模应用仍面临诸多挑战，但城市群仍在政策扶持、技术突破、示范应用方面起到了显著的带动作用。

示范期设定为4年，在此期间，五部委将通过“以奖代补”方法对符合条件的城市群进行奖励。奖励的标准将依据“燃料电池汽车城市群示范目标和积分评价体系”(表3-6)，主要考虑示范车辆的数量、8项核心零部件的性能、车辆的质保期以及氢气价格等指标。基本上，每获得1个积分可得到约10万元的奖励，每个城市群可获得最多17亿元的奖补资金，且需要国家和地方政府各承担一半。例如，在2020年各城市群每推广1辆氢燃料电池汽车便会获得1.3个积分。示范期内，根据项目的进展，可能会对补贴的标准和技术要求进行适当调整。

① “以奖代补”是一种激励政策，其核心是用奖励替代传统的财政补贴。在这个政策模式中，政府并不直接给予企业或个人金钱补助，而是设置一系列目标或准则。当相关方达到这些设定的目标时，他们就有资格获得相应的奖金。

表 3-5 中国五大氢能产业示范城市群

示范城市群	城市群	城市构成	目标
2021年8月第一批城市群获批,示范期间为2021年12月至2025年12月	京津冀城市群	牵头:北京大兴 北京:海淀、昌平等6区 天津:滨海新区 河北:保定、唐山 山东:滨州、淄博	示范期间,8项核心零部件②取得技术突破和产业化,推广氢燃料电池汽车不少于5 300辆,新建加氢站不低于49座
	上海城市群	牵头:上海 江苏:苏州、南通 浙江:嘉兴 山东:淄博 宁夏:宁东 内蒙古:鄂尔多斯	规划建设加氢站100座,产出规模达1 000亿元,推广氢燃料电池汽车10 000辆
	广东城市群	牵头:佛山 广东:广州、深圳、珠海、东莞、中山、阳江、云浮 福建:福州 山东:淄博 内蒙古:包头 安徽:六安	实现8项核心零部件技术自主可控,达到自主知识产权配套应用,推广超过10 000辆氢燃料电池汽车,建成4.6×10^5 t的供氢体系,建成200座以上加氢站,氢气售价降至35元/kg以下
2021年12月第二批城市群获批,示范期间为2022年1月至2025年12月	河南城市群	牵头:郑州 河南:新乡、洛阳、开封、安阳、焦作 上海:嘉定、奉贤、临港 河北:张家口、保定、辛集 山东:烟台、淄博、潍坊 广东:佛山 宁夏:宁东	到2025年,河南省推广氢燃料电池汽车超5 000辆,建成加氢站80座以上,氢燃料电池汽车产值规模突破1 000亿元
	河北城市群	牵头:张家口 河北省:唐山、保定、邯郸、秦皇岛、定州、辛集、雄安新区 内蒙古:乌海 新疆:巴州,库尔勒 上海:奉贤 河南:郑州市 山东:聊城,淄博	到2025年,河北省累计建成加氢站100座,氢燃料电池汽车规模达10 000辆

(参考资料:《中国氢能产业发展报告(2024)》。)

① 工信部列出的氢燃料电池汽车需要取得突破的8项核心零部件分别是电堆、膜电极、双极板、质子交换膜、催化剂、碳纸、空气压缩机以及氢气循环系统。

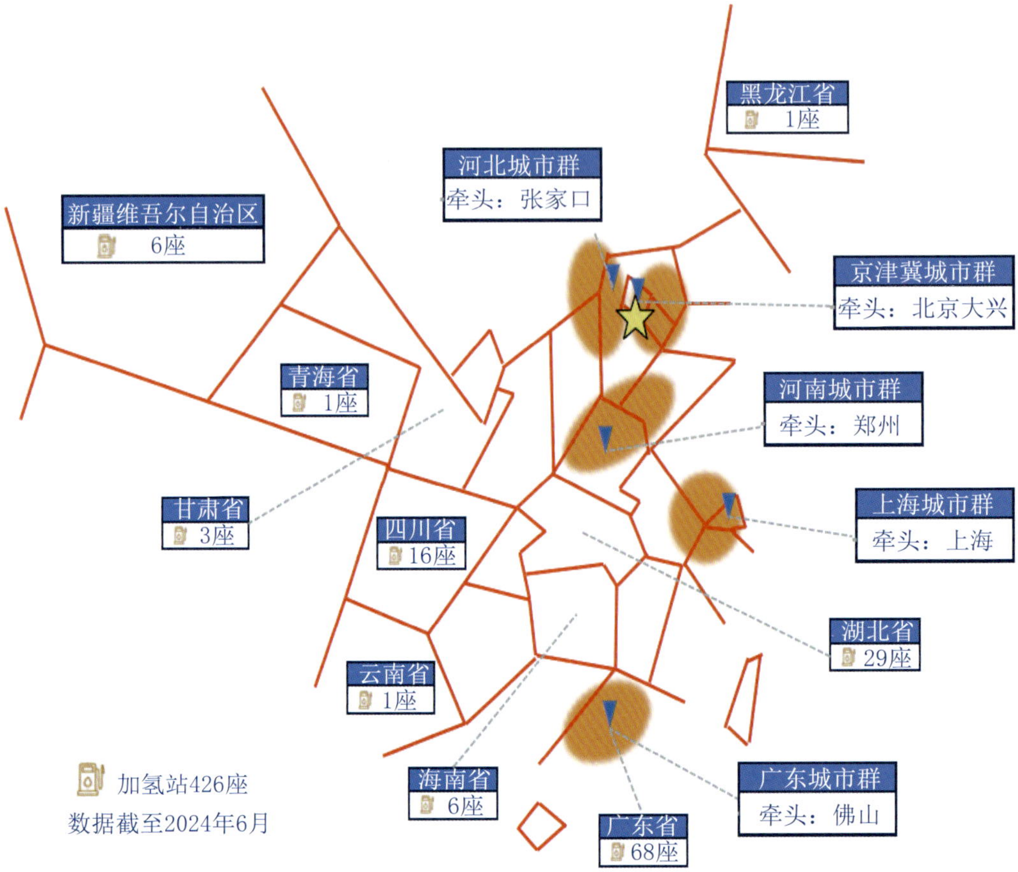

图3-5　五大氢能产业示范城市群牵头城市示意图

（参考资料：香橙会研究院，《中国加氢站建设新趋势：建大站！1吨以上的加氢站已有4成》。）

根据香橙会研究院数据，截至2024年6月底，中国已建立了426座加氢站（图3-6）。仅2024年的前6个月，已新增19座加氢站。在全国范围内，加氢站的建设呈现出广泛分布的趋势。广东省以68座加氢站位居全国首位，而山东、河北、湖北、江苏、浙江、山西和河南等7省的加氢站数量均超过20座。北京、上海、四川、辽宁、安徽、内蒙古和重庆等7省区市的加氢站数量则为10～20座。其他省份的加氢站数量均在10座以下。此外，2024年台湾省建成了该地区的第1座加氢站，主要用途是为台积电光刻机供应高纯氢[①]。整体来看，中国各省级行政单位都有加氢站的建设，显示了氢能基础设施的全面推广。在氢燃料电池汽车示范应用带动下，五大城市群内氢能基础设施和加氢站建设不断加快。广东、河北、河南三地加氢站数量分别达到68座、33座、22座，排名全国前列。从城

① 苏州鑫思创智能科技有限公司负责建设台湾地区的首个制氢和加氢合一站点，这个站点将专门为台积电的光刻机提供极高纯度的氢气（纯度达到99.9999999%）。根据双方的协议，鑫思创将提供一系列服务，包括项目规划、设备供应、安装和调试以及后期的运营管理。此一体化站点融合了氢气的生产、压缩、储存和加注功能。

市来看，广东城市群的牵头城市佛山市加氢站数量达36座，位居全国城市首位。

在国家政策支持和区域协作推动下，加氢站作为氢能产业发展的基石发展迅速。然而，值得一提的是，加氢站建设仍面临土地审批复杂、周期长等挑战，通过改造现有加油站虽可缓解土地问题，但规模和加氢能力有限。此外，氢气属危险化学品，审批标准严格，尽管部分城市政策有所放宽，大多数城市仍审查严格，加氢站的规划也存在策略不足和缺乏详细指导的问题。2024年，《中华人民共和国能源法（草案）》明确将氢能定义为能源，在“氢能”定义为能源之前，是作为“危化品”来管理的，而不是作为“能源”来管理的。展望未来，随着法律框架的逐步完善和氢能作为能源地位的确立，加氢站的建设和氢能产业的发展将迎来更加规范化和快速的增长，推动我国迈向更加清洁和可持续的能源未来。

表3-6　城市示范群目标和奖励积分标准

领域	关键指标	城市群示范目标	奖励积分标准	补贴上限
新能源汽车应用	推广应用车辆技术和数量	(1) 8项核心零部件实现突破和产业化，车辆应用总量达1 000辆。 (2) 燃料电池系统额定功率≥50 kW，与驱动电机的额定功率比≥50%。 (3) 燃料电池汽车能在≤−30℃启动。 (4) 乘用车燃料电堆功率密度≥3.0 kW/kg，商用车≥2.5 kW/kg，系统功率密度分别≥400 W/kg和≥300 W/kg。 (5) 纯氢续航里程≥ 300 km；特定重型车可放宽至≥200 km。 (6) 乘用车质保≥8年/120 000km，商用车≥5年/200 000km。 (7) 单车累计运行里程平均超过30 000 km。 (8) 鼓励70 MPa燃料电池汽车示范运行	(1) 2020年1.3分/辆；2021年1.2分/辆；2022年1.1分/辆；2023年0.9分/辆。 (2) 核心零部件通过第三方测试、应用超500套、运行超20 000 km。各类零部件的加分标准为：电堆、双极板：0.20分/辆；膜电极、空气压缩机、质子交换膜：0.25分/辆；催化剂、碳纸、氢气循环系统：0.30分/辆；每款零部件最多额外奖励1 500分，每类最多5款产品可获加分	15 000分
氢能供应	氢能供应及经济性	(1) 车用氢年产量>5 000 t，鼓励低碳氢气生产，制取1 kg氢气的CO_2排放量小于15 kg。 (2) 氢气品质符合《质子交换膜燃料电池汽车用燃料氢气》(GB/T 37244—2018)标准。 (3) 加氢站1 kg氢气零售价格不高于35元	(1) 按氢气加注量给予积分奖励，2020年7分/百t；2021年6分/100 t；2022年4分/100 t；2023年3分/100 t。 (2) 达标奖励1分/100 t。 (3) 3分/100 t（每千克氢的CO_2排放<5 kg）。 (4) 运输半径<200 km，奖励1分/100 t	2 000分

（参考资料：安徽明天氢能科技股份有限公司相关资料。）

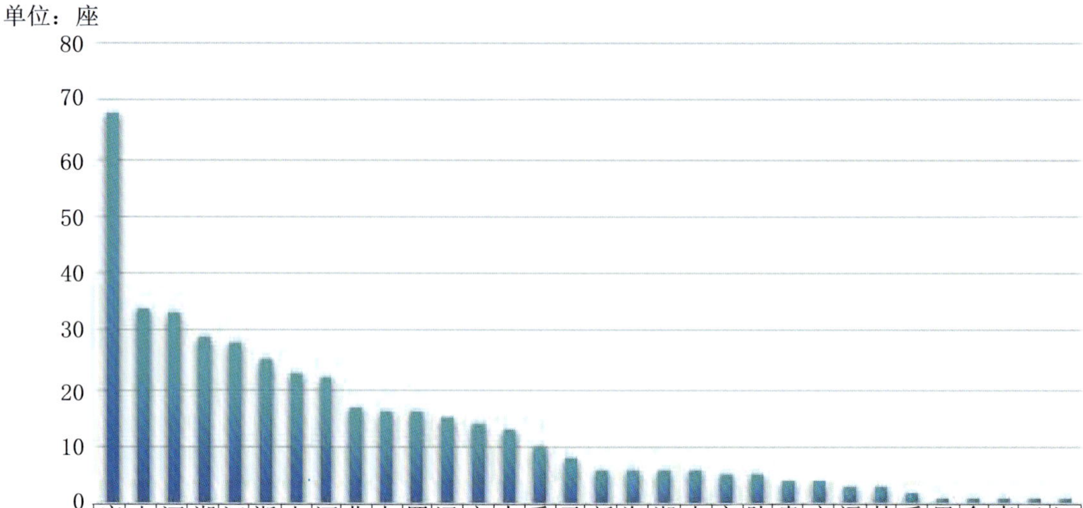

	广东	山东	河北	湖北	江苏	浙江	山西	河南	北京	上海	四川	辽宁	安徽	内蒙古	重庆	天津
加氢站	68	34	33	29	28	25	23	22	17	16	16	15	14	13	10	8

	新疆	海南	湖南	吉林	宁夏	陕西	贵州	广西	福建	甘肃	香港	黑龙江	台湾	青海	云南	江西
加氢站	6	6	6	6	5	5	4	4	3	3	2	1	1	1	1	1

图3-6　全国各省份加氢站数量(截至2024年6月底)

(参考资料:香橙会研究院,《中国加氢站建设新趋势:建大站! 1吨以上的加氢站已有4成》。)

在中国氢能产业发展迅猛的背景下,五大示范城市群起着举足轻重的引领作用。根据中国氢能联盟2024年数据,2024年上半年,中国氢能产业以国家氢能产业政策规划为引领,政策和制度保障不断完善,氢能产业不断发展,已建成运营燃料电池热电联产与发电项目104个,覆盖24个省份,总计规模达21.4 MW;已建成可再生能源制氢项目78个,涉及70家企业,覆盖25个省份,合计项目产能超1×10^5 t/年;全国范围内已建成加氢站426座。此外,氢燃料电池汽车中的8项核心零部件中已有6项实现了完全国产化,五大示范城市群的引领效果显著。

3.3.2　北京市:政策赋能下氢能产业的先锋跨越者

在政策的大力支持下,北京已经成为氢能技术研究和产业化的先锋。通过近20年的持续研发与企业培育,北京不仅掌握了氢能产业链中各个技术路径中的一定的核心技术,同时也形成了一个较为完整的产业链。

1. "从无到有、从有到优"的跨越发展

北京氢能产业的发展可概括为3个阶段的战略跨越:从0到1的技术突破,从1到10的市场推广,以及迈向从10到100的产业集群化发展。这3个阶段不仅展示了北京在氢能技术和应用方面的进步,也反映了政策引导与市场应用之间的紧密互动。

在"从0到1"的技术突破阶段,北京市重点解决了氢能关键技术的瓶颈问题,尤其是在燃料电池发动机及其核心部件上的创新。例如,亿华通公司在氢喷射技术上的突破,

显著降低了燃料电池成本，每千瓦燃料电池的成本也从20 000元降到了5 000元，从而解决了长期困扰行业的高成本问题。这一阶段的技术进步，得益于北京市与清华大学等科研机构的紧密合作以及地方政府的政策支持，为氢能产业的发展奠定了坚实的技术基础。

进入"从1到10"的市场推广阶段，北京利用国际大型活动如冬奥会作为氢燃料电池汽车的集中示范平台，大规模地验证了氢能技术的稳定性和可靠性。此外，通过改装冬奥会氢燃料大巴为常态化运营的公交车，北京市不仅提升了氢燃料电池汽车的市场接受度，也实现了氢能技术从实验室到市场的转变。这一阶段的成功，是政府持续创新政策和完善保障体系作用的直接体现。

北京市目前正处于"从10到100"的产业集群化发展阶段，其策略是通过区域协同和产业链优化来构建氢能产业的集群化发展模式。以昌平区的"能源谷"①和大兴区的氢能高端装备制造基地为例，北京市通过优化产业布局，建立了完整的氢能产业链生态系统。此外，京津冀地区培养了100多家氢能领域企业，形成了"链主、头雁、配套"②三级梯队，加强了京津冀三地在氢能产业链中的互补与合作，促进了氢能产业的规模化和集群化发展。政府的政策支持和资金投入在这一过程中起到了关键的推动作用，特别是在加氢站建设和运营补贴方面的政策，如根据加氢站压缩机在12 h内的处理能力，给予500万元或200万元的建设补贴，缓解了氢能产业发展基础设施建设难的问题。

这一过程中，政策的赋能发挥了不可或缺的作用，从初始的技术研发支持到市场应用的推广，再到产业链的集群化扩展，每一步的成功实施都离不开政府在政策制定、资金扶持和环境构建等方面的积极推动。

2.《北京市氢能产业发展实施方案（2021—2025年）》

《北京市氢能产业发展实施方案（2021—2025年）》旨在推动氢能产业的发展，实现北京市的绿色低碳转型及京津冀区域能源结构的优化。

北京市的目标是通过快速推进氢能产业的发展，建立一个完整、自主、绿色且安全的京津冀氢能产业链。该政策目标是到2023年，北京市计划在氢能技术创新上实现"从1到10"的跨越，同时培养5到8家具有国际级影响力的氢能领军企业，建立37座加氢站，并推广使用3 000辆氢燃料电池汽车。到2025年，预计氢能产业结构及其配套设施将得到进一步完善，发展10到15家具有国际影响的企业，氢能产业的年产值预计突破1 000亿元，并助力减少2×10^6 t碳排放。

重点任务方面，北京市将聚焦关键技术突破，如质子交换膜电解制氢、高密度液态储氢技术和70 MPa加氢站设备。结合冬奥会等重大示范应用，加速建设氢能基础设施，并

---

① "能源谷"位于昌平区的未来科学城，是该区域的重要部分，专注于能源技术的创新与产业化。该地区聚集了多家国内外知名的研究机构、中央企业和高等教育机构，致力于推动能源技术的发展。得益于政策的支持和资源的集中配置，能源谷已经形成了以风能、光伏和氢能等为主的产业群。

② "链主"指主导产业链的企业，"头雁"指引领行业发展的企业，"配套"指提供支持服务的企业。

推广其在交通、发电、能源供应和工业等多个领域的应用。

3.《北京市氢燃料电池汽车产业发展规划(2020—2025年)》

《北京市氢燃料电池汽车产业发展规划(2020—2025年)》以国家新能源汽车产业政策为指导，旨在将北京建设成氢燃料电池汽车产业的创新高地。该规划强调了全球氢燃料电池汽车市场已进入加速发展阶段，国内外均已形成支持政策和技术积累。北京市借助其科技创新、产业基础和政策环境的优势，具有推动氢燃料电池汽车产业发展的条件。清华大学、航天科技六院等高校及科研院所在氢燃料电池领域长期开展研发，具备良好的研发创新能力。氢燃料电池汽车已实现−30℃低温启动、−40℃存放，15 min加氢和续航300 km以上；电池电堆国产化，车载储氢瓶和供氢系统广泛应用，减压装置和高压管路已具备量产能力。

该规划明确设置了发展目标及其阶段性成果，包括到2023年推广3 000辆氢燃料电池汽车并建成37座加氢站，到2025年形成完善的产业链和技术体系。同时，提出了科技创新和产业发展并重的策略，加强高端装备和关键零部件的研发和制造。

该规划规划还特别关注氢燃料电池汽车的安全生产和运行，提出建立全面的安全监管体系，包含氢能设施、车辆运行、氢能供应体系等安全监管体系，确保产业的健康发展。同时，强化人才培养和国际合作，加快氢燃料电池汽车技术的国际化进程，提升北京市在全球氢燃料电池汽车产业中的地位。

4.《北京市关于支持氢能产业发展的若干政策措施》

2022年8月，北京市发布《北京市关于支持氢能产业发展的若干政策措施》，有效期3年。其目的是通过科技创新、产业化支持和生态建设等多维度措施，加速北京市氢能产业的发展。

在技术装备产业化方面，该政策措施提出了支持产业筑基工程等措施，如将氢能新材料产品优先列入首批应用示范指导目录，并对目录中的氢能新产品首次应用给予奖励，例如，储氢气瓶用碳纤维复合材料(车船用燃料电池氢气瓶：工作压力≥35 MPa，使用寿命10～15年，质量储氢密度4%)，单个产品最高500万元，单个企业最高1 000万元。旨在解决关键核心技术问题，推动氢能技术产品的市场应用。

示范推广及基础设施建设也是重点，通过支持加氢站建设和运营、推动氢能设施建设等措施，如根据加氢站压缩机[①]的12 h工作能力，分为1 000 kg和500 kg两个等级，分别提供500万元和200万元的建设补贴。2023年7月24日，北京市城市管理委员会报告称北京2021—2022年度加氢站补贴共计2 834万元。政策旨在构建完善的氢能供应链和服务体系，确保氢能的持续供应和高效应用。同时，通过示范项目的实施，政策加强了对新技术新产品的实战检验和市场反馈，进一步推广氢能的应用。

5. 其他政策

(1)《北京市氢燃料电池汽车车用加氢站发展规划(2021—2025年)》。该规划旨在

① 加氢站压缩机是用于将氢气压缩到高压，以便安全地储存和加注到氢燃料电池汽车中的设备。

加快氢燃料电池汽车产业的发展，提供充足的加氢服务，以支持北京市在氢能应用和推广上取得领先。规划期内，力争2025年加氢站保有量达74座、实现氢燃料电池汽车累计推广量突破10 000辆，并通过示范先行和市场化发展两个阶段，逐步扩大加氢站的网络，提供稳定可靠的氢燃料供应，同时推动氢燃料电池技术的研发和产业化应用。

(2)《大兴区氢能产业发展行动计划(2022—2025年)》。该计划通过创新驱动和市场主导，结合大兴区的区位优势和丰富的产业资源，全面推进氢能产业链关键技术的突破和产业化应用。目标是未来氢能产业拥有超过200家相关企业，计划培育4～6家上市企业和孵化2～3家生态引领型企业①，旨在将产业链规模累计提升至200亿元。政策着重于优化产业布局，增强核心技术自主可控能力，大力支持高端氢能装备制造和氢燃料电池汽车的示范应用，同时建立完善的安全和监管体系，包含氢能“制、储、运、加、用”监管办法、氢能全产业链风险甄别体系和氢能安全应急监管机制。

(3)《昌平区氢能产业创新发展行动计划(2021—2025年)》。该计划明确了氢能的战略重要性和发展方向，强调科技创新的核心作用，并提出了多维度的支持措施。目标是到2025年，计划引进和培育5～8家具有国际影响力的氢能产业链龙头企业，孵化3家以上氢能领域上市企业，目标氢能产业收入超300亿元。主要政策包括推动全链条科技创新、促进产学研合作、提升企业供应链水平、利用央企资源和推广多点示范应用。

3.3.3 佛山市：氢能产业集聚先行者

1. 从初步接触氢能到逐步发展成为一个完整的氢能全产业链

佛山市位于全国氢燃料电池汽车发展的前列，是从2009年开始进行布局和建设的城市之一。该市不仅是广东省氢燃料电池汽车示范城市群的牵头城市，其南海区还被授予“中国氢能产业之都”的称号。氢能的应用已深入到佛山市市民生活的各个层面，从建设首个商用加氢站，到创建“氢进万家”示范社区，再到氢能公交、环卫车、有轨电车以及物流集群的大规模示范应用，都展示了一个以氢能为核心的生活图景。此外，佛山市拥有全国最多的加氢站，数量达68座。

“中国的氢能产业发展看佛山，佛山的氢能产业发展看南海”。2009年，当时氢能产业尚处于初级阶段，不为多数地区所熟知。南海区率先进行积极突破，启动了广顺新能源电池空压机的生产项目②，为当地的氢能产业发展奠定了坚实的基础，这标志着佛山市氢能产业迈出了重要的一步，其蓬勃发展背后离不开政府强有力的支持。受益于政府的前瞻政策和支持，早在2015年4月，南海区就出台了《佛山市南海区新能源汽车产业发展规划(2015—2025年)》。

① 生态引领型企业是指在运营中注重环境保护和可持续发展，积极推动绿色技术和实践的企业。

② 一种利用电池为动力源的空气压缩机，主要用于提供压缩空气，广泛应用于各种工业和商业环境中。此类设备以电池驱动，因此更加环保，降低了对传统燃油的依赖。

南海区是佛山市氢能产业的重要中心，自2017年以来，该区氢能产业快速发展。最初只有2家企业，现已发展到拥有100多家涉及氢能的企业和科研机构。南海区在氢能领域取得了多个全国性的第一，我国首座商业化加氢站与油氢合建站相继落成，并设立了国家氢能技术标准创新基地。同时，首个氢燃料电池汽车支持政策出台，首个“氢进万家”智慧能源示范社区诞生。伴随氢能产业链的日益成熟，投资总额已超过400亿元，覆盖了从燃料电池系统、核心材料部件到整车制造等多个产业环节。

展望未来，佛山市正实施“百千万工程”①，旨在构建“三高四新六集群”②的现代产业体系。通过这一系列措施，佛山不仅加速了绿色转型步伐，也为氢能产业的未来发展开启了新的篇章(图3-7)。

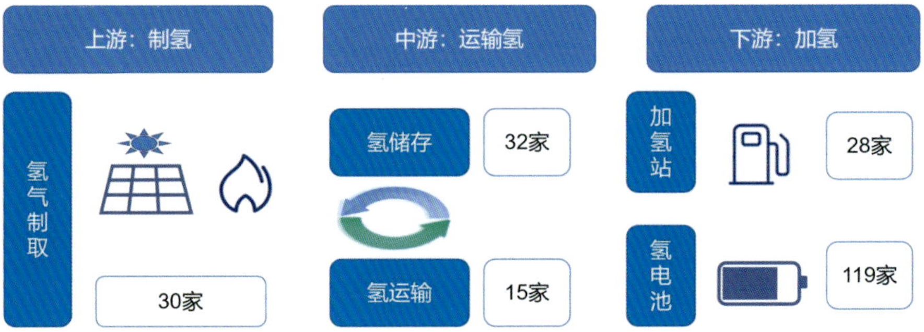

图3-7　佛山市氢能源产业链图谱

(参考文献：前瞻产业研究院，《2022年佛山市氢能源产业链全景图谱》。)

2. 佛山氢能产业发展大事记

佛山市在氢能产业发展方面取得了显著成就，从2009年首次引入燃料电池相关制造项目开始，至今已形成了包括燃料电池客车示范运营、国际技术峰会、行业领先的加氢站建设及氢能源政策制定等多个领域的发展成果。特别是在2018年发布的氢能源产业发展规划和2023年获得的“中国氢能产业之都”称号，都标志着佛山在全国乃至国际氢能产业中的领先地位和影响力。通过持续的技术创新和政策推动，佛山正朝着建立全球领先的氢能产业基地迈进(表3-7)。

表3-7　佛山氢能产业发展大事记

年份	事　　件	要　　点
2009	引入广顺新能源燃料电池空压机生产项目	成为佛山氢能产业的起点
2011	举办国际燃料电池及氢能技术发展峰会	汇聚专家学者，推动技术交流
2013	启动燃料电池客车示范运营	通过2011国际峰会的举办蓄势待发，开启燃料电池客车示范运营等项目的推广

① “百千万工程”是指旨在推动高质量发展、实现城乡融合发展、构建城乡区域协调发展新格局、壮大县域综合实力的工程。

② 三高”指高技术制造业、高品质服务业和高水平农业；“四新”包括新能源、新材料、新一代电子信息、新型生物医药；“六集群”则是依托特定实验室和区域优势，发展六大优势产业集群。

续表

年份	事　　件	要　　点
2014	被选为国家示范先锋项目	由全球环境基金(GEF)[①]等联合选定
2017	国内首座投入商业运营的瑞晖加氢站落成	开启国内首个氢能周
2018	发布《佛山市氢能源产业发展规划(2018—2030年)》	规划“仙湖氢谷”[②]
2019	举行首届联合国开发计划署氢能产业大会	建成全国首座油氢合建站
2021	启动“氢进万家”智慧能源示范社区	推广氢能应用
2023	获“中国氢能产业之都”称号	在世界氢能技术大会上获得认可

3.3.4 嘉兴市:中国氢能产业先行发展地

1. 东方“氢”港,嘉兴氢能产业蓄势而起

嘉兴市,浙江省内氢能产业的领军地区,已加入省内的氢燃料电池汽车示范区项目,并且是国家燃料电池汽车示范应用的上海城市群成员之一。目前,嘉兴市的氢能产业生态系统正在快速发展和形成。目前,嘉兴市已汇聚了37家涉及氢能的企业,涵盖从制氢、提纯、储运到燃料电池关键零部件制造、加氢站建设、整车生产等多个环节。在浙江省内,嘉兴市的整体产业发展水平和示范应用程度均居首位。其中,嘉兴港区作为嘉兴市氢能发展的新动能和先行地,示范效应显著。

自2018年起,嘉兴港区把氢能作为转型发展的新动能,构建了以氢能为核心的“1+2”产业结构[③],包括绿色化工新材料和航空航天产业。嘉兴港区的战略布局不仅立足于现有化工产业优势,还基于长远的发展视角。嘉兴港区的化工园区年产近1×10^5 t的工业副产氢,为氢能产业发展提供了丰富的原料基础。

嘉兴市充分利用嘉善县、平湖市、海盐县等周边县市的产业特点,以龙头企业为引领、聚焦产业链中的1~2个关键环节进行招商引资来形成紧密的产业配套和全域协同,共同推进氢能应用的发展。嘉兴市依托清华大学、浙江大学和同济大学等顶尖学府与研究机构,构建了长三角氢能研究及安全中心,并设立“氢能储运安全装备”部级重点实验室,有力强化了氢能产业的科研创新实力,还为氢能技术的应用提供了坚实的人才和技

① 全球环境基金(GEF)成立于1990年,设立宗旨是通过提供资金支持,鼓励和支持发展中国家开展对全球有益的环境保护活动。GEF主要通过世界银行、联合国开发计划署、联合国环境署等18家执行机构实施项目。目前有186个成员国(地区)。自成立以来,GEF共向170多个发展中国家和经济转型国家的5 000多个项目提供超过230亿美元赠款,并撬动各种渠道1 290亿美元的联合融资,为有效帮助发展中国家履行有关国际公约、推进全球环境治理作出了积极贡献(中华人民共和国财政部2025年1月23日数据)。

② 仙湖氢谷位于丹灶镇,规划面积为48 km^2,其依托南海区现有汽车产业基础,以技术创新、推广应用为重点,发展新能源汽车,尤其是以氢燃料电池汽车的相关项目为核心,致力成为整车及电动电池、驱动电机、电控等关键零部件全方位发展的新能源汽车产业基地及氢能产业“硅谷”。

③ “1+2”产业格局分别指的是绿色化工新材料、航空航天、氢能产业。

术支持。

嘉兴港区的氢能应用场景广泛，从公交路线到内河船舶，再到物流运输车辆，都开始采用氢能解决方案。特别是氢能重卡的运营，展示了氢能在重型运输中的可行性和环保优势，氢能重卡不仅动力充沛而且每标箱能节约燃料成本约1.5元，也减少了碳排放（图3-8）。嘉兴港区氢能产业的未来计划包括扩大氢能核心产业链，特别是围绕氢燃料电池的关键零部件进行招引和孵化。通过构建完整的产业生态，嘉兴港区旨在推动区域经济的高质量转型和绿色发展。

图3-8 嘉兴港区氢能重卡

（参考资料：21财经，《“氢”装上阵的嘉兴港区，为中国氢能产业探路》。）

2.《嘉兴市人民政府办公室关于加快推动氢能产业发展的实施意见》

嘉兴市氢能产业的迅速发展得益于政策和法规的有力支持。嘉兴港区政府陆续推出了一系列扶持政策，涵盖了氢能产业的规划与发展，从而为吸引和孵化氢能项目提供了全面的支撑。其中有代表性的是嘉兴市2021年4月发布的《嘉兴市人民政府办公室关于加快推动氢能产业发展的实施意见》。

该政策指导下的氢能产业旨在促进嘉兴实现碳达峰和碳中和的目标，通过建立完整的氢能产业链和推广氢能应用场景，将嘉兴市定位为长三角地区氢能资源的主要供应地以及氢能创新应用的示范先行区。

该政策规定，在未来5年中，将嘉兴打造为在全国范围内有强大影响力的氢能示范城市。具体目标包括：制定氢能发展的领导机制，规划建设长三角（嘉兴）氢能产业园，推进“1+1+4”的氢能产业框架体系，其中“1+1”指的是领导小组和产业园的设立，“4”则指四项重要的政策和规划[①]。

该政策的目标是，到2023年，嘉兴市初步完成一个综合科技成果转化、展示营销以及

① “4”是指四项政策和规划，即氢能产业发展实施意见、氢能产业发展规划、加氢站建设规划和加氢站规划建设运营管理实施意见。

试验检测等功能的氢能产业园区的建设。计划引入超30家与氢能相关的企业，构建一个较为完整的产业链，并达到年产值超过100亿元的目标；到2025年，产业园区在国内外具有重要影响力，集聚50家以上氢能相关企业，年产值达400亿元，建成加氢站30余座，并推广超2 500辆氢燃料电池汽车（表3-8）。

表3-8　嘉兴各县（市、区）示范应用推广目标

地　区	氢燃料电池车辆（辆）			加氢站（座）
	项　目			
	公交、物流车	其他	共计	
南湖区	230	35	265	2
秀洲区	180	30	210	1
嘉善县	425	75	500	4
平湖市	300	50	350	4
海盐县	210	40	250	3
海宁市	255	45	300	4
桐乡市	255	45	300	4
嘉兴经济技术开发区	100	25	125	2
嘉兴港区	170	30	200	6
合计	2 125	375	2 500	30

（参考资料：嘉兴市人民政府，《嘉兴市人民政府办公室关于加快推动氢能产业发展的实施意见》。）

注："其他"指的是私人氢燃料电池乘用车、氢燃料电池专用车如环卫车、送货车等。

该政策还详细规划了氢能产业的重点任务，推动产业加强与特化、增强创新和发展的动力、加速示范应用的推广，并加强资源与要素的支持。例如，建立长三角（嘉兴）氢能研究中心，并支持氢能产业联盟的成长，培育特色氢能产业链，以及鼓励氢能行业标准的制定等。

3.4　氢能产业典型实践案例

3.4.1　北京亿华通科技股份有限公司

1. 企业概览

北京亿华通科技股份有限公司，成立于2012年，是中国氢能与氢燃料电池研发和产业化的领军企业。作为国家级高新技术企业，亿华通不仅在国内氢燃料电池领域拥有自主核心知识产权，还是国内极少数能够批量生产氢燃料电池发动机及电堆的企业之一。

亿华通积极参与多项国家级研发项目，是中国从研发燃料电池到示范、应用与产业化的历史见证者。该公司专注于高效、可靠的燃料电池解决方案，涵盖电堆、系统组件及其集成，同时在智能控制和系统集成领域持续创新，以确保氢能系统的优化运行和安全性，致力于探索氢燃料电池汽车的商业化路径和技术革新。

氢燃料电池发动机是亿华通的主要核心技术，也是亿华通氢能产业主要的着力点。表3-9为亿华通主要氢能业务的发展历程。

表3-9　亿华通氢能业务发展历程

年　份	事　　　　件
2012	研制氢燃料电池发动机起家，实业立企
2013	推出50 kW氢燃料电池客车
2014	推出低地板氢燃料电池有轨电车
2015	推出国内首台氢燃料电池物流车
2016	达成全球最大氢燃料电池发动机订单
2019	荣获“中国汽车工业科学技术进步奖”一等奖
2022	发布首款热电联供系统
2023	香港上市，推出“双轮驱动”战略

（参考资料：北京亿华通科技股份有限公司官网。）

2. 龙头企业协同引领区域氢能产业发展

亿华通不仅推动了氢能技术的商业化进程，也在京津冀协同发展中扮演了重要角色。亿华通在京津冀协同发展战略的推动下，积极响应国家关于优化高精尖产业发展生态的号召，通过“1+2+1+N”的产业布局，加速了区域产业链的整合与优化。这一战略布局涵盖了位于北京海淀区的企业总部（为“1”）、昌平区和大兴区的两个研发及生产基地（为“2”）、位于张家口的大规模生产基地（为“1”）以及多项通过控股和参股形式在京津冀地区投资的技术研发与孵化成果（为“N”）。特别是在张家口，亿华通动力科技有限公司的设立，不仅建成了国内首条万台级燃料电池发动机生产线，更是在推动地区绿色能源的转型和氢能产业的深度发展中发挥了核心作用。此外，在河北省科技厅、北京市科委等多个政府部门的共同指导下，亿华通牵头组建了河北省氢能产业创新联合体[①]，进一步加强了京津冀三地在氢能领域的合作与协同。

亿华通的努力不仅限于产业链的建设和技术创新，公司还大力推动氢能的商业化路径探索，包括氢燃料电池汽车动力系统、车载氢气储存系统等关键技术的研发。通过与地方政府和行业伙伴的紧密合作，亿华通有效推进了氢燃料电池汽车和相关应用的市场化进程，为区域经济的绿色发展贡献了力量。

① 河北省氢能产业创新联合体由54家科技型企业、高校、科研机构和投资机构发起。未来将集中在氢制备、储运、供能等5个方向，研发33类核心装备，突破百项关键技术，推动氢能一体化发展。

3. 新发展阶段:燃料电池热电联供系统领域的集成与应用[①]

亿华通牵头的国家重点研发计划项目“单套兆瓦级质子交换膜燃料电池热电联供系统设计与集成”已正式获得科技部批复,开启了研究高效燃料电池系统[②]解决方案的新篇章(图3-9)。

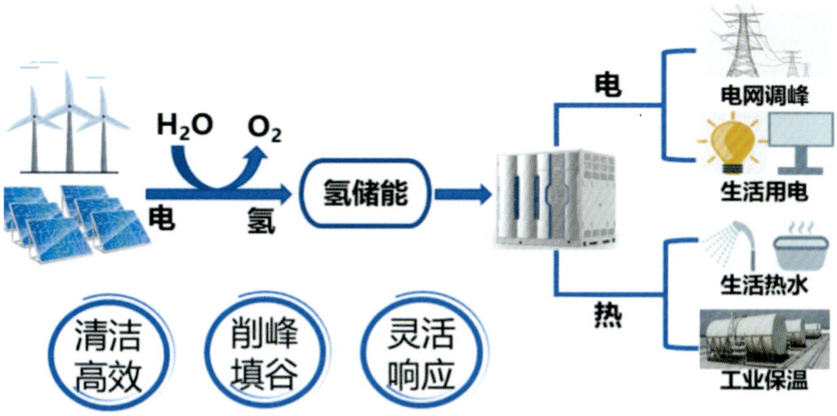

图3-9 燃料电池热电联供系统领域的集成与应用

(参考资料:北京亿华通科技股份有限公司,《亿华通牵头的国家重点研发计划项目正式获批立项》。)

该项目聚焦于质子交换膜燃料电池核心技术的创新与突破,包括大功率电堆、高效膜电极、兆瓦级热电联供系统等,通过这些技术创新实现燃料电池系统的高效运行和系统集成。亿华通将这一系统设计与集成在新疆伊犁进行示范应用,旨在推动氢燃料电池在热电联供领域的实际应用,探索其在备用电源、分布式发电及工业发电等多场景下的广泛推广。

这种系统有清洁高效的优势,不仅在电力需求高峰期能够有效削峰填谷,优化电网运行,而且具备快速启动和调节能力,能灵活响应负载变化,特别适合关键基础设施和高变化负载工业应用,大幅提升能源使用效率,推动国家燃料电池热电联供技术和产业链的全面发展。

燃料电池热电联供系统的重要性在于其高效的能量转换率和环境友好性。未来10年内,亿华通所推广的燃料电池热电联供系统将广泛应用于家庭、工业和商业建筑等领域,预期销售额可超过50亿元。更重要的是,相较于传统能源系统,10 MW的燃料电池热电联供系统不仅能在2.5年内实现收益与成本平衡,还可在全生命周期内节省高达5.1亿元的成本,并显著降低CO_2排放,每运行1 h可减少CO_2排放10 590 kg。

---

① 燃料电池热电联供技术通过燃料电池同时提供电能和热能,具有效率高、噪声低、体积小、排放低等优势,适用于千瓦至兆瓦级的分布式发电系统,综合利用效率可达80%以上。

② 其优势在于优化的膜电极设计和热电联供技术。膜电极提高了氢气与氧气的反应速率,降低了能量损耗;热电联供技术则同时利用电能和废热,显著提升系统的整体能效,比传统系统更有效地利用废热。

3.4.2 安徽明天氢能科技股份有限公司

1. 技术创新与应用

明天氢能成立于2017年，是国内氢燃料电池关键组件、电堆及系统研发制造领先企业，拥有氢能及燃料电池自主核心技术并实现产品落地，产品性能位于世界领先水平（表3-10）。公司拥有国内燃料电池领域唯一的院士工作站（衣宝廉院士[①]工作站）、国内首座万套级工厂，国内首座兆瓦级储能电站位于明天氢能产业园内。

表3-10 明天氢能公司发展历程

年 份	事 件
2017	公司成立 工厂奠基 加氢站开工
2018	首批产品完成 国家认证获批三重一创项目 完成首批整车产品公告
2019	院士工作站揭牌 获批省科技重大专项“卡脖子”项目 万套级工厂竣工 首台电堆下线 A轮融资 建成安徽省首座加氢站 安徽省首批氢能公交上线
2020	获批国家重点研发计划课题 获批安徽省工业设计中心 80 kW电堆下线 通过IATF 16949质量体系认证
2021	加氢站获得安徽省首张车用氢气充装证 获批组建安徽省氢能及燃料电池产业创新中心 建成重庆市首座加氢站 助力六安市入围燃料电池汽车示范应用城市群 120 kW电堆下线
2022	牵头成立安徽省氢能联盟 获批省企业技术中心 150 kW电堆下线 B轮融资 奋进新时代主题展获批省“揭榜挂帅”项目

（参考资料：安徽明天氢能科技股份有限公司相关资料。）

① 衣宝廉院士是中国现代燃料电池研究和产业化的奠基人，推动了质子交换膜燃料电池车用动力系统的应用。他还积极参与电化学学科的发展，撰写著作并参与学术活动，推动电化学的进步。

明天氢能在安徽省建立了首座加氢站——明天金安加氢站(图3-10)。加氢站的运营彰显了公司对于推广氢能技术和加速氢能应用的承诺。其储氢系统采用一组储氢瓶组,最高存储压力为45 MPa,配合日加注能力达1 200 kg的加氢系统,能够满足约240辆氢燃料电池车辆的加氢需求。加氢站还特别预留了一台70 MPa加氢机的安装位置,为未来技术升级和服务扩展提供可能。这些综合设施不仅优化了加氢过程,也提高了站点的运营效率,为区域内的氢能交通提供了坚实的基础设施支持,推动了氢能技术在交通运输领域的商业化应用。

图3-10 安徽首座加氢站——明天金安加氢站

(参考资料:安徽明天氢能科技股份有限公司相关资料。)

明天氢能拥有以燃料电池领域专家为核心的研发团队,深度参与国家级与省级重要科研任务,荣获国家高新技术企业认证及安徽省"顶尖科技人才团队"等殊荣。明天氢能还设有氢燃料电池安徽省重点实验室和省市工业设计中心,通过了IATF 16949国际质量体系认证和CNAS实验室认证[①]。在专利创新方面,公司申请了343项国家专利,其中包括167项发明专利,展示了其在解决行业技术难题方面的领先能力。

2. 政策适应与行业标准

明天氢能在适应和影响氢能相关政策方面也显示了积极的姿态。2019年4月,六安市发布了《六安市人民政府关于大力支持氢燃料电池产业发展的意见》,作为省内首个氢能产业指导蓝图,旨在构建氢燃料电池产业集聚中心,并大力支持提高明天氢能公司在

① CNAS,中国合格评定国家认可委员会,是根据《中华人民共和国认证认可条例》的规定,由国家认证认可监督管理委员会批准设立并授权的国家认可机构,统一负责对认证机构、实验室和检验机构等相关机构的认可工作。

技术研发与产业化方面的能力。2020年9月，六安市又在全省率先制定了《六安市氢能产业发展规划》，依托其在燃料电池核心技术自主创新的领先优势，旨在将六安市打造为全国燃料电池创新高地、高端制造中心及多元应用示范区，构建全方位的创新体系与生态。力争到2025年，依据市场动态与技术进步，实现产业集聚成型、燃料电池相关企业达到约10家，显著提升大功率燃料电池系统生产能力，燃料电池电堆和系统合计产量达到每年8 000台左右，氢能产业产值达到百亿规模。在2022年9月发布的《六安市能源发展"十四五"规划》中，六安市重申对明天氢能等领军企业的支持，聚焦燃料电池电堆、系统及关键部件的研发与产业化，旨在创建全国燃料电池自主创新高地、构建高端制造基地，并拓展多元应用试验区，以形成闭环的创新链与高效的创新环境。

2023年12月，安徽省发布了《安徽省氢能产业高质量发展三年行动计划》，该计划指出，将鼓励六安市利用其邻近合肥的地理优势以及氢燃料电池产业的坚实基础，努力打造成为全国范围内知名的氢燃料电池自主创新与产业化中心。

2024年，六安市印发了《六安市氢能产业高质量发展三年行动计划》，针对安徽省层面的氢能发展三年行动计划，提出了相对应的目标。例如，在产业规模明显提升方面，提出"燃料电池车辆推广量达到500辆，加氢站（包括合建站、撬装站）建成数量达到10座以上，氢能产业产值达到50亿元左右"。秉持以用促发展的理念。同时，积极引导明天氢能公司与海螺集团、江汽集团、合力集团、奇瑞集团、港航集团等本省重点企业建立合作关系，共同在矿卡、物流车、环卫车辆、船舶以及企业和景区的封闭应用场景中推广氢能技术的应用。

在安全监管和标准制定方面，明天氢能公司同样展现出了行业引领者的责任感。公司不仅参与制定了氢能产业标准体系的建设指南，例如，由明天氢能公司牵头，联合东方电气等十余家单位，共同制定的《氢燃料电池发电系统通用技术要求》（标准号T/CI 343—2024）于2024年5月在中国国际科技促进会上正式发布；还通过建立符合国际标准的检测中心，为氢能产品的安全和性能提供了可靠保证，例如，在安徽、上海、重庆等地设立检测中心，并自主开发了10～300 kW燃料电池电堆、系统总成及核心零部件等系列测试设备。

3. 运营模式创新

明天氢能公司采用独创的"根据地生态圈"模式，该模式依托本地企业优势，以实现产业上下游的通畅连接和产业闭环为目标。该模式依赖于三个要素：一是氢源充裕且成本低廉（低于30元），且易于本地化利用（半径不超100 km）；二是产业链完备，涵盖整车及零部件的全方位配套；三是政府支持，将氢能产业视为未来新兴产业重点扶持与发展。

以明天氢能公司所在的六安市为例，六安发布了氢能产业规划，成立了以市领导为组长的氢能工作领导小组，加入了广东示范城市群，其周边有着丰富廉价的氢气资源优势与得天独厚的产业应用基础。在基础研究与建设方面，明天氢能与国家电网、合肥通用机械研究院、中国科学技术大学等公司和院校开展基础研究、基础建设与技术突破；在整车产品开发方面，加强与安凯、奇瑞、江淮等整车企业的协同；在市场应用方面，与六安公交公司、国家电网等公司合作，开展示范应用（图3-11）。

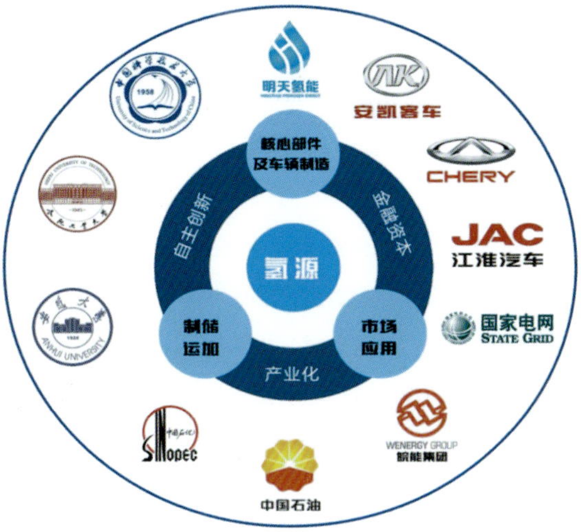

图3-11　明天氢能与研究机构和企业的协作

（参考资料：安徽明天氢能科技股份有限公司相关资料。）

4. 国内首座兆瓦级氢能综合利用示范站

中国首个兆瓦级氢能综合利用示范站建立于六安市，占地超7 000 m^2，具备1 MW的装机能力（图3-12）。该设施涵盖兆瓦级质子膜制氢装置、燃料电池供电系统与热电联供技术，并集成风光等可再生能源发电体系及综合配电楼等关键要素。其燃料电池发电模块、电堆及核心零部件是由明天氢能公司提供的。此外，该示范站年制氢量可达7×10^5 m^3，氢发电量达7.3×10^5 kW。

该氢能综合利用示范站系统的建设融入了多项创新设计理念，以优化结构并提升能效。示范站采用"贴邻布置"，通过混凝土防火防爆墙将制氢与发电车间分隔，减少了氢能综合利用示范站20%的占地面积，同时保护关键设施。热电联供系统引入"循环高效"设计，充分回收余热，将发电效率提高38%。此外，通过在配电综合楼及车棚顶部安装光伏和风电设施的"深度耦合"方法，示范站实现了可再生能源的直接利用于电解制氢，促进了能源的高效利用与环保发展。安全方面，示范站引入了"全智能化"的整站防护系统，集成了制氢和氢燃料电池监控至全站计算机监控系统，实现集中监控与预警，确保了站点的安全高效运行。这些集成设计不仅优化了能源效率，也推动了氢能技术的先进应用并确保操作安全。

示范站所产氢气广泛应用于氢燃料电池汽车、氢能炼钢及绿色化工领域，同时氢能发电助力电网调峰，实现夜间低谷电向氢能的高效转化，于高峰时段再转化为电能，极大提升了能源效率与节能水平。国网安徽电力以此站为基石，力推氢能多元化应用与产业规模化，加速构建新型电力体系，全力支撑国家"双碳"目标达成。

图3-12　六安兆瓦级氢能综合利用示范站

（参考资料：六安新闻网。）

3.4.3 山东“氢进万家”氢能高速项目建设

2021年4月，中国科学技术部与山东省政府于济南缔结重要合作协议，即《“氢进万家”科技示范项目框架协议》。此协议的达成，不仅确立山东省为国内氢能系统推广的先锋示范省，独树一帜，更引领了中国向“绿色清洁、安全高效”能源结构转型的新方向，开辟出一条实践可行的转型之路。

1. 选择山东的理由：产量领先与技术先进

首先，山东省在氢资源的丰富性上具有显著优势。山东省氯碱、焦化等行业副产氢资源丰富，年氢气平均产量达2.6×10^6 t，居全国首位。此外，《山东省氢能产业中长期发展规划（2020—2030年）》数据显示，山东在可再生能源装机方面也表现出色，光伏发电装机规模位列全国第一，风电装机规模居全国前列。这些条件使得山东具备了利用过剩电力进行大规模电解水制氢的良好基础。

技术上，山东省的氢能产业已初具规模，聚集了众多行业领头企业和科研机构。潍柴集团引领省内燃料电池技术创新潮流，构建了从基础电化学至整车集成的全面研发与测试体系，彰显其强大创新能力与产业基石的地位。

同时，作为能源大省，山东省面临能源结构优化的挑战，煤炭与煤电占比较高①成为亟待解决的问题，影响了山东省内产业的可持续发展。通过实施“氢进万家”工程，山东不仅可以优化自身的产业和能源结构，还能在全国乃至全球的清洁能源领域中发挥领导作用。

山东省对氢能产业的发展给予了极大的重视，制定了一系列政策和标准以支持这一

① 根据山东省能源局的数据，截至2024年6月底，煤电占比48.2%。

领域的发展。包括《山东省氢能产业中长期发展规划(2020—2030年)》和《山东省新能源汽车产业发展规划(2020—2025年)》等。

2. 山东省的行动:打造全国首条氢能高速

"氢进万家"科技示范工程是山东省氢能产业发展的一项重大举措,旨在推动氢能在多个城市和场景中的广泛应用。计划于2021—2025年在济南、青岛、潍坊、淄博四市实施,通过精心设计的项目来促进氢能的集成和使用。目前已取得显著成效,如已建成了山东省的首条氢能高速①。

工程的核心目标包括建设一条氢能高速公路、两个氢能港口②、三个氢能科普基地、四个氢能产业园区以及五个氢能社区。这些构想将通过纯氢管道系统实现,以确保氢气的高效传输和利用。特别是,氢能高速建设将升级增设两处氢能零碳服务区;山东主要港口也将升级为氢能港口,与高速、物流共同构建氢能商用车示范链。此外,该工程还计划在社会教育和科普方面做出努力,建设3个氢能科普基地来提高公众对氢能利用的认识和支持。同时,工业厂区和物流园区等将建立4个示范氢能产业园区,而5个氢能社区则将侧重于居民区的氢能应用,推广燃料电池的热电联供,覆盖范围预计将达到10万户。

通过这些举措,山东省不仅将推广6 000辆氢燃料电池汽车,还致力于构建全面覆盖氢能"制—储—输—用"的数据管理平台。遵循《山东省氢能产业中长期发展规划(2020—2030)》,至2025年,山东省力求在商用车、乘用车及船舶领域推广10 000辆氢能汽车,并增设超百座加氢站点。同时,燃料电池固定发电装机的规模将扩展至200 MW,氢能产业总产值有望跃升至千亿元级别,为山东乃至全国的氢能产业发展树立行业典范。

3. 氢能高速示范成效

山东省在"氢进万家"科技示范工程的支持下,已在氢能领域取得显著成就。截至2023年底,山东省在车辆推广方面表现出色,不仅推广了2 000余辆氢燃料电池汽车,且这些车辆的总运行里程已超过3.8×10^7 km,涵盖了公交、客运、冷链及物流等多种车型(图3-13)。

在加氢站的建设方面,山东省同样展现了领先优势。与中国石化、华润燃气等企业合作,全省已建成34座加氢站,居全国第二,日供氢能力高达30 000 kg。这些加氢站包括全国首座高速公路和港口加氢站,实现了行业内的多个第一。

场景建设上,山东氢能高速成功构建了一种包含副产氢槽车、管道输送及现场绿电制氢的多源氢能供给体系。特别是在山东潍坊的高密服务区,初步建立了集风光发电和储氢于一体的零碳氢能服务区。

---

① 氢能高速是山东省规划和建设的一条氢能高速公路,其依托济青高速北线开展建设,途经济南、淄博、潍坊、青岛等高速公路沿线城市,氢能高速里程约300 km。

② 围绕潍坊港口、青岛港口,打造两个氢能港口,实现"港口—高速—干线物流"的氢能商用车应用示范。

图3-13　山东"氢进万家"示范成效之车辆推广

（参考资料：氢高速，《氢能高速示范案例分享：山东"氢进万家"氢能高速》。）

政策方面，山东省发布了多项全国首创的氢能政策，包括省级氢能产业发展规划和地级市加氢站管理办法。2024年3月，山东省交通运输厅发布通知，对安装ETC①设备的氢能车辆暂免收取高速公路通行费，有效期2年，这一政策已使534辆氢能车纳入高速免费通行白名单。其中，潍坊圣通华的49 t重卡在高速公路上的运行里程超过1×10^5 km，效率提升了37.5%，氢耗降低了17.2%，彰显了氢燃料电池汽车的经济效益与环境优势。

3.5 经验与总结

3.5.1 政策引导与跨部门协作引领氢能产业发展

中国氢能产业的发展高度依赖政府的政策引导。从早期的"863"和"973"计划，到"十三五"规划和《氢能产业发展中长期规划（2021—2035年）》，每一阶段的政策都为产业的技术突破和市场应用提供了坚实的支持。政策的前瞻性和持续性是保障氢能产业稳步发展的关键。其中，《氢能产业发展中长期规划（2021—2035年）》为氢能产业设定了明确的发展蓝图与目标路径，为未来十多年氢能产业的发展提供了清晰的战略指引。通过

① 电子收费系统，一种自动化的车辆通行费收取系统，旨在提高高速公路、桥梁和隧道等收费路段的通行效率。

分阶段的目标设定,逐步推动氢能技术的成熟与市场的扩大。

在推动氢能产业发展的过程中,中国政府充分展示了跨部门协作的卓越能力。财政部、工信部、科技部、发改委以及能源局等多个部委密切配合,共同制定并发布了一系列政策文件,形成了强大的政策合力。这种协同合作不仅加速了氢能技术的研发进程,也推动了其在实际应用中的广泛推广。同时,地方政府在中央政策的指导下,结合各自的区域特色和资源优势,因地制宜地制定了具有地方特色的发展规划。这种中央与地方的紧密联动,既确保了国家战略的统一实施,又激发了地方政府的积极性和创新力,从而形成了全国范围内氢能产业协同发展的良好局面。

3.5.2 安全监管体系与协同机制保障氢能产业发展

中国氢能产业在发展过程中建立了系统化的安全监管体系与协同机制,为产业的健康发展提供了坚实保障。各政府与机构通过明确分工和紧密协作,共同构建了中国氢能产业的安全监管和协同体系。

国家标准化管理委员会(SAC)负责制定和发布氢能安全标准,并将这些标准向国际通报,确保国际一致性。中国质量认证中心(CQC)则在标准实施中提供权威的检测认证服务,确保氢能产品的安全性和合规性,同时提升国际影响力。中国工程院(CAE)通过制定技术路线图和发展规划,推动氢能技术的研发和应用,促进示范项目和国际合作。国家能源局和工业和信息化部(MIIT)分别制定和实施能源和工业政策,推动氢能技术的市场化应用和结构优化。地方政府则通过制定地方性法规和标准,提供法律保障,并根据地方特点制定管理要求,确保氢能项目的安全。各政府部门与机构之间通过建立信息共享平台,实现了实时沟通和反馈,这种信息共享机制大大提高了问题解决的效率,减少了信息传递的滞后性。通过跨部门协调,各方能够及时解决产业发展中的安全问题和技术难点,进一步加强了安全监管的有效性和协作性。

3.5.3 示范城市群政策激励推动中国氢能产业发展

《关于开展燃料电池汽车示范应用的通知》是中国氢能产业开启迅速发展之路重要标志。示范城市群的成功经验在于政策激励与市场导向的有效结合。财政部和工业和信息化部等5个国家部委联合发布政策通知,采用“以奖代补”的激励措施,推动了氢能产业的快速发展。各示范城市群设定了明确的发展目标,并通过积分评价体系和资金奖励,激励城市群在8项核心零部件技术突破、车辆推广和基础设施建设方面取得实质性进展。这种政策激励模式可以作为其他新兴技术产业的推广范例,有效地引导市场需求,推动产业的规模化应用。

五大示范城市群的协同机制和目标设定提供了有力的经验。通过将城市群划分为不同的发展阶段和目标，能够实现资源的优化配置和技术的逐步突破。例如，京津冀城市群侧重于核心零部件的技术突破和产业化，上海城市群则着重于加氢站建设和氢燃料电池汽车的推广。这种针对性的发展策略确保了各城市群能够根据自身特点和优势，进行有效的产业布局和政策实施，从而形成了区域间的良性竞争和协同发展。

参考文献

[1] 曹蓄，陈坤洋，郭婷婷. 氢能产业发展技术路径研究[J]. 分布式能源，2020(1)：1-8.

[2] 刘坚，钟财富. 我国氢能发展现状与前景展望[J]. 中国能源，2019，41(2)：32-36.

[3] 董格，许广健，吴胜男. 燃料电池汽车整车技术现状与发展趋势[J]. 汽车工业研究，2024(2)：32-39.

[4] 吴冰倩，黄钰杰，张煜，等. 氢气纯化过程能量分析与工艺优化[J]. 石油与天然气化工，2024，53(4)：57-61.

[5] 毛宗强. 氢能及其近期应用前景[J]. 科技导报，2005 (2)：34-38.

[6] 邹才能，李建明，张茜，等. 氢能工业现状、技术进展、挑战及前景[J]. 天然气工业，2022，42(4)：1-20.

[7] 林才顺，魏浩杰. 氢能利用与制氢储氢技术研究现状[J]. 节能与环保，2010(2)：42-43.

[8] 黎园，陈林，贾蔚. 天然气化工副产氢的氢能应用及氢-氨融合发展分析[J]. 低碳化学与化工，2024，49(6)：73-79,104.

[9] 肖建民. 论氢能源和氢能源系统[J]. 世界科技研究与发展，1997(1)：82-86.

[10] 罗佐县，曹勇. 氢能产业发展前景及其在中国的发展路径研究[J]. 中外能源，2020，25(2)：9-15.

[11] 凌文，刘玮，李育磊，等. 中国氢能基础设施产业发展战略研究[J]. 中国工程科学，2019，21(3)：76-83.

[12] 香橙会研究院. 中国加氢站建设新趋势：建大站！1吨以上的加氢站已有4成[EB/OL]. [2024-07-23]. https://mp.weixin.qq.com/s/W3osASx95uYIEfTnEI9UTQ.

[13] 中国氢能联盟. 2024年中国氢能产业发展半年报[EB/OL]. [2024-07-23]. https://mp.weixin.qq.com/s/FF-3iamVmKGjYeqcrPc_jg.

[14] CGTN. 探寻卓越之路：看中国如何筑梦氢能源[EB/OL]. [2024-07-23]. https://mp.weixin.qq.com/s/QpDdnDt6P3CVoAg_XduxuQ.

[15] 前瞻经济学人. 2022年佛山市氢能源产业链全景图谱[EB/OL]. [2024-07-23]. https://www.qianzhan.com/analyst/detail/220/220930-c82cf96c.html.

[16] 中共嘉兴市委，嘉兴市人民政府. 嘉兴市人民政府办公室关于加快推动氢能产业发展的实施意见[EB/OL]. [2024-07-23]. https://www.jiaxing.gov.cn/art/2021/6/15/art_1229426374_2302539.html.

[17] 北京亿华通科技股份有限公司. 北京亿华通科技股份有限公司发展历程[EB/OL]. [2024-07-23].https://www.sinohytec.com/about/history.html.

[18] 北京亿华通科技股份有限公司．亿华通牵头的国家重点研发计划项目正式获批立[EB/OL]．[2024-07-23]．https://www.sinohytec.com/content/details19_728.html.

[19] 六安新闻网．国内首座兆瓦级氢能综合利用示范站六安投运[EB/OL]．[2024-07-23]．https://mp.weixin.qq.com/s/O1gQ9WWWpc_G8ssaicsNzg.

[20] 山东省人民政府．山东省氢能产业中长期发展规划：2020—2030年[EB/OL]．[2024-07-23]．http://www.shandong.gov.cn/art/2020/6/24/art_107851_107610.html .

[21] 山东省能源局．山东大力推动煤电行业转型升级，2月煤电装机占发电总装机比重首降至50%以下[EB/OL]．[2024-07-23]．http://nyj.shandong.gov.cn/art/2024/7/16/art_59966_10305018.html.

[22] 氢高速．氢能高速示范案例分享：山东“氢进万家”氢能高速[EB/OL]．[2024-07-23]．https://mp.weixin.qq.com/s/xadI6gymYhoQnhfocsf3fw.

4 美国氢能产业发展与安全监管政策

4.1 美国氢能产业政策发展概述

4.1.1 氢能产业政策发展历程

在20世纪70年代初，出于对国内日益增长的对进口石油的依赖以及化石燃料燃烧排放而导致的空气质量恶化的担忧，美国联邦政府采取行动，对氢能的发展给予了重视和支持，并制定了一系列的政策和计划，以促进氢能技术的研发、示范和部署。本章梳理了40多年来美国联邦政府支持氢能和燃料电池研发的重点政策、重要项目要点和相关的经济指标等。

1990年，美国国会认为，大力提高国内生产氢气的能力符合国家利益，这将为减少国家对传统燃料的依赖作出重大贡献，并提出了法案——《Spark M.Matsunaga氢气研究、开发和示范法案》。该法案提出了一项全面的5年综合管理计划以确定和解决在最短的时间内实现国内经济生产、分配和使用氢气的能力所需的关键技术问题，并且开发可再生能源作为生产氢气的主要能源。

1996年《氢未来法案》提出，能源部应开展与氢气的生产、储存、运输和使用有关的氢气研究和开发计划。与此同时，能源部征集技术实施方案，以证明将燃料电池与以下方面相结合的可行性：① 用于制氢的光伏系统；② 通过气化或蒸汽重整从固体废物中制氢的系统。根据该法案，经济上授权拨款以执行该法案的金额，6年累计1.645亿美元，财政年度经济指标相较于1990年法案的指标提升了4倍。

2005年《能源政策法案》中关于氢能发展的部分提到，能源部的目标为：① 与工业界合作，实现和促进氢和燃料电池技术的全面开发、示范和商业化；② 建立一个成熟的“氢经济”，在美国庞大的运输部门中创造燃料多样性；③ 大幅减少国家对进口石油的依赖，消除运输部门的大部分排放，并极大加强国内的能源安全。除此以外，法案还提出了使汽车制造商承诺不迟于2015年在大众消费市场提供安全、负担得起且技术上可行的氢燃料电池汽车的要求。根据法案内容，经济上授权拨款以帮助开展与氢气生产、储存、分配、运输、教育以及技术转让有关项目的金额相较于2001年涨幅显著（图4-1），并由2006财政年度的1.6亿美元逐年递增至2010财政年度的2.5亿美元（表4-1）。

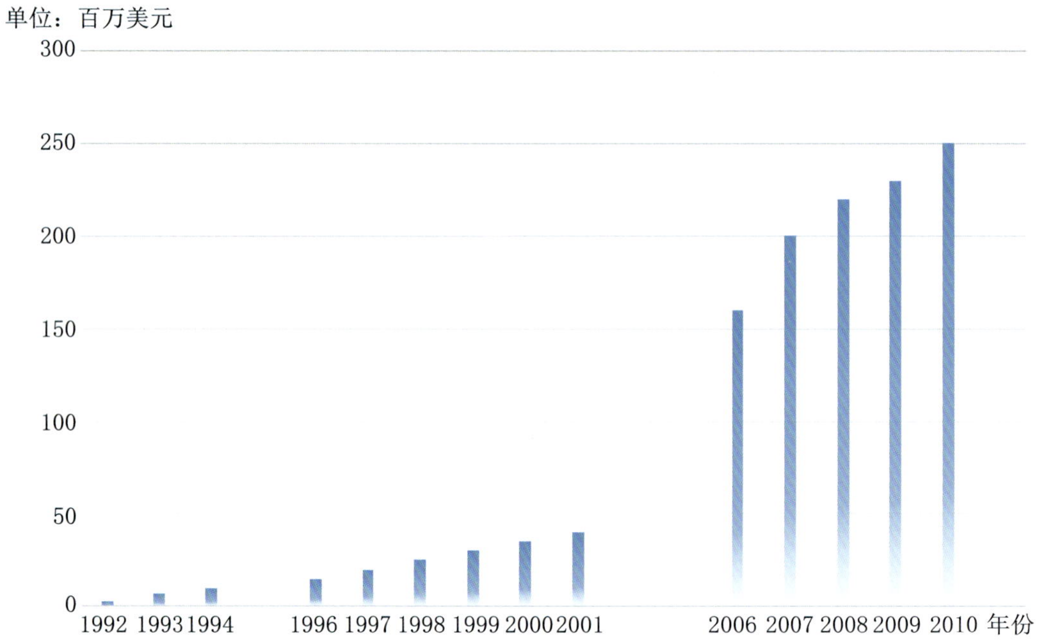

图4-1　1990—2010年财政年度与氢能生产相关的拨款

（参考资料："Spark M. Matsunaga Hydrogen Research, Development, and Demonstration Program Act of 1990", Senate and House of Representatives, January 1990.; "Hydrogen Future Act of 1996", Public Law 104—271—OCT, September 1996.; "Energy Policy Act (EPAct) of 2005", Congress of the United States, January 2005.）

表4-1　美国氢能产业政策

年份	法　　案	重点政策	经济指标
1990	《Spark M. Matsunaga 氢气研究、开发和示范法案》	制定氢气研发五年管理计划 成立氢技术咨询小组(HTAP)，为能源部提供建议 将氢气计划转到美国能源部	1992年300万美元 1993年700万美元 1994年1 000万美元
1996	《氢未来法案》	开展对将燃料电池与光伏系统集成用于氢生产，以及与固体废物气化系统集成用于氢生产的具体评估	1996年1 450万美元 1997年2 000万美元 1998年2 500万美元 1999年3 000万美元 2000年3 500万美元 2001年4 000万美元
2003	《氢燃料倡议》	乔治·W.布什(Georg W.Bush)总统宣布"提供12亿美元的研究资金，以便美国在开发清洁的氢动力汽车方面可以领先世界"	12亿美元

续表

年份	法　　案	重点政策	经济指标
2005	《2005年能源政策法案》	研究和开发计划：与其他联邦机构和私营部门合作，研究与氢能燃料的生产、提纯、分配、储存和利用相关的基础设施的建设	2006年1.6亿美元 2007年2亿美元 2008年2.2亿美元 2009年2.3亿美元 2010年2.5亿美元

（参考资料："Spark M. Matsunaga Hydrogen Research, Development, and Demonstration Program Act of 1990", Senate and House of Representatives, January 1990.; "Hydrogen Future Act of 1996", Public Law 104−271−OCT, September 1996.; "Energy Policy Act (EPAct) of 2005", Congress of the United States, January 2005.）

除了上述联邦政府在政策和法案中对氢和燃料电池相关内容的指导外，美国能源部的氢能计划①还发布了相关的路线图和战略文件，为氢和燃料电池的发展提供了方向（表4-2）。下面将提供一些重要的有关历史计划路线图和愿景文件的记载。

表4-2　美国氢能计划路线图和战略文件

年份	战略文件	路线/愿景
2002	《美国向氢经济过渡的国家愿景——到2030年及其以后》	氢能是美国的清洁能源的选择。氢能灵活、经济可负担、安全，可由国内供应，可用于本国所有地区
2006	《氢态势计划》	研究、开发和验证氢气生产、输送、储存和燃料电池技术。从各种国内资源中开发氢能将确保美国拥有丰富、可靠和负担得起的清洁能源供应，以维持整个21世纪的国家繁荣
2011	《能源部氢能和燃料电池计划》	通过基础和应用研究、技术开发和示范，以及克服制度和市场挑战的巨大努力，使氢能和燃料电池技术组合能够广泛商业化
2020	《能源部氢计划》	研究、开发和验证转型氢能和相关技术，包括燃料电池和涡轮机，并解决制度和市场推广问题，最终在多个应用领域实现应用
2023	《多年期计划》	规定了面向2030年及更长期的氢能和燃料电池发展使命、技术目标和战略方针

（参考资料："A National Vision of America's Transition to a Hydrogen Economy—to 2030 and Beyond", US. Department of Energy, November 2001.; "Hydrogen Posture Plan", US. Department of Energy, December 2006.; "The Department of Energy Hydrogen and Fuel Cells Program Plan", US. Department of Energy, DOE/EE−0651, September 2011.; "The Department of Energy Hydrogen Program Plan", US. Department of Energy, DOE/EE−2128, November 2020.; "Multi−Year Program Plan", US. Department of Energy, DOE/EE−2698, March 2023.）

① 美国能源部氢能计划：由能源效率和可再生能源办公室（EERE）下的氢和燃料电池技术办公室（HFTO）领导，在氢气生产、输送、基础设施、储存、燃料电池以及运输、工业和固定电池应用中的多种最终用途方面进行研究和开发。该计划还包括技术验证、制造、分析、系统开发和集成、安全、规范和标准、教育和劳动力发展方面的活动。

2002年2月，美国能源部发表《美国向氢经济过渡的国家愿景——到2030年及其以后》。该文件表示：对国家安全、全球气候变化以及全球人口和经济增长的担忧将加快、促进、支持氢能开发的体系。当前美国能源部对氢经济计划的愿景为“美国将享有一个安全、清洁和繁荣的能源部门，并将在未来几代人中延续下去。美国消费者将获得氢能，就像他们今天获得汽油、天然气和电力一样。它将以清洁的方式生产，净碳排放量接近于零，并且将被安全运输和使用。它将成为美国企业和消费者的‘首选燃料’。美国的氢能产业将成为氢相关设备、产品和服务的世界领导者”。

氢能技术的发展代表了一种潜在的长期能源解决方案，有必要采取协调和集中的努力。2002年11月发布的《国家氢能路线图》，定义了政府、行业、大学、国家实验室、环保组织和其他相关方商定的一套共同目标和行动。该路线图从生产、运输、存储、使用等几个重要环节概述了氢能发展中的关键问题和挑战，比如氢气没有大规模配套基础设施、氢气存储和转化技术对于能源的广泛应用过于昂贵等，并提出了政府和行业可以采取的扩大氢基能源使用的途径，如重点建设分布式基础设施来支持氢气在制、储、输、用方面的发展。

2006年12月发布的《氢态势计划》概述了美国能源部和美国交通部在氢能和燃料电池领域的活动。该计划的目标是开发氢气生产、输送、储存和燃料电池技术，使汽车和能源公司能够在2020年之前选择燃料电池汽车和实现氢燃料基础设施的商业可用性。

为了遵循氢能计划的战略愿景和目标，美国能源部于2011年发布《能源部氢能和燃料电池计划》，全面努力以确保美国在清洁能源技术方面的领导地位，并促进美国的经济竞争力和科学创新。该计划的主要目标是推进氢能和燃料电池技术，使其在市场上与现有技术和其他新兴技术竞争。尽管燃料电池在越来越多的市场中越来越具有竞争力，但要实现广泛的商业化，它们必须进入更大的市场，并能够在生命周期成本、性能、耐用性和环境影响方面具有竞争力。该计划根据所需的技术进步确定了其关键目标，主要是开发氢能和燃料电池技术以用于：① 早期市场，如固定电池（主电源和备用电源）、叉车和便携式电源；② 2012—2017年的中期市场，如住宅热电联产系统、车队和公共汽车、辅助动力装置；③ 2015—2020年及以后的长期市场，包括以轻型车辆为重点的主流运输应用。

在过去的40年里，美国氢气及其相关技术（如燃料电池和涡轮机）已经从高度专业化的应用转变为商业化产品。截至2020年末，加氢站的数量已增长到45个。在过去的20年里，美国能源部在多个氢能和相关领域投资了超过40亿美元，包括以国内各种资源生产氢气、氢气输送和储存以及包括燃料电池在内的转换技术。这些研究工作与工业界合作，取得了许多成绩，如先进的生产系统，能够以每千克不到2美元的价格生产无碳氢气，并具有碳捕集和储存功能。美国能源部资助的研发项目还使得运输燃料电池的成本降低了60%，耐用性增加了2倍，并已获得1 100多项专利（含商业技术专利）。

氢能和相关技术面临的主要技术挑战是成本、耐用性、可靠性以及缺乏氢能基础设施。为了实现氢能技术的广泛应用,氢气利用技术必须进入更大的市场,并能够在生命周期成本、性能、耐久性和环境影响方面与现有技术竞争。还需要解决非技术问题,例如,制定和协调规范和标准以及发展强大有韧性的供应链和劳动力。

为了满足每一种核心技术和相关应用领域的需求,美国能源部正在资助研发工作,这些工作将为生产、交付、储存和使用由各种国内能源生产的氢气奠定基础,同时于2020年11月发布了《能源部氢计划》。该计划旨在推进氢气和相关技术在各种应用领域中的发展,并根据在市场上与现有技术和其他新兴技术竞争所需的技术要求,确定了以下氢能相关技术的关键目标:

① 氢气生产成本达到2美元/kg,运输应用的交付和分配成本达到2美元/kg。

② 工业应用和固定式发电实现1美元/kg氢能使用成本。

③ 燃料电池系统的成本达到80美元/kW,可用于长途重型卡车且可使用2.5万小时。

④ 车载储氢价格达到8美元/kWh(2.2 kWh/kg和1.7kWh/L)。

⑤ 电解槽资金成本达到300美元/kW,8万小时的耐用性,65%的系统效率。

⑥ 燃料电池系统成本达900美元/kW,燃料柔性固定式高温燃料电池的耐用性达4万小时。

2023年5月,美国能源部氢能与燃料电池技术办公室(HFTO)发布了《多年期计划》,该计划通过系统的研究、开发与示范活动,推动清洁氢及燃料电池的商业化,以实现可持续、有韧性和公平的净零排放经济。该计划提出了多个具体目标:

① 到2026年制氢成本降至2美元/kg,到2031年降至1美元/kg。

② 到2026年低温电解系统达到250美元/kW,65%的系统效率和8万小时的耐用性。

③ 到2028年重型运输用氢价格降至7美元/kg以下。

4.1.2 氢能发展战略与相关法规政策

1. 法律政策原文摘要

(1)《美国国家清洁氢[①]战略和路线图》:

鉴于清洁氢有助于应对气候危机、增强能源安全和韧性以及具有创造经济价值的潜力,美国和国外对其生产和使用的关注度大幅增加。零碳和低碳氢是实现可持续清洁能源供应的未来能源综合解决方案的关键部分。美国正在加紧通过对清洁氢生产及基础设施建设的战略性研究、开发、示范和部署(RDD&D)进行历史性投资来加快进展。

2021年11月,国会通过了拜登总统签署的《基础设施投资和就业法案》[②],也称为《两党基础设施法》(BIL)。整个法案预算为1.2万亿美元,包括2022—2026五年内拨款80亿美元用于区域氢能中心[③]建设,15亿美元用于电解槽和氢能全产业链的研发和示范。这

① 清洁氢:生产过程中温室气体排放率≤2.0 $kgCO_2e/kgH_2$ 的氢气。

②《基础设施投资和就业法案》:2021年11月15日,美国总统拜登签署了《基础设施投资和就业法案》,该法案既包含传统意义上的硬性基础设施,又涵盖数字技术、气候变化、卫生健康等软性基础设施。

③ 详见下面的“区域清洁氢计划”。

项具有历史意义的授权立法为美国能源部(DOE)拨款620亿美元，其中包括95亿美元用于清洁氢的研究与生产。此外，2022年8月，拜登总统签署了《通胀削减法案》(IRA)，该法案为氢气产业发展提供了额外的政策和激励措施，包括生产税收减免，进一步推动了美国清洁氢市场的发展。

2030年、2040年和2050年的能源需求情景为清洁氢实现脱碳的途径提供了信息，到2030年每年生产1×10^7 t清洁氢，到2040年每年生产2×10^7 t，到2050年每年生产5×10^7 t清洁氢。与2005年相比，到2050年，使用清洁氢可以将美国的温室气体排放量总量减少约10%，这与美国长期气候战略一致。美国能源部《商业起飞之路》报告中的第三方分析估计，到2030年，由于新资本项目和清洁氢基础设施的建设，氢经济还会带来10万个新的直接或间接就业机会。

《美国国家清洁氢战略和路线图》根据以下三个关键战略的优先次序，确保开发和使用清洁氢作为有效的脱碳工具，以求本国利益的最大化：

① 瞄准清洁氢的用途的战略性、高影响力。这将确保清洁氢用于体现其较高应用价值的应用。在这些应用中，深度脱碳替代品有限，具体市场包括工业部门(如化工、钢铁和炼油)、重型运输和长期储能以实现清洁电网。其他长远机会包括出口清洁氢或氢气运输船的潜力，以及为盟友实现能源安全。

② 降低清洁氢的成本。2021年启动的氢能地球奋斗计划(Hydrogen Shot)[①]，旨在在10年内将清洁氢的成本降低80%。该计划将促进创新和规模化应用，推动整个氢供应链的发展，并大幅降低清洁氢的成本。预计到2026年实现2美元/kg的电解水制氢成本以及到2031年实现1美元/kg的制氢成本。

③ 聚焦区域网络。通过专注于区域网络、提高附近地区的氢气生产量和扩大最终用途来战略性地实现规模化，以降低运输和基础设施建设成本，并创建为当地带来利益的整体生态系统。该战略将推动生产、分销和存储的规模扩大，以促进市场腾飞。如果实施得当，这些区域网络将为公平、包容和可持续性创造具有地域特色的良好、可持续的发展机遇。

《美国国家清洁氢战略和路线图》与美国联邦政府的目标一致。2020之后的10年是世界应对气候变化和避免危机变得严重且产生不可逆转影响的决定性阶段，将全球平均气温上升限制在1.5℃目标的范围之内。基于《巴黎协定》，拜登政府确定了到2030年将温室气体污染减少到2005年水平的50%～52%，到2035年创建无碳污染的电力部门，并在2050年之前实现净零排放的目标。

虽然国会要求美国能源部制定这一国家战略和路线图，但活动将包括多个联邦机构

① 氢能地球奋斗计划(Hydrogen Shot)：为了释放清洁氢的市场潜力，美国能源部于2021年6月启动了Hydrogen Shot，旨在在十年内将清洁氢的成本降低80%，达到1美元/kg。Hydrogen Shot是美国能源部“能源地球计划”中的第一个计划，旨在加速在十年内获得更丰富、更实惠和更可靠的清洁能源解决方案，同时创造高薪工作并发展经济。

之间的合作，包括美国农业部、商务部、国防部、内政部等，与总统办公室密切协调。联邦机构还将与工业界、学术界、国家实验室、地方和部落社区、能源界、环境界、司法界、工会以及众多利益相关者团体合作，以加速进展和市场腾飞。该路线图确立了具体目标、市场驱动的指标和切实的行动，以衡量各行业的成功：

① 到2029年以2美元/kg的价格通过电解水生产清洁氢，到2035年以1美元/kg的价格利用各种资源实现清洁氢生产。

② 推进低成本、高效氢气液化和可缓解蒸发的清洁氢生产新方法。

③ 到2030年，提供清洁氢以期从生物质和废物中生产至少1.321 5×10^{10} L的可持续航空燃料。

其设定的目标旨在为美国和全球带来清洁氢的最大利益。

(2) 区域清洁氢计划：

美国能源部发布资助公告，根据《基础设施投资和就业法案》开展区域清洁氢中心(H2Hubs)建设。这是迄今为止美国能源部最大的示范项目。这项80亿美元的举措将促进对H2Hub开发的投资，帮助美国建立6到10个区域清洁氢中心。

清洁氢中心将建立一个包含氢气生产商、消费者和本地基础设施的网络，以加速清洁氢作为能源载体的应用，从而实现大规模的能源输送和储存。这些H2Hubs也展示了清洁氢的生产、加工、交付、储存和最终使用的全过程，以支持美国政府到2035年实现无碳电网和2050年实现净零排放经济的目标。

H2Hubs将成为国家清洁氢网络的基础，该网络将为多个经济部门脱碳作出重大贡献，特别是在重工业(钢铁和水泥生产)和重型运输业等难以脱碳的行业。将清洁氢生产规模扩大与不断增长的区域需求相匹配是实现大规模、商业性可行的氢生态系统的关键途径。H2Hubs将通过展示低碳强度和经济上可行的氢基能源[①]生态系统来实现这一途径，这些生态系统可以取代现有的碳密集型工艺。将加速相关技术和基础设施的部署，吸引私营部门的更多投资，并促进美国大量创造众多氢相关技术。

每个H2Hub都包括多个合作伙伴，这些合作伙伴将汇集各种氢技术，以不同的方式生产和利用大量氢气。H2Hubs还将组织社区劳工参与，并通过"Justice 40倡议"确保联邦投资总收益的40%流向低收入、能源基础设施薄弱的地区。

2. 补贴政策，价格成本方面的目标

为了推动清洁能源发展并减少碳排放，美国于2022年通过了《通胀削减法案》，该法案涵盖了一系列税收减免和补助措施，旨在促进电动汽车(EV)、氢燃料电池汽车(FCV)以及清洁氢的研发、生产和应用。这些激励措施旨在加速清洁能源技术的普及，推动交通工具的电气化和能源使用的多样化，从而实现更环保的未来。具体补贴政策如下：

(1) 电动汽车(EV)和氢燃料电池汽车(FCV)税收减免。美国2022年通过的《通胀削减法案》包括对符合条件的新清洁车辆的税收减免，在2023年之后购买的插电式电动

① 指以氢为主要载体转化形成的二次能源，如绿氨、绿色甲醇。

汽车(EV)或氢燃料电池汽车(FCV)可以获得低至3 750美元、高至7 500美元的清洁车辆税收减免。

(2) 商用电动汽车(EV)和氢燃料电池汽车(FCV)税收减免。自2023年1月1日开始，企业和免税组织[①]可以享受税收减免，用于购买新的电动汽车和FCV。车辆总重额定值(GVWR)低于6 350.4 kg的车辆的电池容量至少为7 kWh，GVWR高于6 350.4 kg的车辆的电池容量至少为15 kWh。税收减免金额为EV和FCV车辆购买价格的30%。

(3) 清洁氢生产税收减免(PTC)。美国国税局于2023年12月22日发布的“25 U.S. Code 45V”法规中规定了用于生产清洁氢的税收减免内容。2022年《通胀削减法案》为纳税人通过合格的清洁氢生产设施生产的符合标准的清洁氢提供生产抵免。根据法案，若清洁氢的生产商提供合格的清洁氢即每千克氢气产生的CO_2当量不超过4 kg，则有资格获得每千克清洁氢高达3美元的税收减免。

(4) 替代燃料[②]消费税抵免。出售用于使用或用作机动车辆燃料的替代燃料可享受税收优惠。每加仑[③]0.5美元的税收减免可用于以下替代燃料：天然气、液化氢、丙烷等。

4.1.3 主要制氢技术

1. 清洁氢发展现状

天然气或煤炭等化石燃料是目前世界上生产的大部分氢气的来源。2020年美国大约95%的氢气是大型中央工厂通过催化蒸汽甲烷重整[④](SMR)生产的。全国许多州都有氢气生产设施，其中大部分是蒸汽甲烷重整设施，少量的氢气也通过水电解生产或作为化学加工设施(如氯碱生产和乙烯裂解)的副产品产生。

2023年数据显示，美国工业每年生产约1×10^7 t氢气，而全球产量每年约为9.4×10^7 t，主要用于石油精炼和化学工业。如今，美国氢气的生产每年会产生约1×10^8 t的温室气体。为了支持行业对氢气的利用，美国目前拥有大约2 600 km的专用氢气管道和3个地质洞穴，可以储存350 GWh[⑤]的热能或者足够为120万户家庭供电一周。在石油和化肥生产之外，氢气的使用现在正在进入其他终端应用领域。其中包括5万多辆燃料电池叉车、近50个加氢站、15 000多辆氢燃料电池汽车、80多辆燃料电池客车以及超过500 MW的燃料电池。

① 根据《国税法规》第501(c)(3)条款，拥有免税资格的组织机构必须以下述内容为唯一的组织和运营目的：慈善、宗教、教育、科学、文学、公共安全测试、促进国家或国际业余体育竞赛，或防止虐待儿童或动物。

② 替代燃料(AF)：能替代传统化石燃料的总称，分为生物质替代燃料和非生物质替代燃料。

③ 1加仑=3.785 4 L。

④ 蒸汽甲烷重整工艺是将甲烷转化为氢气和CO_2的过程，通常使用蒸汽重整或自热重整技术，是较简单和较经济的制氢方法之一。这种方式在工业领域的应用较为广泛，特别是在化工、石油加工和金属加工等行业。

⑤ GWh为吉瓦时，$1\ GWh=1\times10^6\ kWh$。

根据《美国国家清洁氢战略和路线图》，清洁氢的定义是生产过程中温室气体排放率 $\leqslant 2.0\ kgCO_2e/kgH_2$ 的氢气。而美国能源部于2023年6月发布的《清洁氢生产标准指南》（CHPS）进一步说明，定义清洁氢不仅包括生产过程中的碳排放量，还考虑了整个生命周期的温室气体排放，即从生产到封存整个过程温室气体排放率 $\leqslant 4.0\ kgCO_2e/kgH_2$ 的氢气，主要评估电力生产、原料提取、原料运输、氢气制取和 CO_2 捕集、CO_2 运输以及 CO_2 封存这6个过程中 CO_2 排放总额。

美国清洁氢的产量预计将从2023年的几乎为零增加到2030年的 1×10^7 t/年，到2040年的 2×10^7 t/年以及到2050年的 5×10^7 t/年。在目前的政策环境下，美国清洁氢价值链的扩大将分为三个阶段进行：① 近期（2023—2026年），在清洁制氢税收减免（PTC）的加速推进下，清洁氢将取代当今的碳密集型氢气，主要用于工业及化工领域，包括氨生产和炼油[①]。② 中期（2027—2034年），在规模经济和研发的推动下，制氢成本将继续下降。预计大约降至1美元/kg。在此期间，私人资助的氢基础设施项目将会上马。这些投资，包括中游分销和储存网络建设，将连接更多的生产商和承购商，降低交付成本并推动清洁氢在新领域的使用。③ 长期阶段，PTC到期后，自给自足的商业市场将受到成本下降的推动，原因包括以下几点：低成本、清洁电力的可用性；设备成本下降；可靠和大规模的氢气存储能力以及基础设施的高利用率，包括将氢气从低成本生产区域输送到需求集群的专用输氢管道。

为了在PTC到期后实现盈利，美国需要在2023年之后的10—15年内降低清洁氢的成本。由于氢气的最终用途多种多样，盈亏平衡将因最终用途而异。业界预计，到2030年，碱性电解槽的前期投资成本将显著降低，从每千瓦975～1 200美元降至380～450美元。通过电解获得低成本清洁氢还将取决于低成本清洁电力（<20美元/kWh）的充足可用性。电力成本的下降将带动氢气生产成本从当前的3～6美元/kg降低到2035年的1.5～2美元/kg。

为了促进清洁氢的发展，美国政府实施了一系列政策和激励措施，包括：① 清洁氢电解计划：提供10亿美元支持电解技术的研发和商业化，目标是到2026年实现每千克清洁氢生产成本降至2美元；② 多年期计划（MYPP）：在以上成本目标实现的基础上，到2031年每千克清洁氢生产成本降至1美元；③ 区域清洁氢中心：投资80亿美元用于建立清洁氢生产者、消费者和基础设施的合作网络。美国清洁氢市场有望快速增长，这得益于清洁氢中心的资金、《通胀削减法案》（IRA）下的多项税收减免，包括氢气生产税收减免、美国能源部的氢能计划以及公共和私营部门的脱碳目标。实现清洁氢的大规模发展将在美国的脱碳战略中发挥关键作用。

2. 清洁氢制取技术

清洁氢可以通过各种途径生产，包括使用可再生能源，利用碳捕集和储存技术从化

---

① 氢气在炼油过程中主要用于石脑油加氢脱硫、粗柴油加氢脱硫、燃料油加氢脱硫、改善飞机燃料的无火焰高度和加氢裂化等方面。

石燃料、生物质或废物原料中生产等。处于早期发展阶段的途径还包括热化学、生物和光电化学过程。这些途径中每一种途径的碳排放强度都取决于关键变量，例如，碳捕集、甲烷泄漏率、逸散性排放以及清洁电力的使用。

（1）含碳捕集的化石燃料制氢：

《两党基础设施法》要求美国能源部研究从各种能源（包括CCS[①]的化石燃料）中生产氢气的可能。鉴于石化行业对天然气和氢气的需求，目前，天然气基础设施和催化蒸汽甲烷重整（SMR）工厂网络都主要集中在美国南部的墨西哥湾沿岸地区。

在排放到大气之前捕获和储存甲烷重整产生的CO_2可以将氢气生产周期的碳排放量降低50%以上，具体取决于CCS速率和上游排放情况，包括天然气开采、传输和使用过程中的逸散性释放。将CCS添加到具有SMR装置的现有设施中，为氢气在化学和精炼方面更快地大规模生产提供了重要脱碳途径。

具有碳捕集功能的自热重整（ATR）是另一种从天然气中生产氢气的方法。与传统的采用CCS的甲烷重整相比，ATR的成本预计更低，特别是在商业规模较大且电力成本较低的地区。这种方法需要将空气分离装置与重整过程集成，以提高热效率并实现更高的碳捕集率，从而降低CCS的成本。

第三种基于天然气的氢气生产方式是甲烷热解。这种方法利用高温将甲烷分解成氢气和固体碳，由于固体碳可以作为工业橡胶、轮胎、油墨、催化剂、塑料和涂料等特种产品的增值副产品，甲烷热解也被认为是一个非常有前景的选择。

目前，配备CCS的甲烷重整系统生产氢气的成本比单独使用该系统的成本高出约55%。美国能源部已提供资金，来降低氢气制取成本并提高采用CCS的SMR和ATR系统的性能，未来降低成本的途径包括改进CO_2/H_2分离过程及使用固体CO_2吸附剂、先进的催化剂以及新的氧气分离方法。然而，使用低成本天然气仍然是通过CCS途径重整获得更低成本氢气的最重要的方法。

美国的碳捕集、利用和封存项目越来越多。在路易斯安那州，空气产品公司正在建设一个工厂，预计2026年每天通过重整可生产1 800 t氢气。该项目将利用路易斯安那州的地质条件每年封存5×10^6 t的CO_2，这目前是世界上最大的碳封存项目。在爱荷华州，Green Plains，Inc.[②]宣布了三家乙醇生物精炼厂的碳承购协议，捕获的CO_2将通过管道输送到北达科他州的地下地质结构中进行储存。该项目2025年开始运营，每年封存1×10^7 t的CO_2。

（2）利用生物质和废弃原料制氢：

清洁氢的制取方式还包括采用碳捕集和储存技术的生物质气化，以及使用替代原料

① 碳捕集与封存（Carbon Capture and Storage，CCS）：指将CO_2从工业或相关排放源中分离出来，输送到封存地点，并长期与大气隔离的过程。

② Green Plains，Inc.（GPRE）：绿色平原是一家总部位于内布拉斯加州奥马哈的美国公司，成立于2004年。该公司是北美第三大乙醇燃料生产商。截至2019年，该公司在美国共设有13家工厂，每年的乙醇生产能力约为4.164×10^9 L。

（如来自有机垃圾填埋场、农业废物或污水的沼气）代替天然气的SMR或ATR。根据原料的不同，这些方法可能实现低碳甚至负碳排放[①]，即当生物质途径与CCS耦合时，其净排放量有可能为负。

使用以下技术通常都能够使当今可商业运用的技术在氢气从生产到封存的整个周期中达到温室气体排放率$\leqslant 4.0\ kgCO_2e/kgH_2$的标准：使用清洁能源（如可再生能源、核能）的电解系统；采用高速率碳捕集或其他热转化过程（如热解）的化石燃料系统；某些基于生物质的系统（如气化、可再生天然气的重整）。例如，一个带有95%的CCS的蒸汽甲烷重整器可以通过使用美国电网平均混合动力项目提供的动力，确保天然气供应链中的上游甲烷排放不超过1%，以此达到清洁氢的制取标准。电解系统约15%的电力来自电网，其余电力来自清洁能源，也可以达到清洁氢制取标准。这两个系统以及其他制氢途径（如生物质气化或可再生天然气重整）也可以通过优化设计实现温室气体排放效率低于$4.0\ kgCO_2e/kgH_2$。

4.2 安全监管政策体系

4.2.1 氢能安全监管相关的法律法规及政策制定

1.《联邦对氢气系统的监管》

氢气已广泛应用于化学和能源行业，特别是作为石油和天然气加工的一部分。目前，美国每年生产约1×10^7 t氢气，全球每年生产约7×10^7 t氢气。近年来，氢气需求有所增加，特别是为叉车、轻型车辆和固定动力系统[②]中使用的燃料电池提供动力，促进了许多新的氢气系统的建设。这些系统的安装人员使用当地建筑规范、美国国家消防协会（NFPA）等机构的规范要求，并与具有管辖权的机构（AHJ）[③]合作获得安全和许可批准。

美国能源部（DOE）H2@Scale倡议引发人们对氢的工业应用、运输方式及使用更大量氢气的氢系统新应用越来越关注。更大型的装置和新的运输方式意味着氢气系统不仅需要获得当地的AHJ批准，而且可以作为新的可持续零排放全球能源系统的重要部分受到联邦监督管理。这项工作的目的是确定必须参与的联邦监管机构，以使氢能够被纳

① 负碳排放：通过生态系统或科技手段增加碳的移除和存储。

② 固定动力系统指的是安装在特定地点并为固定设施提供动力的系统。这些系统通常用于为建筑物、工厂、工业设备或基础设施提供持续的电力或机械能。

③ AHJ（Authority Having Jurisdiction）为具有管辖权的机构，特指在特定领域或地区拥有权威的机构或部门。

入全国范围内的可持续零排放能源解决方案。这项工作受到美国运输部(DOT)管道和危险材料安全管理局(PHMSA)监管地图——“液化天然气(LNG)价值链的联邦监督”的启发而开展。DOT和PHMSA创建的液化天然气监管地图提供了所有类型的液化天然气设施的示意图，以及液化天然气在它们之间移动的方式(如铁路运输、管道运输等)，以及这些设施的不同位置及类型。然后，监管地图作了不同形状和颜色的标记，以表示哪个联邦机构对特定设施或运输方式进行监督管理。氢气和天然气虽技术应用要求不同，但监管责任可能相似。

美国桑迪亚实验室于2021年3月发布的《联邦对氢气系统的监管》概述了适用于氢能的法规，以及可能间接涵盖氢作为能源载体参与可持续零排放全球能源系统的法规。作为上述工作的一部分，其定义了氢系统和监管执法实体的基础设施，并开发了可视化地图和参考表。该监管地图和表格可用于确定联邦对氢供应价值链每个组成部分的监督边界。

4.2.2 氢能安全标准制定

1. 美国氢能安全标准制定整体现状

美国能源部化石能源办公室于2020年7月发布的《氢能战略：实现低碳经济》中提到，增加氢气的使用并探索利用现有气体分配和储存基础设施来生产和使用氢气的新兴工艺，需要注意和应对几个安全问题。根据美国国家可再生能源实验室发布的一份报告，“将氢气混合到天然气管道网络中已被提议作为一种通过后期分离向市场输送纯氢的手段。分离和净化技术将在下游使用，从运输最终端的天然气混合物中提取氢气。作为一种氢气输送方法，可以降低在早期市场开发阶段支付建造专用氢气管道或其他昂贵的输送基础设施的成本。然而，混合氢气会严重破坏为天然气设计的管道”。所涉及的风险取决于整个运输和配送系统中使用的特定材料类型。新管道的建设，无论是用于混合气的天然气管道还是氢气专用管道，都需要考虑氢气在管道运输过程中带来的挑战。如果对这些风险有了透彻的了解，就可以制定充分的安全措施。

目前，一些现有的美国和国际的标准对氢气的安全使用、分配和存储作了规定。这些标准侧重于当前的氢能基础设施，包括建筑规范、消防规范以及与运输和存储氢能有关的项目。

要扩大氢能基础设施的建设，重要的是要注意到，在全球范围内，现有法规和标准限制了氢能的发展。某些法规不明确或者没有考虑到氢能的新用途，这极大地限制了氢能的发展所能带来的效益。

2. 美国氢能安全标准层次结构

氢气技术的规范和标准方式与其他燃料类似。图4-2说明了氢安全标准和准则的层次结构。

（1）金字塔的顶层由建筑和消防法规组成，代表最基础的规范和标准，这些法规直接由司法管辖区采用，因此是采用它们的司法管辖区[①]的法律。司法管辖区采用的建筑物和消防法规正文中引用的任何规范或标准都成为该司法辖区具有法律效力的文件。这些参考文件必须以可执行的格式编写，以便在建筑和消防法规中引用。

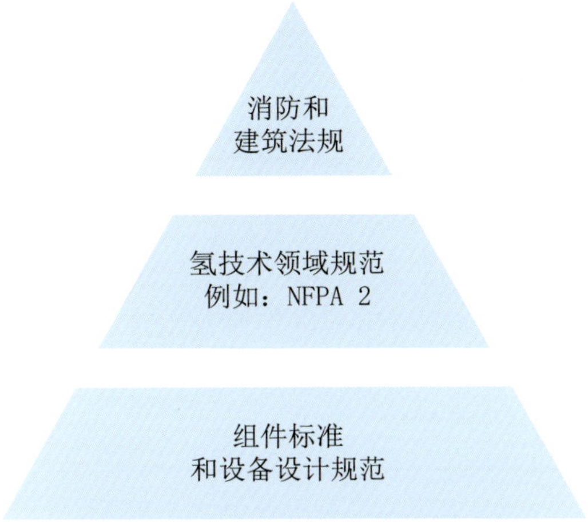

图4-2 美国氢安全标准层次结构

（参考资料：C.Rivkin、R.Burgess、W.Buttner，《Hydrogen Technologies Safety Guide》。）

（2）在氢技术领域与安全有关的文件构成了金字塔的第二层。第二层的关键文件包括《氢技术规范》（NFPA 2）[②]和《燃料电池能源系统标准》（NFPA 853）。

（3）对组件标准[③]的规定构成了金字塔的底部或第三级。这些组件标准也必须以具有法律效力的文本编写，才能被第二级氢技术领域规范引用。这些文件的示例包括用于泄压装置的《压力泄压装置标准》（CGA－S系列文档）和美国机械工程师协会（ASME）B31.12管道标准。

表4-3反映了自2005年发布的对应图4-2中三个标准层次领域涵盖的有关氢气规范和标准。这些文件如金字塔领域第二层氢技术领域规范对应的《氢技术规范》（NFPA 2）、《车辆天然气燃料系统规范》（NFPA 52）涉及的发动机燃料系统设计、构建、操作和维护的所有关键方面。遵守这些要求会将系统风险降低到安全水平。

在联邦层面，有一些法规，如《美国职业安全与健康标准》的H子部分[④]——有害物质，专门阐述了针对氢气的存储、使用和处理有关方面的规定。表4-4概述了涉及氢技术安全的法规、规范和标准。

① 司法管辖区：美国的司法管辖权划分为联邦管辖和州管辖，联邦和各州均有自己的宪法、部门法体系。

②《氢技术规范》是为应对氢行业快速发展，从美国消防协会的标准规范中选取相关内容，专门形成针对氢技术的规范。该规范对气态氢和低温液态氢所涉及的制备工艺及储存方法等提出了基本要求。

③ 各种组件（如电子、机械等）在设计、制造、测试和使用过程中所需遵循的技术规范和要求。

④ 具体参考《美国职业安全与健康标准》（OSHA法规）29 CFR 1910 Subpart H部分。

表4-3　氢气规范和标准文件发布时间线

时间	规范和标准		
2014年	加州在《加州消防规范》(CFC)中引用《氢技术规范》(NFPA 2)	NFPA 2第二版草案完成	SAE J2601修订完成
2013年		NFPA 55发布	SAE J2579重新发布
2012年	《国际消防规范》引用NFPA 2	NFPA 52相关权限添加到FPA 2	CGA H-10发布
2011年			SAE J2719发布
2010年		NFPA 2第一版发布	
2009年		NFPA 2草案发布	CSA H系列草案发布
2008年			ASME B31.12发布
2007年			CSA HGV 4发布
2006年		NFPA 2第一次委员会会议	
2005年	IFC发布第22章：氢燃料	NFPA 52 2006版包含氢燃料	UL2267标准发布

注：UL2267标准指用于安装在工业电动卡车中的安全燃料电池电源系统的UL标准。

表4-4　涉及氢技术安全的法规、规范和标准

名称		内容
联邦法规	OSHA 法规29 CFR 1910 部分 H	工作场所氢气的安全储存、使用和处理
	DOT 法规 49 CFR 171—179	氢气在商业中的安全运输
美国国家法典	国际建筑规范(IBC)	基于占用等级的建筑物的一般建筑要求
	国际消防规范(IFC)/NFPA 1统一消防规范	加氢站、易燃气体和低温流体存储的要求
	国际机械规范(IMC)	室内场所使用氢气的通风要求
	国际燃气法规(IFGC)	易燃气体管道的要求
氢能技术特定消防规范和标准	NFPA 2氢技术规范	由NFPA 55和NFPA 853等文件提取的资料以及原始资料构成的氢技术综合标准
	NFPA 55压缩气体和低温流体规范	全面的气体安全规范，将易燃气体作为一类危险材料，并包含氢气的特定要求
	NFPA 853固定式燃料电池动力系统安装标准	涵盖所有商用燃料电池的安装，包括氢质子交换膜燃料电池
氢能技术组件、性能和安装标准	ASME B31.3和B31.12管道和管道运输	管道设计和安装规范，也包括材料选择
	ASME锅炉和压力容器(BPV)规范	解决钢合金和复合压力容器的设计问题
	CSA H系列氢气成分标准	压缩氢气和富氢混合气体的管件标准等

（参考资料：C.Rivkin、R.Burgess、W.Buttner，《Hydrogen Technologies Safety Guide》。）

除此以外，《美国职业安全与健康标准》（OSHA法规）中[①]也有部分内容涉及气态氢和液化氢的储存、使用和处理，例如：① 氢气容器应符合以下规定：储存容器的设计、建造和测试应符合美国机械工程师协会（ASME）锅炉和压力容器规范。便携式容器的设计、构造和测试应符合美国运输部（DOT）规范和法规。② 防爆通风口只能在外墙或屋顶设置。通风面积应满足每0.849 m^3房间容积不少于0.092 9 m^2。③ 气态氢气管道（高于−28.9 ℃）应符合压力管道第二部分——工业气体和空气管道的适用部分。

4.2.3 氢能安全体系构建方面各机构的协同机制

美国政府、企业、学术机构和社会组织都参与到了氢能产业的发展中，形成了一个多元化的合作网络。例如，美国政府设立了多个跨部门的协调机构，如清洁技术联盟、清洁运输联盟等，以促进政策制定和项目实施；美国企业也通过建立联盟、合资公司、技术转让等方式进行合作，如加州燃料电池伙伴关系、美国燃料电池汽车联盟等；同时，美国学术机构也积极参与氢能技术的研发和创新，如斯坦福大学、国家可再生能源实验室等。

而在氢能安全体系构建方面，美国以建立国家级氢安全研究中心和行业机构间协调合作为主线，多部门参与监管为辅，推动氢安全生产、运输、储存等全面发展，促进氢能产业更好地融入国家能源发展体系中。

美国能源部下属的桑迪亚国家实验室（Sandia National Laboratories）引领氢能研究前沿课题，聚焦氢能制、储、输、用等环节的安全问题，以建立系统的研究框架。为了提升氢能技术的安全性，桑迪亚国家实验室开发了一整套定量风险评估方法，包括模型、数据、工具等，以帮助识别和降低氢基础设施的风险。这些研究成果有助于制定安全规范和标准，确保氢能的安全使用。桑迪亚国家实验室的研究人员与美国能源部的氢能和燃料技术办公室（HFTO）紧密合作，并通过加入国际性的氢能安全中心（CHS）[②]，进一步推动全球氢能安全领域的发展。桑迪亚国家实验室还开发了氢风险评估模型（HyRAM）等工具，利用物理模型来量化事故场景并预测氢气对建筑物和人员的潜在危害。通过这些努力，桑迪亚国家实验室不仅推动了氢能技术在美国的安全部署，还通过与国际顶尖专家的合作，确保其科研成果与氢能产业的实际需求紧密契合。

除此以外，根据《美国国家清洁氢战略和路线图》描述，氢气的制、储、输、用每个环节的监管都有多个机构参与协同。图4-3基于各机构的投入，显示了氢价值链从生产到最终使用的各个环节中在关键领域拥有管辖权的机构。根据桑迪亚国家实验室的报告，各

---

① 此处引用OSHA法规中对于气态氢和液态氢存储的说明，详细信息见OSHA法规29 CFR 1910 Subpart H部分。

② 氢能安全中心（CHS）：一个全球性非营利组织，致力于通过支持和促进能源转型中氢气的安全处理和使用，以及提供全球范围的通信平台来确保所有利益相关者都能获得安全信息、指导和专业知识，在全球范围内促进氢能安全保障和实践。

机构具体监管活动示例如下：

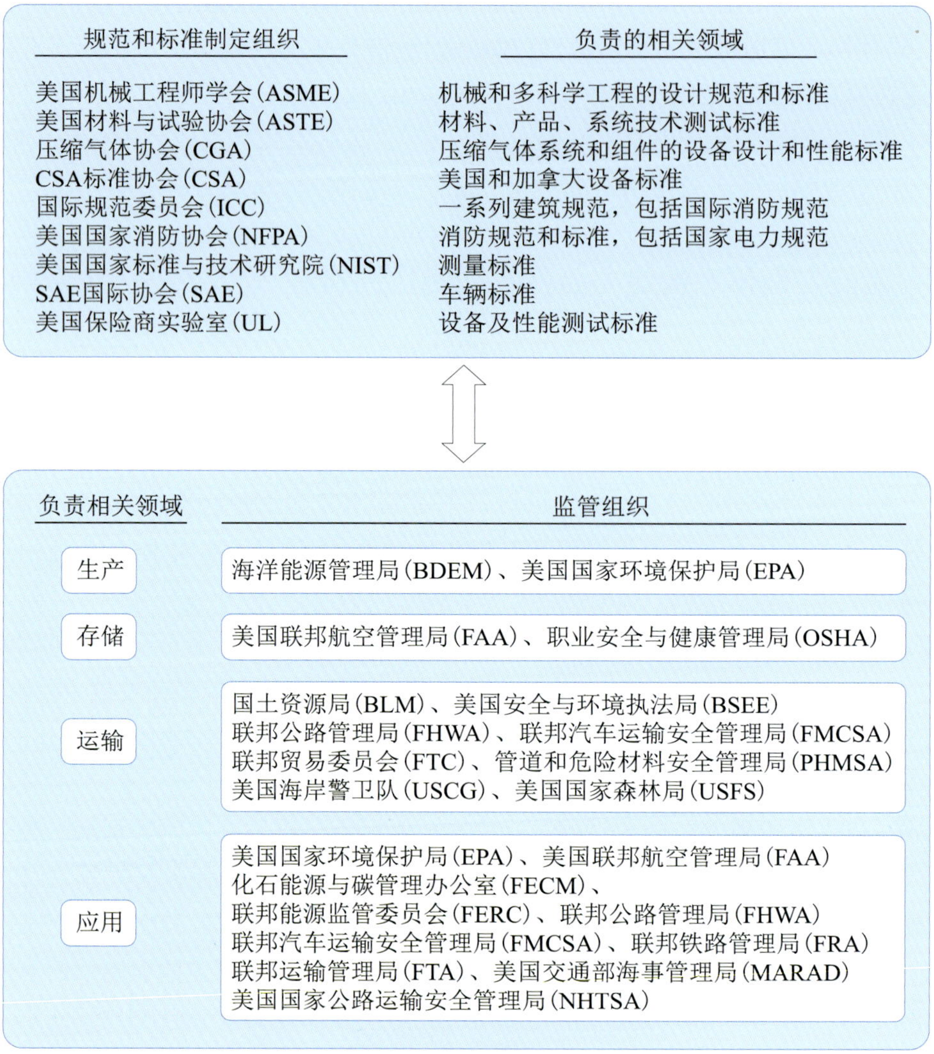

图4-3　机构间协调构建氢能安全体系

(参考资料:《U.S. National Clean Hydrogen Strategy and Roadmap》。)

(1) 生产方面:美国国家环境保护局(EPA)要求相关法规适用设施报告温室气体，包括与氢气生产和其他相关法规适用来源类别相关的温室气体;美国能源部(DOE)制定了清洁制氢的标准。

(2) 存储方面:联邦能源管理委员会(FERC)向提供能源服务或建设和运营州际天然气管道和存储设施的潜在公司颁发公共便利必要性证明①;EPA对为地下存储目的注入氢气的项目授权;美国职业安全与健康管理局(OSHA)决定了气态和液态氢存储和输送的结构部件和操作的安全性标准。

① 公共便利必要性证明是公共服务行业监管合规证明的一种。

(3) 管道运输方面：安全与环境执法局(BSEE)管理外大陆架①(OCS)石油、天然气和矿产业务的合规计划；FERC对申请建造、运营或改造用于天然气出口或进口设施进行授权，向提供能源服务或建设和运营洲际天然气管道和储存设施的潜在公司颁发公共便利和必要性证书以及负责洲际贸易中天然气运输的监管；管道和危险材料安全管理局(PHMSA)规定了外大陆架范围内的管道设施、管道以及气体或危险液体运输的最低安全要求。

(4) 陆路运输方面：联邦汽车运输安全管理局(FMCSA)制定了汽车运输路线要求、一般汽车运输安全规定和危险材料运输标准；美国联邦贸易委员会(FTC)负责商业中汽车燃料评级的认证和发布；PHMSA规定了装运危险材料的要求，以及通过公共公路(包括运输集装箱)运输危险材料的检验、测试和其他要求。

4.3 地方层面氢能产业政策发展

4.3.1 总体概况

美国在地方层面上大力推动氢能产业发展。多个州积极参与氢能项目，从生产到终端应用都在加速推进。例如，在犹他州建设的山间电力项目使用天然气和电解产生的氢气混合物每年将产生840 MW的发电量。在路易斯安那州，清洁能源综合站将使用捕获率为95%的CCS的甲烷重整系统，向区域市场供应清洁氢并出口到全球。该项目还将是世界上最大的碳捕集封存操作项目，每年封存超过5×10^6 t的CO_2。在得克萨斯州，空气产品公司和AES正在联手建造一座氢气生产工厂，每天通过电解生产超过200 t氢气，由1.4 GW的可再生风能和太阳能发电提供动力。在纽约，普拉格能源②正在建造一座清洁氢工厂，该工厂将使用120 MW的电解槽，每天使用水力发电生产约45 t氢气。美国全国多个州和地区正在积极致力于发展从生产到最终使用的清洁氢项目。

至2022年底，美国公开宣布的清洁氢能生产项目潜力总量达到1.2×10^7 t/年，计划和安装的1 MW以上的PEM电解槽容量也在不断增加，以满足未来的需求。截至2024年5月，美国有72个公开的零售氢燃料加注站，主要集中分布在加利福尼亚州和东北部

① 指大陆沿岸向海洋延伸的海底区域。根据国际法，沿海国家对其外大陆架的自然资源拥有专属的主权权利。这意味着国家可以对外大陆架上的矿产资源(如石油、天然气)进行勘探和开采。

② 普拉格能源(Plug Power)是全球氢燃料电池领先供应商，专注于氢燃料电池应用。公司专注于在全球范围内从事氢燃料电池系统的设计、开发、制造和商业化应用，主要用于工业越野、叉车物料搬运等市场，公司愿景是打造绿色氢经济。

地区(图4-4)，为超过1.5万辆燃料电池汽车提供服务。

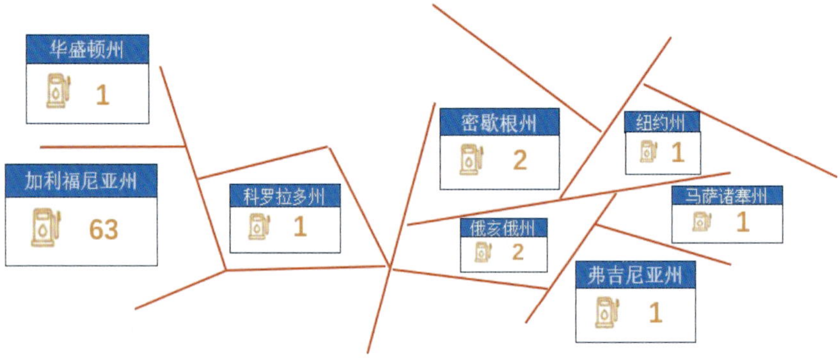

图4-4　美国各州加氢站分布

(参考资料：美国能源部替代燃料数据中心。)

美国在地方层面上，通过多种形式支持和发展氢能产业，各州根据自身资源和需求，开展了多样化的氢能项目。其中，得克萨斯州、加利福尼亚州和路易斯安那州因其独特的资源优势和政策支持，在氢能发展方面表现尤为突出。得克萨斯州依托丰富的可再生能源和CCS技术，大力发展清洁氢生产。而加利福尼亚州和路易斯安那州在氢能基础设施建设和政策支持方面领先全美，并且该州通过完善的基础设施和激励政策，推动了氢能在交通领域的广泛应用，为美国氢能经济的发展奠定了坚实基础。下文重点介绍加利福尼亚州、得克萨斯州以及路易斯安那州的氢能产业发展状况。

4.3.2　加利福尼亚州氢能产业发展

加利福尼亚州(以下简称加州)是美国第一个拥有加氢站网络的州。许多技术标准、商业实践和政策支持机制已在加州首次经过测试和验证。加州在氢燃料电池汽车销量方面处于全国领先地位，是全球较大的轻型氢烯料电池汽车(FCV)和氢能燃料网络开发市场之一。

加州能源委员会(CEC)的清洁交通计划已拨款近2.57亿美元用于公共氢基础设施，主要用于轻型车辆。预计到2027年，加州将拥有130个加氢站，其中至少有7个加氢站能够为中型或重型车辆加氢。截至2023年11月6日，加州境内共有66个加氢站为开放零售状态①，其中，洛杉矶、圣克拉拉和奥兰治市、县当前开放和计划中的加氢站数量最多。这些开放式零售站满负荷运行时可为近5.8万辆氢燃料电池汽车提供服务。CEC估计到2029年，130个全面运营的加氢站将有能力为近18.8万辆轻型FCV提供服务。

① 在66个开放的零售站中，有12个已经下线超过30天。截至2024年7月3日，加州境内所有在运行的加氢站为54个，其中23个为液氢储运加氢站，30个为气氢储运加氢站，1个位于托伦斯(Torrance)的加氢站使用管道运输供应氢气。由于设备故障、供应链限制和氢气供应中断，这些开放式加氢站平均以满负荷的60%运力运行。

加州作为全球最具示范效应的氢燃料电池汽车应用市场，遵循三大目标指引：

（1）加州议会法案8号（AB 8）[①]：2024年在加州至少建成100座加氢站。

（2）EO B-48-18[②]：2025年在加州建成200座加氢站[③]。

（3）CaFCP愿景（CaFCP Vision）[④]：2030年在加州建成1 000座加氢站，部署100万辆氢燃料电池汽车。

加州氢燃料电池汽车（FCV）的累计销售和租赁量正在增加。在过去5年中，年销量通常在每年2 000～3 200辆，2021年售出和租赁3 205辆，2022年售出和租赁2 574辆，2023年售出和租赁约3 500辆。目前加氢站的加氢能力可以支持更多的FCV部署，然而实际的加氢能力取决于氢气供应能力和加氢站本身的运营状况。加州零排放车辆（ZEV）销量统计显示，截至2022年底，FCV的公路保有量为11 897辆，截至2023年第三季度末新FCV销量为2 912辆，由此工作人员估计道路上的FCV总数为14 809辆。截至2023年第三季度，加州的轻型ZEV累计销量为174.28万辆，包括FCV、纯电动汽车（BEV）和插电式混合动力电动汽车。

加州加氢站网络中分配的大部分氢气都是使用化石天然气蒸汽甲烷重整（SMR）生产的。天然气能源成本增加以及通货膨胀导致的劳动力和材料成本增加，氢燃料价格大幅上涨。在2022年第三季度和第四季度，加州大多数加氢站将氢燃料价格提高到每千克19～25美元（含税）[⑤]。

FCV氢气供应多样化对于提高加氢站的可靠性和降低氢气成本具有重要意义。加州与行业利益相关者合作，向美国能源部申请联邦资金用于区域清洁氢中心。2023年10月13日，美国能源部宣布投入70亿美元启动7个区域清洁氢中心，其中包括高达12亿美元的加州氢中心，称为可再生清洁氢能源系统联盟（ARCHES）。这个氢气中心将增加加州可用氢气的来源和数量。

除此以外，加州还出台了氢能法规和不同的激励措施以促进氢能产业的发展。例如，加州发布了替代燃料汽车（AFV）停车激励计划，要求加州总务部（DGS）和加州交通部（Caltrans）必须在DGS运营的拥有50个或更多停车位的公共停车设施以及Caltrans拥

① 加利福尼亚州议会法案8号（California's Assembly Bill 8）在2023年底之前每年向能源委员会提供高达2 000万美元的资金，以共同资助加州加氢站的发展。

② EO B-48-18：加利福尼亚州州长Edmund G. Brown Jr.于2018年发布的行政命令，旨在遏制汽车和卡车的碳污染，并增加加州零排放汽车以及充电和加油站的供应，以进一步加强加州的气候领导力。

③ 然而受各种因素影响，在2024年中加州加氢站建设的总体进展速度比预期的要缓慢，并且这种较慢的开发速度会持续到2025年。与此同时，目前正在跟踪的加氢站项目总数大幅减少为129个，而2023年同期为176个。

④ CaFCP Vision是美国加州燃料电池联盟（CaFCP）于2018年发布的对2030年加州燃料电池电动汽车发展的愿景。

⑤ FCV的效率约为汽油动力汽车的2.5倍，因此就从燃料中获得的行驶里程而言，每千克氢气24美元相当于为1 L汽油支付约2.53美元，每千克氢气36美元相当于为1 L汽油支付约3.8美元。FCV司机可能需要支付高达180美元才能以每千克36美元的价格加满一个空油箱。

有和运营的换乘停车场中开发和实施AFV停车激励计划。这些激励必须为驾驶者提供有意义和实际的好处，如优先停车位、降低费用和提供补充燃料等。

安全方面，氢气通常会以比甲烷更高的压力运输，可能导致天然气管道的脆化，增加管道老化时泄漏的风险。加州能源委员会根据天然气系统方面的历史经验——包括导致8人死亡的2010年圣布鲁诺管道爆炸[①]以及2015年阿利索峡谷地下天然气储存设施的泄漏事件，提出了若干与安全相关的需求，以确保氢气的安全使用。这些安全措施包括：

（1）在氢气基础设施的整个生命周期内，为检查和维护提供专项资金。

（2）更准确地描述在现有天然气基础设施中使用氢气的风险，以及在专用氢气基础设施中使用氢气的风险。

（3）规划和筹资，为所有基础设施的终期使用寿命做好充分准备等。

4.3.3 得克萨斯州氢能产业发展

得克萨斯州凭借其丰富的自然资源（如太阳能、风能）、现有基础设施和技术知识，是未来氢能经济扩展和发展的理想地点。新的氢能项目可以利用现有的氢气管道和设施，同时用清洁氢替代当前高碳密集的需求，特别是在重型运输、工业和石油及化工精炼等领域。2022年一项研究表明，实现净零排放的得克萨斯州氢能经济将带来额外的76.6万个就业机会，并在2050年之前比现有商业模式多产生1 220亿美元的净经济效益。

得克萨斯州拥有美国较大的风能和太阳能装置之一，分别排名全国第一和第四，同时也是美国天然气产量第一的州。得克萨斯州在天然气重整（带碳捕集与封存）和零碳电力基础的氢气生产路径上都具有丰富的资源。此外，它还提供机会将氢气生产过程中捕获的CO_2用于强化采油（EOR）[②]和其他长期封存应用。得克萨斯州的地质条件非常适合支持氢能经济。该州具有在耗竭油田、岩穴和陆上盐层构造中进行氢气地质存储的潜力。此外，还可以在近海和陆上存储由氢气生产过程产生的CO_2。目前，得克萨斯州有3个在运行的商业大型地质存储设施，每个设施利用盐穴存储[③]和回收工业用途的氢气，总容量超过14 000 t。得克萨斯州现有的盐穴储存能力超过40 GWh，这些设施已经商业运

① 圣布鲁诺管道爆炸事件于2010年9月9日发生在加利福尼亚州圣布鲁诺市。太平洋煤气电力公司（PG&E）运营的一条高压天然气管道破裂，导致爆炸并产生巨大火球，摧毁38栋房屋，导致8人死亡，多人受伤。该事件揭示了管道管理和维护的重大缺陷，促使加强天然气管道安全的法规建设和监督，引发公众对天然气基础设施安全的广泛关注。

② 强化采油（EOR）也被称为三级采油（与一级采油和二级采油相反），其将CO_2强制注入井中，降低油的黏度，提高油的流动性，使油流动到地面以提取。

③ 盐穴存储：地质储氢是利用盐穴、枯竭油气田、含水层等地下结构，将氢气加压注入存储的一种储氢方式。盐穴存储是地质储氢中的一种，其通过地下盐穴来大规模储存氢气。据估算，地下盐穴储氢的成本仅约为1.6美元/kg，远远低于其他类型的储氢方式。盐穴储氢具有能源电力消纳、跨季节存储、平衡氢能供需以及低成本等优势，对于可再生能源发电剩余电量的大规模存储、绿色清洁氢能源的使用与发展以及节能减排、发展低碳经济具有重要意义。

营多年，验证了技术的成熟性。计划中的项目将在得克萨斯州科珀斯里科斯蒂附近建设，预计到2026年将实现2 GW的氢气生产和2个储存盐穴的运营。鉴于得克萨斯州的峰值电力需求约为80 GW，总装机规模电池容量约为3 GWh，氢能储能可以在充分利用可再生能源方面发挥关键作用。

此外，得克萨斯州拥有全球最大的氢气供应管道网络。2012年，美国空气产品公司建成了一条长约290 km的新管道，将其在得克萨斯州和路易斯安那州的氢气输送系统连接起来，形成了世界上最大的氢气供应管道网络。该一体化系统将20多家氢气工厂和超过960 km的管道连接在一起，每天为路易斯安那州和得克萨斯州的炼油厂和石化企业提供超过约3.4×10^7 m^3的氢气产品。

综上所述，得克萨斯州在氢能产业的发展中具有显著的优势和潜力。通过资源利用和技术创新，得克萨斯州有望在未来的氢能经济中占据重要地位，实现经济和环境的双重效益。

4.3.4 路易斯安那州氢能产业发展

路易斯安那州尤其是南部地区，具备良好的氢能产业基础。该地区的氢能产业链已初具规模，涵盖了从能源和原料供应到终端用户的多个环节。南路易斯安那州拥有丰富的天然气、煤炭和生物质等能源资源，可用于生产氢气。此外，南路易斯安那州还拥有大量的氨生产设施，氨分解后生成的氢气被广泛用于燃料和工业生产。

南路易斯安那州得天独厚的地理位置和工业资源为其氢能产业发展提供了巨大潜力。首先，现有的天然气和石油管道网络为氢气输送提供了高效的基础设施支持，可以降低输送成本并减少运输风险。其次，该地区的氢气输送主要通过一条长约290 km的氢气管道实现，该管道由空气产品公司建成，连接了路易斯安那州东西两侧的工业设施。美国能源部(DOE)计划为区域清洁氢中心拨款80亿美元，路易斯安那州正在与阿肯色州和俄克拉何马州合作争取这笔资金。该资金旨在改造现有管道用于氢气运输，以补充正在进行的私人投资。此外，南路易斯安那州的油气田也为碳捕集和封存提供了理想的地质条件。该州南部墨西哥湾沿岸地区拥有丰富的适合地质存储的海上和陆上油气田，这些油田包含适合储存CO_2的多孔岩层，其中许多油田位于排放大量CO_2的工业设施附近。

南路易斯安那州氢气的生产能力主要集中在东巴吞鲁日、阿森松、圣查尔斯等地。2021年，仅空气产品公司在加里维尔、康文特的蒸汽甲烷重整(SMR)设施每年的CO_2排放量均达到1×10^6 t，这反映了这些设施大规模的生产能力和工业应用需求。

路易斯安那州的政策环境为氢能产业的扩展创造了良好的机会。州政府支持CCS项目，并为此提供了税收减免，例如，美国国内税法第45Q条款为碳捕集与封存技术提供税收减免。该州还通过可再生能源贷款和基础设施资助项目，支持能源效率升级和清洁能源技术的推广。未来的投资机会主要集中在以下几个领域：① 氨生产：南路易斯安那州的氨生产企业，如CF工业(CF Industries)①，已经宣布了新的蓝氢生产计划，旨在通过碳捕集与封存减少生产过程中的碳排放。② 甲醇生产：甲醇作为另一大氢气消费市场，位于盖斯马的梅瑟恩公司(Methanex Corporation)②以及圣詹姆斯县的科氏甲醇厂(Koch Methanol)正在进行扩建，这些设施将进一步提升区域的氢能需求。

路易斯安那州的氢能产业在全球能源转型中具有重要地位，尤其是随着蓝氢和绿氢技术的发展，该地区将成为未来清洁能源市场的重要参与者。通过发展氢能，路易斯安那州不仅能够减少碳排放，还将创造大量就业机会，并推动区域经济的可持续增长。

4.4 氢能产业典型实践案例

4.4.1 加州阳光车道运输公司

加州阳光车道运输公司(SunLine Transit Agency)总部位于加利福尼亚州千棕榈市，提供前往加利福尼亚州科切拉山谷的公共交通服务。SunLine车队的143辆中型和重型公交车都使用替代燃料，包括123辆压缩天然气(CNG)公共车、16辆氢燃料电池公交车和4辆锂电池电动公交车。

SunLine在使用替代燃料方面有着悠久的历史。自1993年起，该公司就制定了政策，要求到2040年购买的所有车辆都必须是超低CO_2排放或零排放车辆。1994年，SunLine成为全国首家将整个公交车车队从柴油转向CNG的运输机构。加入前清洁城市科切拉谷地区(C3VR)联盟后，SunLine的替代燃料计划得到了更多的支持。SunLine的成功部分归功于其与多个原始设备制造商合作，采用不同的燃料系统和车辆，而不是依赖于单一供应商和燃料类型。

该公司还注重根据路线、商业化和成本来选择合适的燃料。SunLine运行一些密集的城市路线，服务区域占地约2 849 km^2，由于目前电池电动公交车的续航里程能力不足以满足SunLine的大多数路线的需求，而且在途中设置充电基础设施的需求很难被满足。因此，SunLine会根据不同情况选择合适的燃料。公司特别关注氢气技术，因其零排放特性以及与电池电动和可再生天然气等技术的配合。这些技术的不断推进和进步，是推动SunLine朝着零排放目标迈进的动力源。

SunLine成功的一个关键因素是控制自己的燃料供应和生产。在工业和政府合作伙

① CF工业(CF Industries)成立于1946年，是一家北美农业肥料制造商和分销商，总部位于芝加哥郊区伊利诺伊州迪尔菲尔德。

② 梅瑟恩公司(Methanex Corporation)创立于1968年，是全球最大的甲醇生产商和经销商。

伴的帮助下，SunLine运输公司于2000年4月在加利福尼亚州千棕榈市建设了一个氢气生产、储存和加氢设施。SunLine公司使用电解槽从可再生能源中产生氢气，并使用重整器从天然气中产生氢气。公司将氢气储存在一辆存储拖车中，用于在公共加氢岛给氢巴士和皮卡车加氢。SunLine计划在之后增加另一个电解槽，扩大存储并开发风力发电燃料电池示范项目以进一步增加其清洁燃料的供应能力。

SunLine拥有并运营着一个加氢站和两个CNG站，为其车辆和公众提供燃料。SunLine还使用可再生能源(包括太阳能和可再生天然气原料)站内自主制取氢气。通过能源管理，SunLine 的运营便宜且可靠，因为它不受燃料输送成本的影响，也不必外包燃料生产或基础设施维护。SunLine的加氢基础设施可以产生足够的氢气来运行5辆公交车。为了促进氢燃料电池公交车的部署，SunLine正在与合作伙伴合作开发氢燃料设施，允许在现场为5～10辆公交车提供燃料。

4.4.2 共享氢燃料电池电动汽车

共享氢燃料电池电动汽车计划(StratosShare)旨在为加州的利弗赛德县和圣贝纳迪诺县的贫困地区提供新型的、更加清洁的出行选择。这是一项将汽车共享模式与氢燃料电池电动汽车(FCV)完全结合的创新举措，计划于2019年初启动。该计划的创始公司斯特拉斯燃料公司(StratosFuel)一直在与西部河滨县清洁城市(WRCCC)合作，以确保在联盟地区内提供低成本的汽车共享服务，这一直是该公司零排放汽车共享计划不可或缺的一部分，并且公司认为与当地清洁城市联盟的合作关系是成功的关键。

在使用加州能源委员会的约68万美元赠款后，StratosFuel(最初主要聚焦加氢站业务)于2017年开始将其业务扩展到共享出行领域。公司成员认识到，他们需要为弗赛德县和圣贝纳迪诺县的弱势社区提供更多的出行选择，并增加该地区公共资助的加氢站的容量。这些需求最终促成了一个为弗赛德县和圣贝纳迪诺县提供低成本、按需租车的FCV租赁计划。按需租车与网约车、共享单车和其他解决方案齐头并进，以增加城市内部和城市之间的流动性和连通性。StratosShare公司将更进一步以实惠的价格提供零排放选项。在没有任何会员费、加氢费或保险费的情况下，以每小时低至5美元的价格，客户将能够租用该公司的17辆丰田Mirai中的一辆，并在距离弗赛德县160 km范围内使用。在许多情况下，对于没有车辆的消费者来说，StratosShare的车辆将是最便宜的交通选择。

StratosFuel公司还开发了创造性的方法来确保车辆的氢能保持满载。为Mirai加氢只需要大约5 min，租赁期用户每次前往StratosFuel加氢站均可额外获得30 min的免费租赁租期。每辆车都有自己的加氢卡，StratosShare应用程序包括分步说明，并通过电话提供24 h全天候客户服务支持。如果氢量表低于1/4，StratosFuel将派遣一名团队成员在租赁期间为车辆加氢。

未来，StratosFuel公司将利用车辆使用数据分析市场需求，动态调整车队规模与燃料供应。为应对增长需求，公司正在扩建其ZIP氢能枢纽（Zero-Emission Integrated Plant），并规划新建加氢站点。

4.4.3 美国能源部 H2@Scale 倡议

H2@Scale是美国能源部的一项倡议，它为氢如何在日益互联的能源系统中实现跨部门的应用描绘了愿景。如图4-5所示，H2@Scale概念基于氢气满足多个行业现有和新兴市场需求的潜力，设想了生产、储存、运输和利用氢气的创新如何助力实现这种潜力并实现规模化，从而增加收入并降低成本。

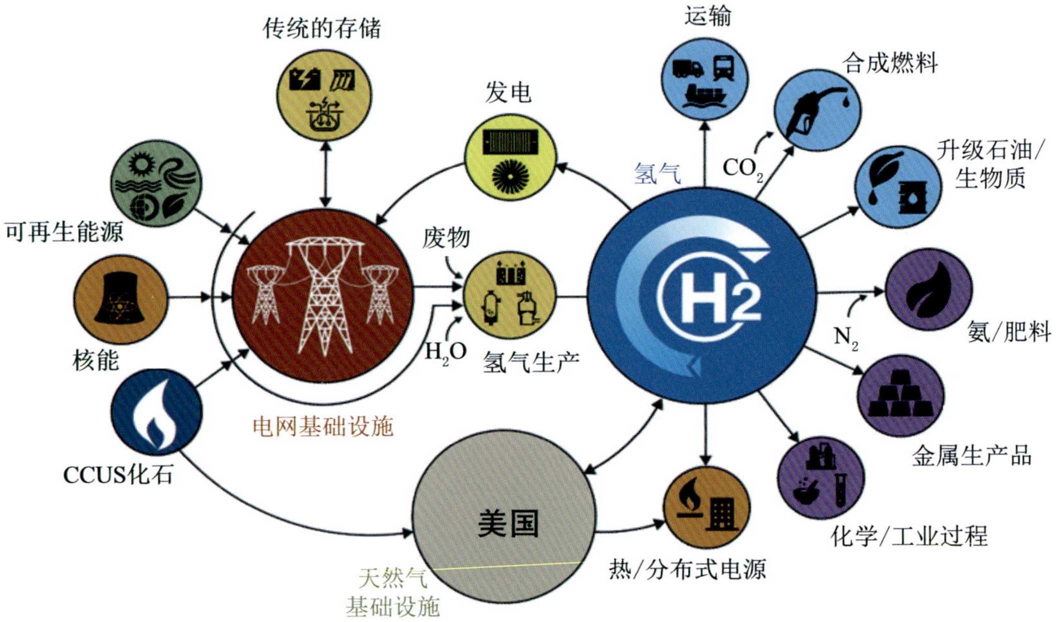

图4-5　H2@Scale概念

（参考资料：《U.S. National Clean Hydrogen Strategy and Roadmap》。）

如今，氢气的主要用途是作为石油精炼和氨生产中的化学原料，少量用于其他工业应用，如甲醇生产。目前，美国每年主要利用天然气生产约1×10^7 t氢气用于这些最终用途。在H2@Scale的愿景中，氢作为化学原料和能源载体的多功能性将被用来服务于更广泛的最终用途。新兴市场机会包括将氢气用于多种运输应用（如用于燃料电池电动汽车，尤其是重型运输车，作为合成燃料的原料，作为石油和生物燃料的升级替代品）；作为工业原料（如钢铁和水泥制造）；用于工业系统和建筑物的供热；用于发电（大规模发电、离网分布式电源和备用电源或应急电源）；用于储能。混合能源系统集成了能源生产、存储和转换技术，以优化所发电能源的整体价值，是一个具备显著潜力的市场机会。例如，将制氢技术与发电厂整合是一个越来越受到关注的概念，因为它有可能提高这些工厂的盈利能力,同时支持电网弹性。

H2@Scale的最终目标是利用多种原料、加工方法和交付选项,以经济实惠的方式生产和交付氢气,规模从大型集中生产到小型本地生产,具体取决于特定位置和市场需求,并结合经济和物流角度做出最为实际的选择。为了更好地了解和开发美国氢气生产、需求和利用潜力,H2@Scale倡议进行了全面的建模和分析,研究了可用的选项、当前和潜在的成本、能源效率和这些选项的环境影响。这些分析的结果用于指导研发和设定目标,包括氢气生产和利用的潜在区域、重点领域,以及最可行的最终应用。

美国能源部国家实验室进行的H2@Scale建模和分析工作已经确定了未来30年美国氢气生产和需求潜力。国家实验室已经评估了各种情景,显示氢需求的经济潜力范围为22～41 MMT/年,是当前需求的2～4倍。随着新市场的出现(如海洋应用),这种经济潜力可能会增加,并将通过更新的分析定期进行评估。除了美国能源部的分析外,一个由20多个行业合作伙伴组成的小组预测,到2050年,氢需求在基本前景中下将增加2倍,达到20 MMT/年,在大好前景中将增加6倍。考虑到各行业、市场和技术的不确定性,这些结果相当一致。基于这两种情景("基本前景"和"大好前景"),氢可能占美国总能源需求的1%～14%。

该倡议还确定了全国范围内用于制氢的国内资源的可用性。研究表明,美国的能源资源在地理上分布广泛,化石、核能和可再生原料各自独立,足以支持美国氢气消费量至少翻一倍。

4.5 经验与总结

美国在氢能产业的发展和安全监管方面积累了较为丰富的经验,这些经验对其他国家和地区具有借鉴意义。

4.5.1 政策支持与立法保障

美国在氢能产业的发展中,政策支持和立法保障起到了关键作用。自20世纪70年代以来,面对能源安全和环境问题的双重压力,美国政府相继出台了一系列支持氢能技术研发和推广的政策与法规。例如,1990年《Spark M.Matsunage氢气研究、开发和示范法案》和1996年《氢未来法案》强调了国家在氢能研发和示范方面的综合管理和战略支持。这些政策和立法为氢能产业的发展提供了坚实的基础。研究发现,通过制定明确的氢能产业发展战略和支持政策,可进一步推动国内氢能技术的研发和产业化应用。

4.5.2 多部门协调与安全标准

在氢能安全监管方面，美国建立了系统化的法律法规，通过多部门、多机构协调合作，制定和实施了一系列氢能安全标准。例如，美国机械工程师协会（ASME）、美国职业安全与健康管理局（OSHA）等多个机构共同参与氢能安全标准的制定与监管，确保了氢能在制、储、输、用等过程中的安全性。推动关键领域的管辖权明确化，有助于提升氢能产业的监管水平。

4.5.3 地方积极推动与示范项目

在地方层面，美国的各州积极推动氢能产业的发展，尤其是加利福尼亚州和得克萨斯州的实践经验尤为典型。加利福尼亚州通过制定严格的零排放车辆政策和建立广泛的氢燃料加注站网络，展示了氢能在交通领域的应用前景。此外，加州的多项氢能示范项目进一步推动了氢能技术在美国的应用和普及。得克萨斯州则在氢气生产和可再生能源制氢方面进行了有益探索，如空气产品公司与AES合作建设的大规模氢气生产设施。地方政府的积极推动，开展多样化的氢能示范项目，特别是在交通和工业领域，可以加速氢能技术的推广和应用。

4.5.4 技术创新与市场预测

美国能源部国家实验室的H2@Scale倡议通过建模和分析，确定了未来30年美国氢气生产和需求的潜力，这表明通过技术创新和市场预测，美国能够有效地规划氢能产业的发展路径；同时基于对氢能市场的预测和分析，利用大数据和物联网等技术手段，实现对氢能的需求预测、降本增效和合理分配，提高氢能产业的安全性和效率。

参考文献

[1] Hydrogen Future Act of 1996：Public Law 104-271-OCT，September 1996[EB/OL].[2024-06-16]. https://www. hydrogen. energy. gov/docs/hydrogenprogramlibraries/pdfs/hydrogen_future_act_1996.pdf.

[2] Congress of the United States.Energy Policy Act（EPAct）of 2005，January 2005[EB/OL].[2024-06-16].https://www.hydrogen.energy.gov/docs/hydrogenprogramlibraries/pdfs/epact_05.pdf.

[3] Senate and House of Representatives.Spark M. Matsunaga Hydrogen Research, Development, and Demonstration Program Act of 1990, January 1990[EB/OL].[2024-06-16]. https://view.office-apps.live.com/op/view.aspx? src=https%3A%2F%2Fwww.hydrogen.energy.gov%2Fdocs%2Fhydrogenprogramlibraries%2Fpdfs%2Fmatsunaga_act_1990.doc.

[4] US. Department of Energy.US. National Clean Hydrogen Strategy and Roadmap: 2023[EB/OL].[2024-06-16]. https://www. hydrogen. energy. gov/docs/hydrogenprogramlibraries/pdfs/us-national-clean-hydrogen-strategy-roadmap.pdf.

[5] US. Department of Energy.A National Vision of America's Transition to a Hydrogen Economy—to 2030 and Beyond, November 2001[EB/OL].[2024-06-16].https://www.hydrogen.energy.gov/docs/hydrogenprogramlibraries/pdfs/vision_doc.pdf.

[6] US. Department of Energy.The National Hydrogen Energy Roadmap, April 2-3, 2002 [EB/OL].[2024-06-16]. https://www. hydrogen. energy. gov/docs/hydrogenprogramlibraries/pdfs/national_h2_roadmap-(1).pdf.

[7] US. Department of Energy.Hydrogen Posture Plan, December 2006[EB/OL].[2024-06-16].https://www.hydrogen.energy.gov/docs/hydrogenprogramlibraries/pdfs/hydrogen_posture_plan_dec06.pdf.

[8] US. Department of Energy.The Department of Energy Hydrogen and Fuel Cells Program Plan: DOE/EE-0651, September 2011 [EB/OL].[2024-06-16].https://www.hydrogen.energy.gov/docs/hydrogenprogramlibraries/pdfs/program_plan2011.pdf.

[9] US. Department of Energy.The Department of Energy Hydrogen Program Plan: DOE/EE-2128, November 2020[EB/OL].[2024-06-16]. https://www.hydrogen.energy.gov/docs/hydrogenprogramlibraries/pdfs/hydrogen-program-plan-2020.pdf.

[10] US. Department of Energy. US. Department of Energy Clean Hydrogen Production Standard (CHPS) Guidance :2022[EB/OL].[2024-06-16].https://www.hydrogen.energy.gov/docs/hydrogenprogramlibraries/pdfs/clean-hydrogen-production-standard-guidance.pdf.

[11] US. Department of Energy.Multi-Year Program Plan: DOE/EE-2698, March 2023[EB/OL].[2024-06-16]. https://www.energy.gov/sites/default/files/2023-03/beto-mypp-fy23.pdf.

[12] A.R. Baird, et al. Federal Oversight of Hydrogen Systems: SAND2021-2955, March 2021[EB/OL].[2024-06-16]. https://energy. sandia. gov/wp-content/uploads/2021/03/H2-Regulatory-Map-Report_SAND2021-2955.pdf.

[13] US. Department of Energy.Hydrogen Strategy: Enabling a Low-Carbon Economy,July 2020[EB/OL].[2024-06-16]. https://www. energy. gov/sites/prod/files/2020/07/f76/USDOE_FE_Hydrogen_Strategy_July2020.pdf.

[14] C.Rivkin.National Codes and Standards Development and Outreach, October 2018[EB/OL].[2024-06-16].https://www.hydrogen.energy.gov/docs/hydrogenprogramlibraries/pdfs/progress18/scs_rivkin_2018.pdf.

[15] Crowell, Miki , Martinez, et al. Joint Agency Staff Report on Assembly Bill 8: 2023 Annual Assessment of the Hydrogen Refueling Network in California, CEC-600-2023-069, December 2023[EB/OL].[2024-06-16]. https://www.energy.ca.gov/sites/default/files/2023-12/CEC-600-2023-069.pdf.

5 日本氢能产业发展与安全监管政策

5.1 日本氢能产业政策发展概述

5.1.1 氢能产业政策发展历程

石油、煤炭等化石燃料，支撑了日本的近代化发展及满足了其20世纪50—70年代的经济高速增长期的能源需求。然而，对原本就缺乏以化石燃料为主的自然资源的日本，自20世纪70年代的两次石油危机以来，作为国民生产生活重要支撑的能源，其高度海外依存的结构脆弱问题开始逐渐显现。日本化石燃料使用占比高达86.7%，其中石油占比为37.7%、煤炭占比为27.3%、天然气占比为21.7%。而日本化石燃料匮乏，所有化石燃料基本均依赖国外进口。受2011年3月11日的东日本大地震后核电站停工等影响，能源自给率受核电站停止运转的影响而降低，2012—2014年，能源自给率一度降至6%左右。然而，2011年东日本大地震后，可再生能源供给占比逐年增高，2022年数据显示，日本能源自给率为12.6%左右(图5-1)。

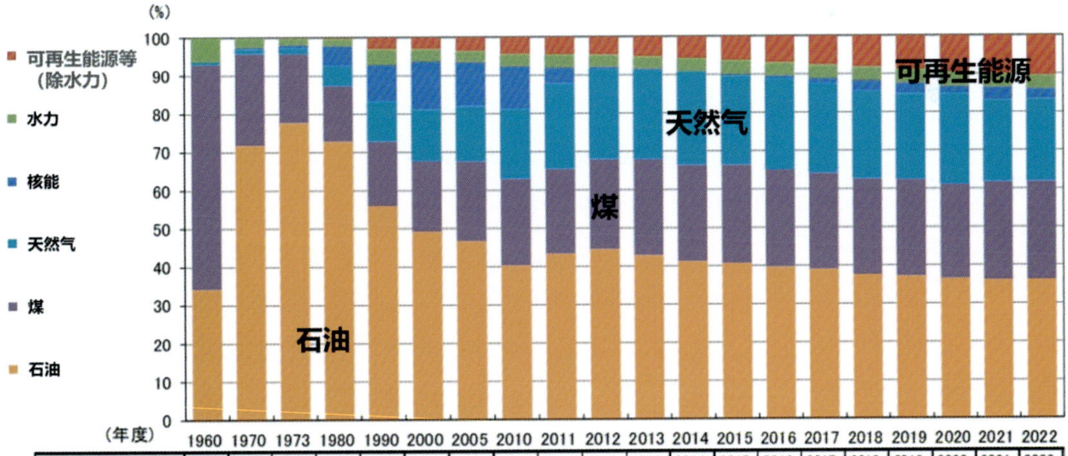

年度	1960	1970	1973	1980	1990	2000	2005	2010	2011	2012	2013	2014	2015	2016	2017	2018	2019	2020	2021	2022
能源自给率（%）	58.1	15.3	9.2	12.3	17.0	20.3	19.6	20.2	11.5	6.7	6.5	6.3	7.3	8.0	9.5	11.7	12.1	11.3	13.3	12.6

图5-1　日本一次能源供应构成及能源自给率的演变

(参考资料：日本经济产业省,《2024年能源年度报告》。)

电力行业CO_2排放量约占日本全国CO_2总排放量的40%，为了实现电力行业的低碳化，日本致力于向以可再生能源为其主要电力来源之一的能源系统的过渡。此外，CO_2总排放量的近20%来自交通运输业，其中汽车(乘用车、货车等)占85%。因此，为了推进交通运输业的低碳化，从乘用车到卡车、客车等大型车，推进各类车型的低碳化转型任务的重要性与日递增。

日本从20世纪70年代开始发起“阳光计划”和WE—NET计划、氢能—燃料电池实证项目(JHFC项目)和固定式燃料电池大规模实证项目等氢能及燃料电池技术相关的研发工作。在产业界和学界都具有世界领先的技术和50年左右的相关经验的积累。其中，“阳光计划”的提出以1973年发生的第一次石油危机为契机，是为了降低对石油的过度依赖，同时解决大量消耗能源所产生的日益严重的环境问题，作为“新能源(代替石油等能源)”的技术研发计划在1974年被制定(表5-1)。“阳光计划”是日本最早的具有长期性、综合性的新能源技术研发计划，对日本乃至全世界的新能源技术的开发起到了引领作用，由日本通商产业省[①]实施。该计划以核能以外的所有新能源技术为对象，汇集国立实验研究机构、产业界、大学的力量开展研发工作，主要面向太阳能、地热能、煤炭、氢能这四大方面。重点研究这些能源的开发、运输、使用、储存在内的新兴技术。此外，WE—NET计划主要研究使用可再生能源制造氢气，并将其运输到日本，用于发电和作为汽车燃料等；JHFC项目是氢能—燃料电池示范项目，致力于氢燃料电池汽车和加氢站的实证试验。

对于氢燃料电池汽车的普及，不可或缺的配套基础设施是加氢站。2011年1月，日本13家民营企业联合发布了关于氢燃料电池汽车导入国内市场和氢供应基础设施(加氢站等)建设的联合声明。这13家企业包括丰田汽车、日产汽车、本田技研工业、出光兴产、岩谷产业、大阪燃气、西部燃气、昭和壳牌石油、东京燃气等。日本从2013年开始建设商用加氢站，2018年2月，包括进行加氢站建设和运营的基础设施运营商、汽车制造商、金融投资家等11家民营企业共同合作组建了旨在加速建设加氢站的日本加氢站网络联合公司(JHyM)。截至2024年10月，共有36家公司参与该合作网络。

2013年6月，日本发布了“安倍经济学”的第三部分“日本振兴战略”。明确强调了要扩大燃料电池的普及、在2015年左右对氢燃料电池汽车开始进行市场导入和以全球较快速度普及的政策方针。2014年12月，日本氢燃料电池汽车首次大规模投入市场，日本是较早开始发展全球氢燃料电池汽车市场的国家。因为氢与锂离子电池等蓄电池相比，单位质量和单位体积的能量密度更大，因此在大型、长距离运输领域，氢燃料电池汽车(FCV)相对于电动汽车(EV)更具优势。此外，今后随着燃料电池的发电效率和输出密度的提高，也会实现更长的续航里程和小型化。

在2014年4月制定的《第4次能源基本计划》中，日本政府加入了“将氢能作为能源来使用的‘氢能社会’的构建方面，日本临近了应该全面讨论的时期”等叙述。2014年6月，产业界、学界、政界的专家组成的氢能-燃料电池战略协商会，发布了《氢能-燃料电池战略路线图》，并指明为了实现氢能社会，政府和民间需要进行协作努力。该路线图根据克服技术难关和确保其相关经济性，将氢能社会的构建分为以下三个阶段，提出分阶段推进并逐步实现氢能社会的相关目标。

① 2001年改名为经济产业省。

表5-1 日本在氢能方面的主要政策及举措

年 份	政策及重要项目等	要 点
1974年	阳光计划	新能源技术研发计划
1993年	WE—NET计划	可再生能源制氢用作发电及汽车燃料
2002年	氢能-燃料电池实证项目(JHFC项目)	氢燃料电池汽车和加氢站的实证试验项目
2011年	13家民营企业发布联合声明	氢燃料电池汽车的国内市场导入和氢供应基础设施的建设
2013年	“安倍经济学”第三部分“日本振兴战略”	2015年对氢燃料电池汽车市场的全面导入
2014年	《第4次能源基本计划》	“氢能社会”构建的重要时期
	《氢能-燃料电池战略路线图》	氢能社会主要分为三个阶段
	12月,氢燃料电池汽车首次投入市场	全球较早发展氢燃料电池汽车市场的国家
2016年	修改《氢能-燃料电池战略路线图》	家用燃料电池(ENE—FARM)和氢燃料电池汽车(FCV)、加氢站的发展路径设定
	综合科学技术创新会议	氢等能源载体的制、储、输、用技术研发需求加强
2017年	经济产业省制定《氢能基本战略》	指出氢能作为储能和能源方面的双重作用
2018年	全球首个氢能部长级会议发布《东京宣言》	推进技术及法规、规格和标准的协调工作等
2019年	修改《氢能-燃料电池战略路线图》	2030年正式导入基于海外未被有效利用的能源制氢的国际氢能供应链
2020年	2050年伴随碳中和的绿色成长战略	将氢列为14个重点技术领域之一
2021年	《第6次能源基本计划》	在2030年的电源结构中,预计氢和氨来源的电力供给占1%左右,2050年达到10%
2022年	修订《高度化法》	明确了氢作为非化石能源的法律地位
2023年	修订《氢能基本战略》	15年内,政府和民间共同筹资15万亿日元(约7 479亿元人民币),作为对氢能的相关投资资金
2024年	通过《氢能社会促进法》	对于氢(氨)和现有燃料间的价格差,进行补贴及制定相关规定的特例

(参考资料:日本经济产业省资源能源厅,《第6次能源基本计划》。)

(1) 阶段一。氢能使用的飞跃性增长期(2014年开始):大力推广固定式燃料电池和氢燃料电池汽车的使用,使得日本在全球范围内的氢能及燃料电池领域的市场方面占有优势。

(2) 阶段二。正式导入氢能发电、确立大规模供氢体系(2025—2029年实现):进一步扩大氢需求,将氢的来源扩展到未被使用的能源,在原有的“电和热”供应方式上增加“氢”能,形成新的二次能源供给模式。

(3) 阶段三。建立全产业链无CO_2排放的氢气供应体系(2040年左右实现):将碳捕集与封存技术(CCS)运用到制氢过程中,或使用可再生能源制氢,建立全过程无CO_2排放的氢气供应体系。

2014年,根据相关各方进展状况,《氢能-燃料电池战略路线图》于2016年3月进行了修订，设定了包括家用燃料电池（ENE－FARM）和氢燃料电池汽车（FCV）、加氢站的发展路径和具体的量化目标等。2016年，根据《巴黎协定》等世界范围的低碳化动向，有助于彻底性实现温室气体减排的综合科学技术创新会议提出，“氢等能源载体的制造、运输、储存、使用”是需要集中重点加强的技术之一。

2017年，日本经济产业省制定《氢能基本战略》。作为其制定背景，2016年11月《巴黎协定》生效，对于日益严重的全球变暖问题，日本认为也需要进一步履行相应的责任。此外，对于一次能源几乎全部依赖国外化石燃料的日本来说，“减少温室气体排放”和确保“能源安全保障”的双重课题需要同时解决。氢不含碳，除了不排放CO_2的环境特性，作为能源载体还具有能够存储、运输、使用的特性，即储存性、便携性、灵活性。此外，今后要进一步扩大多种类型的可再生能源的导入，电力储存技术是关键，能够大规模、长时间储存能源的氢气将发挥巨大潜力。日本是岛屿国家，可以充分使用海外丰富的可再生能源资源，通过使用氢能技术，使其转化为氢能进行使用。综上所述，氢能的能源和储能的双重属性被逐渐关注。

2018年10月，全球首次以氢能为主题的氢能部长级会议在东京召开，来自21个国家、地区和国际组织的部长等代表进行了关于氢能的深入讨论，并发布了《东京宣言》，宣布了各国应致力于氢能的推广和普及。《东京宣言》的节选内容如下：各国氢能部长和代表，为了实现能源综合利用方式之一的“氢能社会”，在日常生活、能源、交通、产业活动中使用氢能，实现更清洁、更丰富、更安全的全球规模的未来能源蓝图，会议确定了在以下各方面各国需要开展重要合作：

（1）推进技术规格和法规标准的协调以及相关标准化工作。协调开展氢气相关技术合作，主要包括氢气储存、氢燃料电池汽车、氢气基础设施和加氢站的加注协议等。

（2）关于氢安全性和供应链信息共享以及推动国际合作研究开发工作。共享有关氢气安全性方面的信息、教训和最佳实践案例，实现安全可持续的氢气制造、运输、储存和基础设施的运营。在使用氢技术过程中，为了安全、可持续地使用该项技术，将进行风险评估以及研究探索降低风险的方法和模式方面的合作。

（3）氢的使用对消减CO_2和其他污染物的可行性调查与评估。收集、分析和共享数据，以评估各种制氢技术的上游和下游的CO_2和其他污染物减排效果。研究成本构成、价值链和商业模式，以评估当可再生能源制氢被大规模应用时，是否有可能与化石燃料具有同样的竞争力。

（4）进行国际沟通交流、科普教育活动方面的合作。

2019年，经济产业省对《氢能-燃料电池战略路线图》进行了修改，并指出目标是在2030年左右正式导入海外未被有效利用的能源制氢的制、储、输供应链。

2020年，内阁府、经济产业省等制定了《2050年伴随碳中和的绿色成长战略》，将氢能列为14个重点技术领域之一，并在2021年对其进行了修改，部分内容如下：

① 从减轻氢燃料电池汽车的普及推广单位及使用者负担的角度分析，《道路运输车

辆法》及《高压气体安全法》中规定的一元化工作需要引起重视，关于氢燃料电池汽车等相关规定的理想方式需要进一步探讨。

② 关于固定式燃料电池，考虑到发生灾害停电时其可以应急发电，以及其较高的综合能源利用效率，即可以削减照明及取暖费等，政府将继续致力于落实推广普及燃料电池方面的项目。

③ 日本在全球首次获得了液氢运输船的制造工艺，在技术上处于世界领先地位。海上运输氢气的方式到目前为止还没有被详细设想过，因此各国相关法律法规可能出现不统一的情况。

④ 通过保证国际范围使用的氢能设备的安全性和兼容性，为将来日本向世界出口设备和技术推广奠定基础，政府将推进把氢从液氢运输船转移到接收站的装载机械臂等相关设备的国际标准化工作。在外国发货港进行液氢运输的码头、相关供应装置等，将根据相应情况讨论由海外交通及城市开发事业支援机构株式会社（JOIN）与民营单位共同出资，提供风险资金或实际支持；在日本国内，为了能够在港湾顺利运输进口、储存所需的氢气，需要商讨并修改恰当的技术标准和港湾规划等。

2021年，《第6次能源基本计划》中提到，在2030年的电源结构中，预计氢和氨来源的电力供给占1%左右，2050年达到10%的目标。

2022年，通过《高度化法》的修订，日本明确了氢作为非化石能源的法律地位。《高度化法》全称为《能源供应结构高度化法》，是指促进国内能源供应企业（电力企业、燃气企业等）"使用非化石燃料来源的能源及有效利用化石能源"的法律。使用氢、氨以及附带CCS（碳捕集与封存）系统的火力发电在法律上被定义为"可以作为符合环境标准的能源来源"，成为鼓励使用的对象。

2023年，《氢能基本战略》时隔6年进行修订，决定在15年内政府和民间共同筹资15万亿日元，进行氢能方面的相关投资。

2024年2月，日本内阁会议通过了《关于促进低碳氢等的供给和使用，以顺利过渡到零碳成长型经济构造的法案》，该法案也被称为《氢能社会促进法》，在2024年5月24日开始实施。日本政府为了尽早促进低碳氢等的供给和使用，制定基本方针，创新设立计划认证制度，对获得计划认证的单位提供支持措施。例如，"补贴支持氢（氨）和现有燃料间的价格差""支持使用氢（氨）的基地建设工作"等，也采取相关规定的特例措施。对获得认定的企业，其相关项目由JOGMEC（金属矿物资源机构）提供补助金。

1. 丰田汽车株式会社（简称"丰田"）

进入20世纪90年代，与地球环境问题同等重要的是对未来石油资源枯竭等能源问题的应对，该问题也成为汽车产业发展的重要挑战。丰田于1992年设立了电动汽车开发部，正式着手电动汽车（EV）和以氢气为燃料的氢燃料电池汽车（FCV）的研发工作。

1996年丰田研发出了搭载储氢合金组件的氢燃料电池汽车FCEV－1。1997年，丰田开发出搭载了具有可以从甲醇中提取氢的重整器的氢燃料电池汽车FCEV－2。

2014年12月，丰田发售了全球首款量产型氢燃料电池汽车MIRAI(图5-2)。MIRAI行驶过程中的CO_2排放量为零，且一次充满氢(5 kg)可行驶约650 km。丰田在2020年12月，发售了新一代MIRAI。单次续航里程比第一代车型增加约3成，达到850 km(图5-3、图5-4)。

图5-2　丰田2014年发售的全球首款量产型氢燃料电池汽车MIRAI

(参考资料：丰田博物馆，《丰田MIRAI》。)

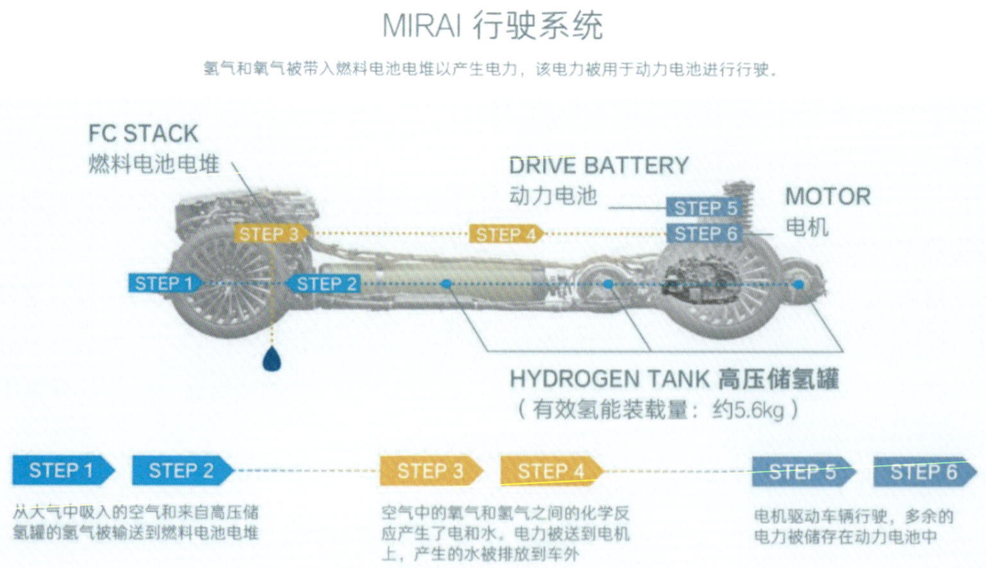

图5-3　丰田MIRAI的行驶系统

(参考资料：丰田中国官网，《氢能新时代先驱轿车》。)

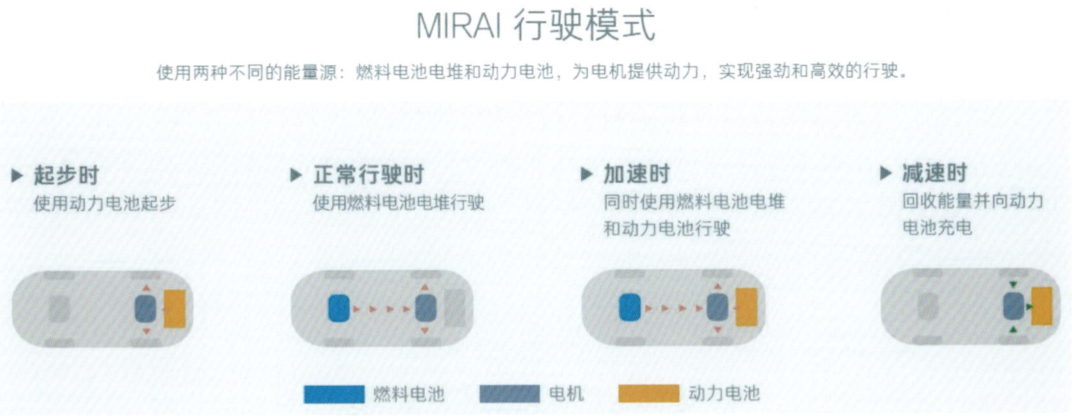

图5-4　丰田MIRAI的行驶模式

（参考资料：丰田中国官网，《氢能新时代先驱轿车》。）

此外，丰田致力于开发氢内燃机汽车。氢内燃机汽车搭载传统内燃机即发动机，并以氢气代替汽油作为燃料。通过在发动机中燃烧氢来驱动的内燃机汽车，几乎可以在行驶过程中不排出CO_2。丰田正在赛车场上大力推进氢内燃机汽车的实证检验（图5-5）。自2021年起，丰田一直使用高压氢（70 MPa）为氢内燃机的燃料，2023年已将燃料改为液氢。与2022年时的氢内燃机情况相比，储氢量从7.3 kg（气体）增加到15 kg（液氢），续航里程从54 km大幅增加到135 km。

图5-5　丰田研发的在赛车场上参赛的氢内燃机汽车

（参考资料：日本丰田汽车株式会社官网，《搭载氢燃料内燃机（液氢）的GR卡罗拉参加富士24小时拉力赛》。）

2. 日本本田技研工业株式会社（简称“本田”）

2002年，本田在美国研发出了全球首款获得美国环保厅和加利福尼亚大气资源局认证的氢燃料电池汽车“FCX”，并在美国和日本以租赁方式销售。2003年开发出了在零度以下也能启动的世界首个燃料电堆等，在技术方面引领了世界的氢燃料电池汽车的发展。本田于2024年7月19日推出了新型氢燃料电池汽车CR—V e:FCEV。CR—V e:FCEV是日本汽车制造商推出的首款具有可从外部充电的有插电功能的氢燃料电池汽车（图5-6）。

图5-6　本田最新推出的可充电的氢燃料电池汽车

（参考资料：本田技研工业株式会社官网，《新型燃料电池车CR-V e:FCEV发售》。）

CR—V e:FCEV既保持了氢燃料电池汽车具有的续航距离长和加氢时间短的特点，又通过增加在家庭和外出场所充电的功能，进一步提高了其使用的便利性。CR—V e:FCEV一次充满氢且充满电的行驶距离约为621 km。

5.1.2 氢能发展战略与相关法规政策

1. 全球首个国家层面的氢能规划——《氢能基本战略》

《氢能基本战略》是日本政府于2017年发布的，该《氢能基本战略》也是全球首个国家级别的战略规划。《氢能基本战略》是日本为了实现CO_2的减排目标，朝着实现氢能社会的方向迈进的重要施政方针。《氢能基本战略》制定后的第5年，即2023年，日本政府对《氢能基本战略》进行了修订。除了2017年提出的家庭使用氢能之外，2023年的修订版在工厂、机械、陆海空运输手段等产业方面也有意扩大氢能应用。《氢能基本战略》提出，在日本，将在乘用车领域积累的燃料电池技术推广到商用车的同时，在港口装卸机械、铁路、船舶、飞机、机场车辆、建设机械、农林业机械、叉车等能发挥燃料电池特性的各种应用场景中，促进燃料电池的推广应用。有关部门也需共同致力于推进港口、机场等的整体脱碳化工作。此外，加氢站在各个领域的需求量会不断扩大（图5-7），政府也将推进加氢站形式的多样化。

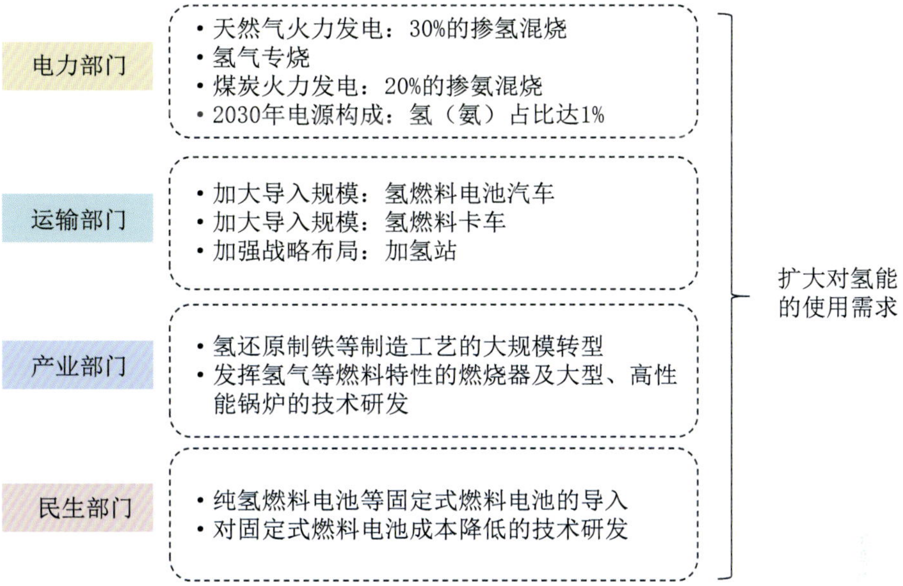

图5-7 日本将扩大各个领域氢能使用场景

（参考资料：2022年日本经济产业省资源能源厅相关资料。）

因为氢是氨、甲烷等的原料，因此《氢能基本战略》也把氨、甲烷等作为该战略的作用对象，根据它们各自的长处、存在的问题以及研发时间轴来战略性地引入，进而促进碳中和目标的实现。

根据《氢能基本战略》，为了加速实现氢（氨）社会，目前设定的氢气供应量（含氨）目标为，由当前的2×10^6 t/年，实现到2030年达3×10^6 t/年（表5-2），2040年达1.2×10^7 t/年，2050年达2×10^7 t/年。从促进氢能应用的角度，需要实现低廉的氢（氨）供给方式。《氢能基本战略》设定氢供给成本（到岸价格[1]）——具体是，在2030年为30日元/Nm^3[2]（约334日元/kg），2050年为20日元/Nm^3（约222日元/kg）；关于氨的供给成本（到岸价格），提出了2030年换算成氢气，达到15～19日元/Nm^3的目标。近年来，化石燃料价格变动较大，2023年3月的液化天然气（LNG）价格换算成氢气供应成本为24日元/Nm^3，该氢气供应成本目标与近年来的化石燃料价格目标相近。然而，氢气价格当前为100日元/Nm^3，约为液化天然气价格的4倍。在日常生活中，普及氢能的使用方式会促进形成“大量供应、大量消费”的良性循环，进而有助于氢气价格的降低。

日本政府也在完善大规模、强韧化的供应链构建方面的相应制度。即使在氢能的未来前景并不完全明朗的情况下，也能在2030年前先于其他经营者自行承担风险并进行相应投资，进行低碳氢或低碳氨生产供应的经营者，政府将基于“S+3E”原则来战略性地选择较优良的供应链，对该类经营者提供氢或氨基准价格[3]和参考价格[4]之间的差额，部分

① 到岸价格：成本之上，加运费和保险费之后的费用。

② Nm^3为标准立方米，表示在0℃、1个标准大气压（101.325 kPa）、干燥状态下的气体体积。

③ 基准价格：经营者能够恰当收回继续经营的成本，预期能获得合理收益的价格。

④ 参考价格：现有燃料的平价。

或全部进行长期的补贴。“S+3E”原则是指：S（Safety，安全性）+ 3E（Energy Security：能源安全保障，Economic Efficiency：经济效益，Environment：环境适合）所构成的原则。

表 5-2 实现氢能社会的相关发展目标

氢（氨）能社会的形成	2030 年	2050 年以后
减碳目标	−46%（与 2013 年相比）	实现碳中和
氢气供应量	3×10^6 t/年	2×10^7 t/年（2040 年：1.2×10^7 t/年）
氢燃料电池汽车	80 万辆	
加氢站	1 000 座	
家用燃料电池 ENE−FARM	530 万台	
供应成本（氢）	30 日元/Nm^3≈334 日元/kg	20 日元/Nm^3≈222 日元/kg
供应成本（氨）	15～19 日元/Nm^3	
电解水设备导入量（国内外、日企）	15 GW	
氢能发电成本	17 日元/kWh	
氢能发电装机容量	1 GW	15～30 GW
氢混（专）烧发电	天然气发电：30% 掺氢混烧、氢气专烧	
氨混烧发电	煤炭发电：20% 掺氨混烧	
电力来源构成占比	1% 由氢和氨来供应	10% 由氢和氨来供应

（参考资料：日本可再生能源、氢能等相关阁僚会议，《氢能基本战略》（2017 年出台，2023 年修订）；日本经济产业省，《第 5 次能源基本计划》；日本经济产业省，《第 6 次能源基本计划》。）

2. 政策原文

（1）氢燃料电池船的研发及导入：在交通运输领域，船舶是低碳化推进比较困难的领域，今后将通过推进包括燃料电池使用在内的电动化举措等，来消减 CO_2 的排放量。因此，为了充分利用燃料电池的静音性，首先推行休闲船、游船、渔船等小型船舶的燃料电池化，在制定氢燃料电池船相关的安全方针的同时，也需要制定推广其使用的发展路线图。以此为基础，使用实际的船舶进行实证试验，从性价比高的船舶类型开始推广。（2017 年《氢能基本战略》）

（2）废塑料、污泥制氢：作为低碳氢的供给来源，未被利用的地区资源（废塑料、下水道的污泥等）的充分利用也要受到重视。（2017 年《氢能基本战略》）

（3）氢气发电与国际氢气供应链构建将在 2030 年左右实现商业化：2030 年左右的目标是氢气发电成本达到 17 日元/kWh，为此所需的氢气供应量预计为每年 3×10^5 t 左右（2023 年修改目标为 3×10^6 t/年），氢能发电装机容量约为 1 GW。此外，在考量环境价值的基础上，以实现与现有液化天然气（LNG）火力发电同等的价格竞争力为目标。为此，所需的氢气供应量，预计为每年（5～10）$\times10^6$ t，氢能发电装机容量约为 15～30 GW。

氢气发电是在天然气火力发电中混合烧氢或专烧氢气来发电的技术。氢气发电会大量使用氢气，因此会促进氢的低成本化的实现。(2017年《氢能基本战略》)

(4) 重视政府一民间的协商机制，制定明确的氢燃料电池卡车的发展路径：在商用车领域，特别是氢燃料电池卡车普及化过程中，会出现以下三重困境："需求量预测不明的情况下，汽车制造商就无法制定相应的生产投资计划""氢燃料电池汽车的导入数量不明朗的情况下，加氢站运营商就无法制定对应的加氢站投资建设计划""没有氢燃料电池汽车和加氢站，运输业从业者和收货发货方就无法制定货品具体的购买计划"。为了摆脱上述困境，通过相关人员参加政府一民间协商会的讨论，制定氢燃料电池卡车等的生产一应用的前景路线图，来明确氢能应用及发展的路径。(2023年《氢能基本战略》)

(5) 日本政府今后也将重点补贴商用车车型：一直以来，日本政府在氢燃料电池汽车的普及和加氢站的扩充两个方面推行补贴政策。今后，除了氢燃料电池汽车的乘用车车型之外，还将重点支持对氢需求量更多、更容易发挥氢燃料电池汽车优势的商用车车型。(2023年《氢能基本战略》)

(6) 公用车领域也将加大导入氢燃料电池汽车的运用：除氢燃料电池卡车、公共汽车、出租车、出租类的汽车等商用车之外，警车等公用车型也将成为今后氢气需求量较大的领域。因为上述领域能充分利用氢燃料电池汽车与电动汽车相比的续航里程长、充氢时间短等优点。(2023年《氢能基本战略》)

(7) 加大"氢内燃机汽车"的研发力度，实现氢燃料电池汽车及加氢站的普及目标：将氢作为内燃机燃料使用的"氢内燃机汽车"也将在乘用车领域被大力进行研发，政府和民间将共同努力来扩大移动交通领域对氢的需求的增加。通过这些措施，到2030年，折算成乘用车的普及量目标为80万辆左右(氢气消耗量每年8×10^4 t/左右)；加氢站方面，到2030年实现1 000座左右的建设目标。(2023年《氢能基本战略》)

3.《氢能基本战略》制定背景

2017年的《氢能基本战略》是以确立氢能技术、在世界上率先建立起国内氢能市场为目的而制定的。然而，预计到2050年，世界氢能市场将获得2.5万亿美元/年的收益，并创造3 000万人的工作岗位。因此，不仅要考虑日本国内市场，还要考虑海外市场进行战略调整。自2017年的《氢能基本战略》发布以来的5年期间，如下两个背景促进了2023年《氢能基本战略》的修订工作：

第一，2020年10月，日本政府发布了"2050年实现碳中和"宣言。基于该宣言修改的《第6次能源基本计划》中提出了2030年的电力来源构成的1%左右由氢和氨提供的表述。氢和氨，既是肩负未来使命的新能源，也是电力供给的重要能源。从氢转换生成的甲烷和氨等合成燃料也是脱碳所需的能源，与氢一样，对其的相关研究需要同时推进。此外，作为"2050年碳中和宣言"的配套措施，2兆日元的绿色创新基金(GI基金)被设立，投入约8 000亿日元用于氢能相关技术，进行商业化所需要的技术研发和实证试验。宣言宣布到2050年之前，建立以氢能为主要能源体系的社会发展模式。

第二，日本通过绿色转型（GX），来同时实现能源的稳定供给、经济增长和国际产业竞争力的提升以及脱碳这三个目标。在“成长导向型碳定价构想”之下，至2033年之内，政府和民间将调动超过150万亿日元的GX相关投资，由国家首先提供20万亿日元规模的前期投资来进行支持。今后，也将继续加强氢和氨的大规模且强韧的供应链的建构和供给基础设施的完善措施。日本的氢能社会的步伐，正在从技术研发阶段迈向商业化阶段，能否实现氢能社会将决定国家竞争力的强弱。因此，对氢能相关技术的进展状况，日本政府将比之前更加关注，会定期进行科学的评估，同时合理分配政策资源。政府通过明确今后的发展规划，最大限度地促进民营企业的投资。

4. 2024年日本经济产业省“氢燃料电池汽车氢气供应设备设置补助项目”概要

日本经济产业省委托给一般社团法人新一代汽车振兴中心执行的“氢燃料电池汽车氢气供应设备设置补助项目”，其设立的目的是通过促进氢燃料电池汽车等的氢气供应设备、设施的建设，实现以交通运输部门为中心的CO_2排放量的削减。

该补助项目针对法人及个体经营者（包括地方公共团体及地方公共团体出资的法人，包括联名），对他们为氢燃料电池汽车等提供氢作为燃料所需的设备的安装、维护费用的一部分进行补助。该补助项目是依托经济产业省“促进清洁能源汽车普及的充电、充氢基础设施等导入补助金”实施的。

补助金额设定方面，如表5-3所示，补助金额按照加氢站等氢气供应设备规模、氢气供应能力、氢气供应方式等，设定不同的补助率以及补助金额上限。氢气供应能力为500 Nm^3/h以上的大规模加氢站，补助率能达到2/3，补助金额上限达4.5亿日元。此外，氢气集中液化设备的补助率达1/2，最高可达25亿日元。补助金发放上限额的确定是将根据表5-3中不同氢气供应设备供应能力等的补助率计算的金额与补助上限额相比，取两者中较低的金额。此外，大规模、中规模Ⅰ和中规模Ⅱ的最高补助金额与“可选项”的最高补助金额合计，合计后的适用于补助对象经费的最终补助率由供应方式来决定。

5. 日本经济产业省的“促进清洁能源汽车推广项目补助金”概要

一般社团法人新一代汽车振兴中心根据日本经济产业省的“促进清洁能源汽车推广项目补助金”，办理清洁能源汽车补助金相关的业务手续等。新一代汽车振兴中心，针对地方公共团体、其他法人（独立行政法人[①]除外）、个人等购买清洁能源汽车所需经费的一部分，按照一定标准提供补助金，并在预算范围内支付。但是该车辆购买所需费用的消费税及地方消费税不包含在补助经费中。补助金额如表5-4所示，按照不同品牌和车型，发放不同的补助金。根据车辆不同的注册时间，补助金额可能会有所调整。氢燃料电池汽车的补助金在汽车零售价的18%～35%范围内。目前，本田

① 独立行政法人是指对于公共性较高的事务，虽然国家不需要直接实施，但是委托给民营企业有可能不被实施，因而委托其实施的法人。

汽车公司(本田技研工业)销售的售价为730万日元的CR—V汽车,补助金为255万日元,达到约为35%的补助率,为2024年4月1日以后注册的氢燃料电池汽车的补助率最高的车型。

表5-3　经济产业省针对加氢站补助上限额一览

<table>
<tr><th>氢气供应设备规模</th><th>氢气供应能力(Nm³/h)</th><th>供应方式</th><th>补助率</th><th>补助上限(百万日元)</th></tr>
<tr><td>大规模</td><td>500以上</td><td>—</td><td>2/3</td><td>450</td></tr>
<tr><td rowspan="2">中规模Ⅰ</td><td rowspan="2">300以上500以下</td><td>“内置主要设施的包装箱”类型</td><td>2/3</td><td>250</td></tr>
<tr><td>非“内置主要设施的包装箱”类型</td><td>1/2</td><td>250</td></tr>
<tr><td rowspan="2">中规模Ⅱ</td><td rowspan="2">50以上300以下</td><td>“内置主要设施的包装箱”类型</td><td>2/3</td><td>180</td></tr>
<tr><td>非“内置主要设施的包装箱”类型</td><td>1/2</td><td>180</td></tr>
<tr><td colspan="2" rowspan="5">可选项
(移动式和小规模加氢站除外)</td><td>站内制氢设备(蒸汽甲烷重整SMR)</td><td rowspan="5">已建成:1/2;
新建:根据氢气供应设备规模和供应方式决定</td><td>60</td></tr>
<tr><td>站内制氢设备(电解水)</td><td>150</td></tr>
<tr><td>液氢相关设备(储存、供给)</td><td>40</td></tr>
<tr><td>设有两个车道或增设了新车道(包含增加加氢机等配套设备的配置升级)</td><td>200(大规模)
100(中规模)</td></tr>
<tr><td>远程监控设备</td><td>10</td></tr>
<tr><td rowspan="2">移动式</td><td rowspan="2">50以上300以下</td><td>移动式</td><td>1/2</td><td>130</td></tr>
<tr><td>移动式加氢站的新设、运营场所的改变</td><td>2/3</td><td>33</td></tr>
<tr><td>小规模</td><td>50以下</td><td>固定式</td><td>2/3</td><td>100</td></tr>
<tr><td colspan="3">氢气集中制取设备(每台供应方氢气供应设备;上限为10台)</td><td>1/2</td><td>60</td></tr>
<tr><td colspan="3">氢气集中液化设备</td><td>1/2</td><td>2 500</td></tr>
</table>

(参考资料:新一代汽车振兴中心,2024年“氢燃料电池汽车氢气供应设备设置补助项目”预算。)

注:(1)“包装箱”是将压缩机、蓄压器、冷却器(冷冻机)等主要设备内置于1或2个外壳内的设备形态。

(2)移动式和中规模以上的氢气供应设备(不包括小规模)需要具备以恰当的方式,在3 min左右将5 kg(约56 Nm³)的氢气填充到70 MPa的氢燃料电池汽车的能力。

(3)大规模的氢气供应设备需要具备在10 min左右,以恰当的方式在70 MPa的氢燃料电池公交车中填充15 kg(约167 Nm³)的氢气的能力。

(4)小规模氢气供应设备需要具备以恰当的方式,在10 min左右为70 MPa的氢燃料电池汽车填充3 kg(约34 Nm³)氢气的能力。同时,能连续每日拥有供应3辆以上氢燃料电池汽车的能力。

表 5-4　经济产业省针对氢燃料电池汽车的部分购买补助金

分　类	品　牌	车名+车型		零售价（百万日元）	补助金（百万日元）
氢燃料电池汽车（普通汽车，2024年4月1日以后注册）	丰田汽车	皇冠	ZBA-KZSM30	7.5	1.363
		未来 MIRAI	ZBA-JPD20	7.8	1.453
		未来 MIRAI	ZBA-JPD10	6.7	2.320
	现代汽车	NEXO	ZBA-FE120	7.1	2.155
	本田技研工业	CR-V	ZBA-ZC8	7.3	2.550

（参考资料：新一代汽车振兴中心，《CEV 补助金》。）

5.1.3 主要制氢技术

2023年，日本的氢气年均供应量（包含燃烧氨等）为2×10^6 t左右，氢气主要由石油炼油厂等以1.93×10^6 t/年的供应量来提供，日本的氢气主要来源为在工厂等作为副产物产生的氢气（工业副产氢），以及基于天然气、液化石油气（LPG）等的重整氢，这类灰氢也被用于能源用途。追根溯源，这些氢的原料都是从海外进口的化石燃料中提取的。

（1）低碳氢和低碳氨的概念：国际能源署（IEA）的报告指出，除了根据蓝氢、绿氢等标准，也需要重视将以CO_2的排放量为基准的“碳密度”作为基础的供应链构建。日本政府规定：在制造1 kg氢的过程中，从原料生产到从氢气制取装置排出的CO_2的量小于3.4 kg CO_2e的氢被定义为“低碳氢”。此外，低碳氨以氢为原料，每千克的氨生产时（包括氢生产）的CO_2排放量在0.84 kg CO_2e以下的氨被定义为“低碳氨”。日本的计算基准与国际标准保持一致的同时，也考虑到日本的地理条件，对在国外制取的氢气的长距离运输和向氢载体的转换、氢的分离回收的过程中排放出的CO_2也进行相应评估。通过最大限度地减少氢能全生命周期（LCA）的CO_2排放量，为解决全球化的环境问题作出贡献。

（2）在氢能供应链上游（电解水设备）方面进一步提升日本的影响力：到2030年，全球电解水设备的装机量将有望达到134 GW。日本政府致力于企业的相关产品能够进入氢能供应链上游的相关市场，在全球能源供应方面提升日本的影响力。2030年，日本相关企业（包括原材料制造商）在国内外的电解水装置的导入目标重新设定为15 GW左右。

（3）与CCUS（碳捕集、利用与封存）类碳循环利用技术相结合的制氢相关环境的完善：在制取低碳氢的过程中，伴随使用天然气、重整褐煤和使用化石燃料产生的电力来电解水制氢，会产生CO_2，回收这些过程中产生的CO_2，把其作为资源进行再次利用或者直接进行地下封存，诸如此类的碳循环利用的措施是不可或缺的。在CCS（碳捕集与封存）

方面，预计到2030年确保其年封存量实现1.2×10^7 t。

（4）氢载体的加大研发及使用：作为氢气的运输形式，可以使用液氢、甲基环己烷（MCH）和氨等。但上述载体各有优点和需要克服的问题，需要从长远角度分析哪一种更具优势，目前还没有形成定论。此外，还可能根据产业、运输、发电等不同的氢能利用形式进行选择，根据不同的用途来分别反向决定氢气的载体种类。因此，在促进上述各种运输方式相关的技术迭代创新的同时，需要综合考虑国际运输成本、国内配送成本、脱氢等能源转换成本、全生命周期的CO_2排放量、安全性等因素进行全方位的评估。同时，在定期科学评估技术研发情况的同时，也把相关研发状况作为研发资源分配的判断依据。

5.2 安全监管政策体系

5.2.1 氢能安全监管相关的法律法规及政策制定

“氢能安全战略”是2023年6月修订的《氢能基本战略》中加入的部分。在氢能的大规模使用开始之前，放眼2050年的长期发展，“氢能安全战略”为政府及民间团体今后5至10年构建覆盖整个氢供应链的安全制度体系的行动指南。在“氢能安全战略制定研讨会”上，与会人员就氢能安全体系的理想发展状况、氢能专门法律体系的构建、以风险为基础的技术标准等作了讨论。

现阶段，关于加氢站的建设和运营方面的安全保证，涉及各类相关法规和技术标准及规范等。加氢站的安全管理相关的法律有：《高压气体安全法》《消防法》《建筑物标准法》《劳动安全卫生法》《石油联合企业等灾害防止法》《道路运输车辆法》《道路交通法》《港口规则法》等。而在建筑物里安全地设置并储存氢气的方法所依据的安全法规方面，压缩氢气和液氢均涉及《高压气体安全法》《消防法》《建筑物标准法》，氨则涉及《剧毒法》和《消防法》。

其中，以高压氢等为燃料的汽车驱动用燃料系统，适用于《道路运输车辆法》《高压气体安全法》两项法律的规定，氢燃料电池汽车等需要基于两项法律的规定进行检查。而这些检查会给企业和用户双方在手续上产生一定负担，所以需要集中到《道路运输车辆法》进行一元化管理。因此，2022年6月政府修改了《高压气体安全法》等部分法律，去除了该法律中对氢燃料电池汽车方面适用的部分。与此同时，《道路运输车辆法》也对相关法令进行了修改。主要修改内容是通过在《道路运输车辆法》体系里增加了原本在《高压气体安全法》里规定的高压气体容器、附件的相关技术标准，在氢燃料电池汽车新车首次检查或后续检查时，需要进行高压气体容器、附件的试验等。

此外，日本政府也放宽了对加氢站相关的限制措施。加氢站的建设、运营适用《高压气体安全法》，对烟火距离、安全距离及使用部件等有严格规定。如果能在充分保证安全性的基础上进行严格的标准调整，就能削减加氢站的建设成本，加速普及。例如，缩短安全距离：《高压气体安全法》规定的8 m的加氢机到公路的距离自2018年4月起缩短至5 m；放宽储水槽的设置条件。储水槽是假设火灾、灾害发生时的应急设备，储水槽的设置条件有所放宽，自2018年4月起可以从上水道直接喷洒水。

"氢能安全战略"提出："今后将氢能发展明确分为技术开发及实证检验阶段、商业化应用阶段这两个阶段。在技术开发及实证检验阶段，使用现有的法令进行相关方面的快速应对；在商业化应用阶段，采取制定新的技术标准等永久性措施。届时，技术标准将在法令之间实现互通，即使适用的法令有所不同，所要求的安全标准却能实现统一化，从而最终构建出无缝衔接的氢能安全保障环境。从中长期角度，基于今后氢能应用的实际情况、产业规模、现行法令方面存在的问题、国际动向等，调整形成合理且恰当的氢能安全体系。"

此外，"氢能安全战略"也重点提出建立和培育第三方认证机构和检测机构。作为集结氢能技术、知识、经验的核心基地，在技术标准的讨论和制定、根据技术标准进行的技术评估和检测等方面，需要建立、培育第三方认证机构和检测机构来支撑整个氢能社会基础设施的发展。

5.2.2 氢能安全标准制定

根据日本产业标准调查会(JISC)的定义，标准化指的是"将因自由放任而变得多样化、复杂化、无秩序的事情少数化、简单化、秩序化"的过程。此外，标准被定义为通过标准化过程而制定的"决定"。

在国际标准方面，日本向国际标准化组织氢能技术委员会(ISO/TC197)及针对UN/GTR13(氢能及燃料电池汽车相关的世界标准原则)等积极提出方案及建议，致力于上述领域的安全要求和性能测试方法等国际标准的制定。氢能标准化委员会(ISO/TC197)是涉及与氢气的制造、储存、运输、测定及使用的系统、装置相关的标准化工作方面的专业委员会，成立于1989年11月。一直以来，其主要针对加氢站(设备)相关方面进行国际标准的开发及制定，日本在该领域发挥了全球先导作用。2016年2月，作为氢能标准化委员会(ISO/TC197)对应的日本国内审议团体，一般社团法人氢气供应使用技术协会(HySUT)成立。HySUT以促进氢能产业的健康发展为目的，通过进行有关氢能供给及使用的综合技术研发、调查研究以及科普等，力图确保稳定且安全的氢能供给，提升用户的满意度。HySUT主要涉及氢气使用技术研究开发项目、氢安全相关项目、氢能技术标准化项目等。该协会的会员有大型的能源公司(ENEOS、出光兴产、岩谷产业等)、汽车公司(丰田汽车、本田技研工业)、设备安装工程公司(千代田化工建设、日铁输油管&工程、川崎重工业等)、加氢站运营相关联盟或公司(三重县加氢站联合公司、日本加氢站网络联合公司)等共计46个单位(截至2024年10月HySUT官网数据)。随着氢能的广泛应用,氢能标准化委员会(ISO/TC197)也开始对电解水装置和氢气制造时的温室气体排放量计算方法等相关的国际标准开展制定工作。因此,从氢供应链的构建、可能涉及的氢相关产业等广阔的视角,具有前瞻性地探讨必要的国际标准化工作是其今后的重要工作方向。

此外,由日本主导并制定的《氢气及氢燃料电池汽车全球统一标准》(GTR)修订方面的讨论也在联合国的层面进行。日本将与技术开发和相关机构进行更加密切的合作,来继续保持在该方面的话语权及主导地位。例如,GTR13是2013年6月制定的关于氢内燃机汽车和氢燃料电池汽车安全性的世界统一标准。GTR13规定了压缩氢气容器的测试方法、氢气安全(正常使用情况、追尾情况)、电力安全的相关内容。适用车辆范围是乘客为9人以下的乘用车,车辆重量不超过4 536 kg。

日本政府在着力推进装载机械臂等相关设备国际标准化工作的同时,还将加大日本在国际标准化组织ISO/TC22/SC37(电动汽车)、IEC/TC105(燃料电池)、IEC/TC69(纯电动汽车及电动产业车辆)等国际标准中作为核心角色的参与力度,为国际标准的完善作出必要的贡献。此外,关于氢燃料电池汽车的国际标准,在联合国的汽车标准协调世界论坛(WP.29)上,日本政府和民间企业联手主导与安全性能和燃料消耗率性能相关的国际标准的制定和修改工作。

在国内,日本采用已经对其合理性和安全性进行验证过的国际标准等。此外,为了日本氢能相关产品能够更顺利地在海外市场推广,需要修改完善与加氢站和氢燃料电池汽车相关的国内制度与规定,例如,按照国内要求制造的加氢站相关装置。加氢站涉及的国内安全标准及规范有示例标准(省令①的补充)、日本工业标准(JIS)以及氢能标准化委员会(ISO/TC197)、高压燃气安全协会(KHK)、石油能源技术中心(JPEC)、日本产业及医疗气体协会(JIMGA)等所颁发的标准。JIS(日本工业标准)是以促进日本产业标准化为目的,以产业标准化法为基础而制定的国家标准。JIS如果被引用到法令的技术基准中,其在该法令中便具有强制执行力。

此外,还有关于加氢站的行业自律准则。例如,HySUT协会发布的下述指南:《HySUT—G0001(2024)氢气质量管理运用指南》《HySUT—G0002(2023)氢气计量管理运用指南》《HySUT—G0003(2024)加氢性能确认指南》《HySUT—G0004(2017)国际压缩氢气汽车燃料装置专用容器检测填充指南》《HySUT—G0005(2018)燃料电池工业车辆加氢技术指南》《HySUT—G0006(2021)加氢站标准化指南》。

在氢基能源方面,日本致力于推动能够控制氮氧化物排放的氨燃烧技术在内的燃料氨相关技术的国际标准化,向各国呼吁并推进具体方案。为了准确掌握日本在氨相关技

① 省:日本"部"级单位。

术方面的优势，制定能够抢占市场的国际标准，日本政府非常重视与民间企业的紧密合作。

5.2.3 氢能产业及其安全体系构建方面的各机构协同机制

基于氢能安全战略，日本设立了国家氢安全专项小组（图5-8）。为了找到应该优先着手修改的氢能安全规章制度，需要对与氢能安全相关的项目进展进行逐一确认，明确技术开发所需的事项，最后进行具体规定的修改，这一过程是非常重要的。因此，经济产业省、国立研究开发法人新能源产业技术综合开发机构（NEDO）、特别民间法人高压气体安全协会（KHK）联合设置了国家氢安全专项小组，针对氢能安全的制度体系的构建，定期进行研究讨论。其中，经济产业省涉及经济产业省产业安全组、经济产业省资源能源厅、经济产业省氢·氨科3个部分。该国家氢安全专项小组讨论的主要内容如下：

（1）根据国家预算（NEDO项目等），确认与氢能安全相关的项目进展。

（2）共享有关氢能安全的规定等信息。

（3）明确应该优先进行的与氢能安全相关的规章制度的修改及近期需要进行技术开发的必需事项。

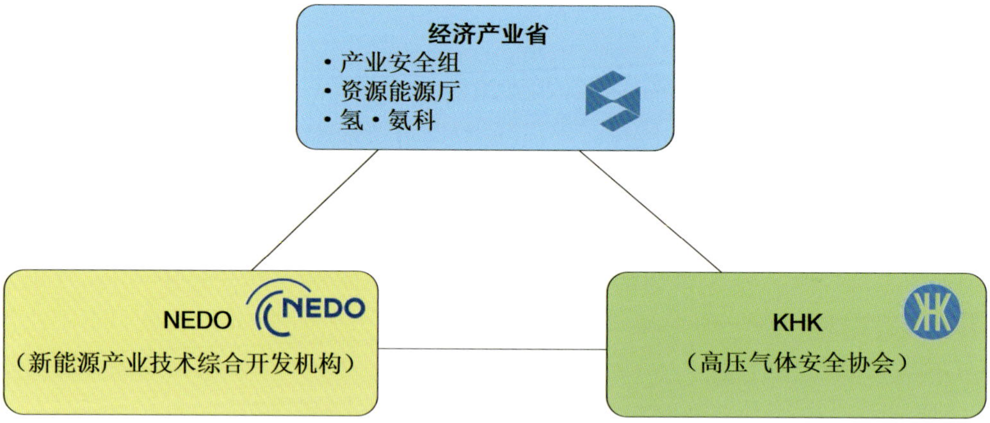

图5-8 日本国家氢安全专项小组的成员构成

（参考资料：日本经济产业省，《关于氢能安全的趋势》。）

经济产业省产业安全组在2023年6月设置了“氢安全门户网站”，对氢能安全相关信息进行一元化管理，对基于氢能安全战略的具体行动的进展情况进行发布，有相应咨询窗口的介绍、现有适用制度的推荐等。此外，新能源产业技术综合开发机构（NEDO）主要针对非化石能源、天然气和煤炭相关的技术，能源的合理化使用技术，矿业技术等方面，充分发挥民间力量进行研究开发，并促进上述技术的应用。同时通过对上述业务在国际上进行综合协调，以谋求产业技术的提高及相关技术的产业化推进。高压气体安全协会(KHK)于2021年2月设立了“氢气小组”,不仅为了在其一直从事的高压气体领域作出贡献,还为了在整个氢气供应链(制造、运输、储存、应用)方面作出贡献,扩大合作。KHK在2023年1月设立了“氢能中心”,出发点在于在国内外为实现碳中和而积极行动的背景下,为谋求相关体制的进一步强化,从产业安全和产业振兴两方面为氢能社会的实现作出贡献,需要积极而迅速地推进有关工作。近年来,为了顺应关于构建氢供应链的社会大趋势,KHK作为民间第三方机构,在技术验证、评价、标准化等方面发挥了越来越大的作用。为了实现以氢、氨为首的新能源给全社会带来的安全、安心的产品或服务,KHK作为专业安全技术机构,运用积累至今的技术及知识,为氢能社会的实现不断作出贡献。

5.3 地方层面氢能产业政策发展

5.3.1 总体概况

截至2024年9月,全国接受日本经济产业省“燃料电池汽车等创造新需求活动项目”的补助且正在运营的加氢站有157座(图5-9)。加氢站主要集中分布在中京圈(爱知县、静冈县等)和首都圈(东京都、神奈川县等)、关西圈(大阪府、兵库县、京都府等)和九州圈(福冈县、鹿儿岛县等)。

其中,丰田汽车的总部所在地爱知县的加氢站数量达35座,加氢站主要以中等规模(100～500 Nm^3/h)为主,有29座,占爱知县加氢站总数的83%。其余有3座大规模加氢站(500 Nm^3/h以上),也有移动式加氢站、小规模加氢站(50 Nm^3/h以下)等规模较为多样的加氢站。东京都的加氢站数量达21座,其中中规模加氢站(100～500 Nm^3/h)13座、大规模加氢站(500 Nm^3/h以上)7座、移动式加氢站1座。2023年,日本全国氢燃料电池汽车的数量为7 755辆。

5.3.2 东京都:针对绿氢使用企业认证及汽车共享业务等的补助

1. 绿氢使用领军企业认证制度

2024年4月东京都启动的绿氢使用领军企业认证制度(表5-5),对东京都内使用绿氢的企业进行认证,根据绿氢的使用量进行奖金的拨付,以促进企业对于绿氢的使用。每一年对上一年度的企业的实际情况进行认证。奖金在企业进行认证后,根据企业的申请进行支付(表5-5)。主要分为三种类型的认证:“本地型Ⅰ类”“本地型Ⅱ类”“外供型”。

认证类型的主要判断标准是，考虑企业在绿氢的制取过程中，是否使用可再生能源自行发电制取，绿氢是否在东京都内的厂房中制取等。关于外供型的认证，运输车辆需为零排放汽车类型ZEV（电动汽车或氢燃料电池汽车）。如果使用其他运输方式，需要抵消运输时产生的温室气体排放量。

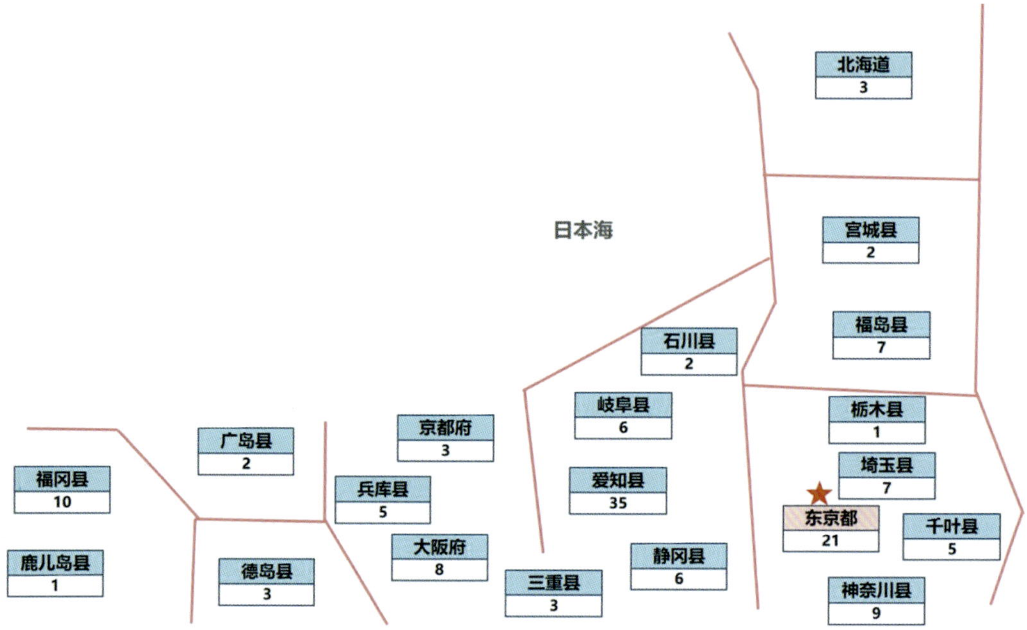

图5-9　日本加氢站的分布情况

（参考资料：一般社团法人新一代汽车振兴中心，《加氢站设置情况》。）

表5-5　东京都绿氢使用领军企业认证制度概要

<table>
<tr><th rowspan="2">认证分类</th><th rowspan="2">概　要</th><th colspan="2">必要条件</th><th rowspan="2">奖　金
（基准额：300日元/Nm³）</th></tr>
<tr><th>时间</th><th>使用量</th></tr>
<tr><td>本地型Ⅰ类
（本地生产、本地消费）</td><td>通过使用可再生能源来自行发电，在东京都内厂房的设施中制取、使用绿氢</td><td rowspan="3">年实际使用时间超过2个月</td><td rowspan="2">年实际使用量超过100 Nm³</td><td>基准额的2/3×使用量</td></tr>
<tr><td>本地型Ⅱ类</td><td>从外部获取可再生能源制取的电力，在东京都内厂房的设施中制造、使用绿氢</td><td>基准额的3/5×使用量</td></tr>
<tr><td>外供型</td><td>调配国内其他地区制取的绿氢，在东京都内厂房的设施中使用</td><td>年实际使用量超过500 Nm³</td><td>基准额的1/2×使用量</td></tr>
</table>

［参考资料：东京都产业劳动局，《绿色氢使用领导企业认证制度(2024)》。］

2. 加氢站及汽车共享业务等系列经费支持项目

东京都为了确保能源的稳定供应和脱碳化，正在努力扩大东京都内氢能的需求，并尽早实现社会的广泛应用。为了扩大加氢站的建设和构建新的业务模式，对于合并实施较低成本的35 MPa加氢站的建设、运营和汽车共享业务等的运营商，东京都政府提供一系列经费支持，并于2024年7月开始接受补助申请，本次补助项目时间设定为2024年至2026年，补助对象是民营企业等。补助内容包括加氢站建设费、加氢站运营费、氢燃料电池汽车购买费、汽车共享业务等启动费。

补助条件为：① 建设和运营加氢压力为35 MPa的加氢站；② 需要把条件①和汽车共享业务（汽车共享、出租车/出租汽车业务等）等合并实施；③ 汽车共享业务等方面，新增补助内容为氢燃料电池汽车（二手车除外）的购买费用等。

关于补助金额的设定：① 加氢站建设费方面，对大企业提供其建设费的4/5，对中小企业实行全额补助。补助金额上限为1.5亿～5亿日元（据氢气供给能力而定）。② 加氢站运营费方面，对大企业提供补助金额上限为500万日元、对中小企业的补助金额上限为1 000万日元。③ 氢燃料电池汽车购买费用方面，补助金额上限为300万日元/辆（不可与东京都另行实施的氢燃料电池汽车购买补助项目并行申请）。④ 汽车共享业务等启动费方面，补助率为其启动费的1/2，补助上限为500万日元。

5.3.3 福冈市氢先进城市项目——来源于下水沼气的氢气加氢站

福冈市面向氢能社会的实现，以振兴氢能相关产业为目的，推行“福冈市氢先进城市项目”，从扩大氢需求和供给两个方面采取各类措施。福冈市市政府于2015年开设了“世界首个”来源于下水沼气的氢气加氢站（图5-10）。该加氢站从居民每天排出的生活废水（下水）中制造氢气，供氢给氢燃料电池汽车等。居民的生活废水每天都能够稳定地收集，是可以从居民日常生活中稳定获取的都市型“资源”，因此来自废水的氢气可以稳定地供应。城市污水处理厂制取的氢气用于当地的氢燃料电池汽车和居民生活用电，因此可以实现能源的“地产地消”模式，该项目具有从福冈市推广到全国乃至全世界的巨大潜力。

2014年，该项目被国土交通省“下水道革新技术实证工作”采纳。项目主要由福冈市市政府、九州大学、丰田通商株式会社和三菱化工机株式会社以“政-产-学”模式共同推进。福冈市主要负责加氢站等实证试验的场地的提供、下水沼气的提供以及其他相关支持；九州大学承担对下水沼气中的微量成分（杂质）对氢气制取过程影响的评估工作；作为民营企业的丰田通商和三菱化工机，分别负责对加氢站的经营效益的评估，加氢站的设计、建设，氢气制取，CO_2分离技术等方面（图5-10）。

2022年9月，该加氢站被改造为商业化加氢站，由福冈市市政府与民营企业共同运营。从2024年4月起，加氢站工作日增加到每周6天，氢气价格为1 210日元/kg。该加氢站的经营者统称为福冈市绿氢使用推进协议会。该协议会除了负责福冈市加氢站的运营外，还进行加氢站的成本降低和需求面开拓等方面的研究。福冈市绿氢使用推进协议会成立于2022年8月，是为了实现零碳社会，基于政府-民间合作机制，以共同应对今后加氢站运营和氢气普及所面临的问题为目的而设立的。该协议会由福冈市市政府（设立秘书处）和5家民营企业（西部燃气、正兴电机制作所、丰田通商、西日本设备工业、三菱化工机）共同成立。此外，该协议会还与九州大学签署了福冈市绿氢使用合作协议，共同推进氢能社会的实现。

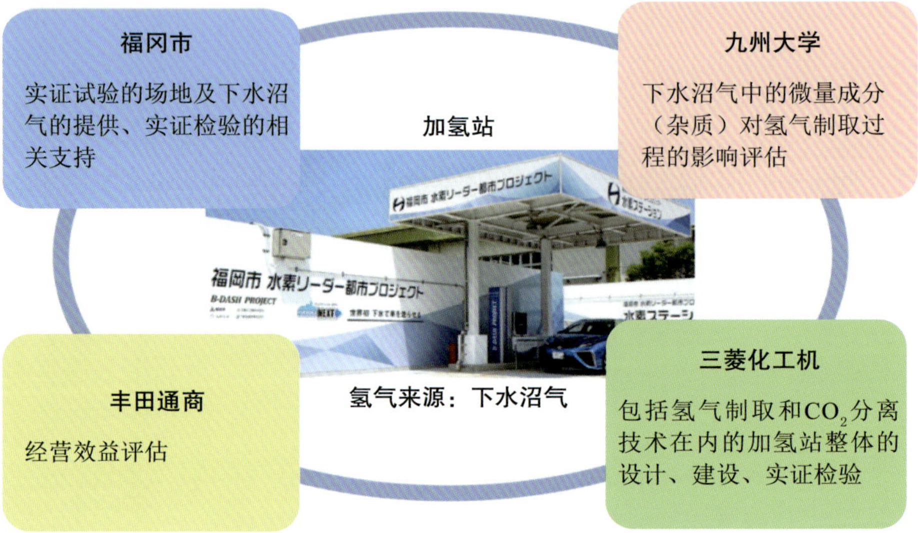

图5-10　福冈市来自下水沼气的氢气加氢站

（参考资料：三菱化工机新闻，《福冈市"氢先进城市项目"》。）

关于福冈市推进下水制氢项目的实施背景，2015年5月修订的《下水道法》规定，下水道管理者有义务推进使用下水道污泥能源化。从下水道污泥中制取的氢气，与生产时排放CO_2的来源于化石燃料的氢气相比，对环境的影响有所降低。此外，通过充分使用当地资源，也能实现能源的"地产地消"等。2021年，在超级耐久系列比赛中，搭载氢内燃机的赛车的燃料使用了福冈市从下水道制取的氢气，这是福冈市与丰田的首次合作。

福冈市正在推进符合城市特点的氢气推广项目。日本十大都市之一的福冈市，并不是大型工厂林立的地区，而是有国际机场、新干线（日本高铁）的主要车站和国际港口，是常年客流量相对较大的城市。因此，福冈市内的行业约9成是服务业，生活废水也随之大量产生。在这样的产业结构背景下，福冈市选择了从当地的下水道中提取氢气，并在当地消费氢能的地产地消的路径（图5-11）。

从生活废水中提取生物气体（沼气、CO_2等），再从这些生物气体中提取氢气，储存在污水处理厂（图5-11）旁边的加氢站，该加氢站可以给氢燃料电池汽车等提供氢气。加氢站旁边的福冈市中部水处理中心每天处理约40万人的生活污水。水处理中心制取的氢气每天约为3 300 m^3，可以为约65辆氢燃料电池汽车加满氢。而日本从下水道污泥中，可以制取的氢气量推算为 $1.3\times10^8\ m^3$/年，可以为氢燃料电池汽车加满氢气270万次。此外，从生物气体中提取的CO_2经过液化回收，可以有效利用于温室栽培方面。

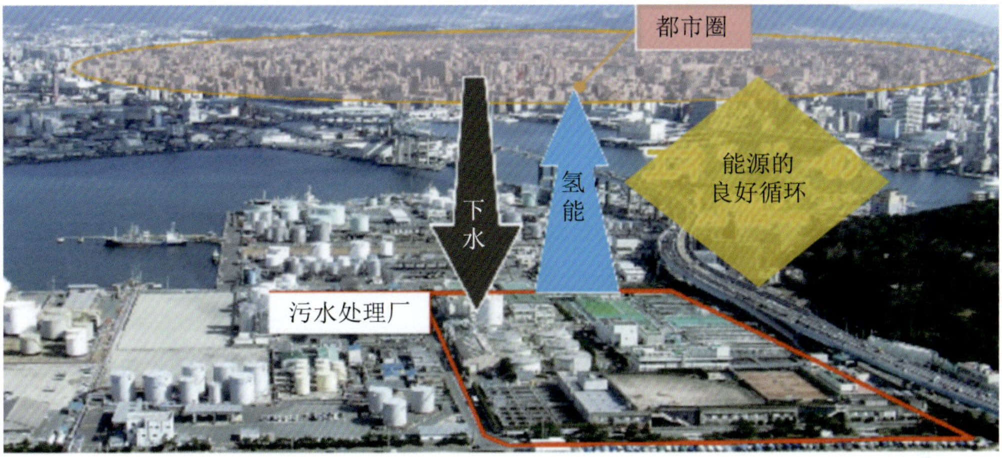

图5-11　福冈市的氢能“地产地消”模式

（参考资料：日本福冈市市政府资料。）

5.3.4 爱知县

名古屋港是日本代表性的国际贸易港。1907年开港，拥有4市1村（名古屋市、东海市、知多市、弥富市、飞岛村），有 $4.301\times10^7\ m^2$的陆域面积和 $8.167\times10^7\ m^2$的水域面积，与世界约170个国家和地区互通。2023年，该港口吞吐量为 1.58×10^8 t，连续22年排名日本第一。贸易额约为22.51万亿日元，位居日本国内第2位。

名古屋港于2024年3月制定了《名古屋港港湾脱碳推行计划》，为了推动碳中和港口（CNP）的建设，名古屋港与相关方进行合作，以此减少温室气体的排放量。在此背景下，名古屋港管理工会为了促进能够换装氢燃料电池的装卸机械等的引入，在推行名古屋港脱碳化工作的同时，努力促进名古屋港新价值的创造和国际竞争力的强化，创设了“名古屋港氢燃料电池换装型装卸机械等导入促进项目补助金”（下文简称为“氢燃料电池换装补助金”），并在2024年8月至2025年2月期间公开募集。

名古屋港管理工会成立于1951年，是为了开发名古屋港并将名古屋港发展为国际港湾，以爱知县及名古屋市为基础而设立的特别地方公共团体。作为名古屋港的港湾管理者，参与名古屋港从开发、运营到未来规划制定等多方面的业务。管理者由爱知县知事或名古屋（爱知县首府）市长担任，每两年更换一次。名古屋管理工会的运营经费由爱知县和名古屋市各承担50%。

该氢燃料电池换装补助金针对以下在名古屋港使用的轮胎式门式起重机（RTG，图5-12）的推广工作：

（1）换装成在名古屋港使用氢燃料电池的RTG。

(2) 在名古屋港使用氢能运转的RTG。

补助对象：

(1) 名古屋港集装箱基地的运营管理公司或与该公司类似的名古屋港管理工会的管理者(以下称为“管理者”)承认的企业。

(2) 在名古屋港从事经营的港口运输企业，或者被管理者承认与该企业类似的企业。

图5-12　轮胎式门式起重机(RTG)

(参考资料：日本名古屋港宣传片。)

补助经费主要包括：① RTG型起重机的购买经费；② 参照发放氢燃料电池换装补助金的补助目的，管理者认为的必要的经费。补助率方面，每台RTG的补助金额是与购买常规RTG相比经费差额的1/3，并且需要扣除该补助金之外的国家、县(包括市町村)等各级政府发放的补助金。补助上限为1 000万日元。

5.4　氢能产业典型实践案例

5.4.1　液氢的海上运输

褐煤(图5-13)是分布在大地上未被使用的丰富资源，占世界煤炭埋藏量的一半左右，是煤化程度非常低的低品位煤炭(直接利用经济性差、环境成本较高的煤炭)。因为褐煤含有大量的水分和较多杂质，重量很重热值却很低。一旦接触空气或者处于干燥环境就会有自燃的风险，不适合被直接运输和储藏，仅限于在开采地使用。

图5-13　澳大利亚的褐煤

（参考资料：HySTRA，《澳大利亚和日本前沿氢供应链实证检验项目》。）

澳大利亚的拉特罗布山谷里的电厂煤田面积达6×10^7 m^2。仅澳大利亚的褐煤可以满足日本几百年的能源需求。澳大利亚和日本的前沿氢供应链实证检验项目（以下简称"澳-日液氢海上运输项目"）于2022年2月完成了世界首艘液氢运输船的大规模海上运输任务。该项目内容是在澳大利亚制取氢气并进行液化，经过约9 000 km的海上运输，运至兵库县神户市。该项目涉及的Suiso Frontier液氢海上运输船①一次可以运送1 250 m^3的液氢（相当于约15 000辆氢燃料电池汽车一次加满氢所需的量）。从这些未被使用的褐煤资源中制取大量且价格低廉的氢气，是开展该项目的重要意义。

"澳-日液氢海上运输项目"主要由HySTRA机构成员实施。该机构是致力于推进零碳氢供应链的企业联合体，目标是建立高效使用褐煤的氢气制造、运输、储存、使用的不排放CO_2的氢气供应链（使用碳捕集、封存技术），以2030年左右实现商业化应用为目标研发相应技术及开展实证检验。机构主要由新能源产业技术综合开发机构（NEDO）的"由未被充分使用的褐煤制氢大规模海上运输供应链构建实证项目（2015—2022年）"的实施单位组成。该项目起初由岩谷产业、川崎重工、壳牌日本、Jpower 4家公司建立，丸红、ENEOS、川崎汽船之后也参与了该项目。

Suiso Frontier船2021年12月从日本的港口出发，2022年1月抵达澳大利亚，装载用褐煤制取的氢气，于2022年2月返回日本。Suiso Frontier船有一个1 250 m^3的储罐，在真空密封膜层的覆盖下将氢气以液态的方式保存。在气化煤提纯氢气的过程中（图5-14），分离回收了CO_2。氢在-253℃的极低温度下，从气体变成液体以液氢方式来运输，体积会缩小到原来的1/800。体积的减小将极大地提高运输和储存的效率，使更多的氢气能够被输运。

Suiso Frontier船是基于日本长期的技术积累（保持极低温环境技术和氢能相关技术）而新研发的海上运输船。结合了约40年前日本首次研发的液化天然气（LNG）运输船的极低温技术、JAXA种子岛宇宙中心提供火箭燃料用的液氢储罐（图5-15）的建造和运用技术。在这些氢能相关技术的支持下，Suiso Frontier船才实现了在-253℃极低温

① Suiso Frontier船是由总部位于兵库县神户市的川崎重工建造完成的。

环境下海上运输液氢储罐。

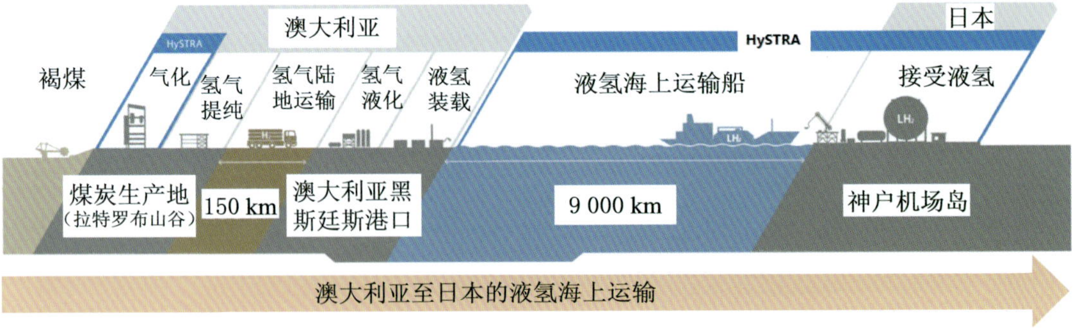

图5-14　澳大利亚和日本的前沿氢供应链实证检验项目

（参考资料：HySTRA，《澳大利亚和日本前沿氢供应链实证检验项目》。）

图5-15　日本种子岛宇宙中心内的液氢储罐

（参考资料：川崎重工，《日本国内最大液氢储罐》。）

发展液氢技术具有以下优势：① 液氢的体积约为气态氢的1/800；② 液氢通过气化更容易提取纯度较高的氢气；③ 液氢所需要的基础设施与液化天然气（LNG）相同，在技术上具备连贯性[①]；④ 液氢在日本国内的储运设施已经配备完毕等。另一方面，液氢比液化天然气需要的温度更低，因此需要完善与其海上运输、装卸、储存相关的新型基础设施，并进行相应的技术研发。

① 川崎重工于1981年建造了日本第一艘LNG运输船（−162℃），引领了海上运输低温技术。

液氢的特点是，在接收地不会因载体转换而产生能耗，并且能提取高纯度的氢气(99.999%)，可以直接用于燃料电池和运输设备等产业领域。为了不让液氢蒸发，而以液体的形式长期储存，必须维持−253℃的极低温状态。一直冷却如此大量的液氢，其运维成本非常大。需要采用类似巨大保温瓶的保冷构造设计，即在装载了液氢之后，要抑制温度上升并持续储存。川崎重工以低温储槽的绝热保冷技术实现了液氢储罐的技术要求。在普通的容器里装满液氢，氢气会迅速蒸发。而为了防止蒸发的氢气导致罐内压力上升，只能将其释放到大气中。能够尽可能降低类似损耗的关键就在于罐体的设计。液氢储罐是双重构造，外层和内层之间保持着真空状态，且在该空间里填充了珍珠岩建材。所以外部的热量几乎传不到内层。该种子岛宇宙中心液氢储罐自1987年建造以来一直在被使用，其隔热保冷性能至今没有任何退化。经过长达30余年，还能保持隔热保冷能力，主要归功于运用了减少外部热传导的结构设计、长期保持真空的高品质焊接等制造工艺。该液氢储罐的蒸发率从建造之初开始就没有发生任何变化。

关于液氢运输船的安全标准，日澳联合提出的暂行标准在2016年获得国际海事组织(IMO)的采纳。基于上述实证结果，日本将制定未来商用船舶的国际标准，确保大规模液氢的稳定运输。此外，通过开发该Suiso Frontier船而获得的液氢处理方法、风险评估、安全对策等开发设计方面的技术，已经应用到2024年正在研发的用于输送大量氢气的“1.6×10^5 m^3液氢运输船”①的工作中(图5-16)。实证检验后的相关技术也于2022年4月获得了由日本海事协会颁发的“基本设计许可证”。日本将进一步推进氢运输技术等迈向大型化、高效化方向的技术研发，制定商用船舶的国际标准，推动向日本输氢的供应链体系在市场中尽早建立。

图5-16 川崎重工正在研发的1.6×10^5 m^3液氢运输船

(参考资料：氢能委员会，《高效氢气运输的开创性努力：川崎重工为未来可持续发展提供创新动力》。)

此外，日澳间大规模绿氢(液氢)供应链的建立也在推进中。日本的岩谷产业、川崎重工、关西电力、丸红以及本部在澳大利亚的能源基础设施企业斯坦威尔有限公司、APT

① 船体全长约346 m、宽约57 m、吃水深度达9.5 m。储罐总容积为1.6×10^5 m^3，即由4座4×10^4 m^3的储罐构成，可装载约1×10^4 t吨液氢。

管理服务Pty有限公司共计6家企业，在澳大利亚昆士兰州格莱斯顿地区，就可再生能源大规模制氢、液化后出口到日本的项目，共同开展其商业化应用方面的调查。该项目以建立长期稳定且价格低廉的氢气制取及供应体系为目标，预计在2026年左右，实现氢气供给规模超过100 t/日，2031年以后实现超过800 t/日（表5-6），约是日本目前液氢供应规模的27倍。

表5-6　日澳间大规模绿氢（液氢）供应链项目预期

项目预计开始时间	制氢规模	预计可再生能源需求量
2026年	超过100 t/日	1 GW左右
2031年	超过800 t/日	超过7 GW

（参考资料：日本岩谷产业株式会社官网，《为实现氢能社会的努力：构筑日澳间大规模绿氢（液氢）供应链》。）

5.4.2 家用燃料电池热电联供系统“ENE-FARM”

使用燃料电池的小规模分布式发电系统，一方面可以实现与大型火力发电站同等程度的发电效率，另一方面不需要进行大规模投资，今后有迅速普及的可能。自2009年起，日本家用燃料电池热电联供系统“ENE—FARM”在全球率先开始销售。ENE—FARM将通过从城市燃气（天然气）和液化石油气中提取的氢与空气中的氧发生化学反应来发电（图5-17）。在这个过程中产生的热量可以被用来烧水和供暖等。ENE—FARM的普及台数逐年增加，2023年11月，制造商的发货量累计突破50万台。

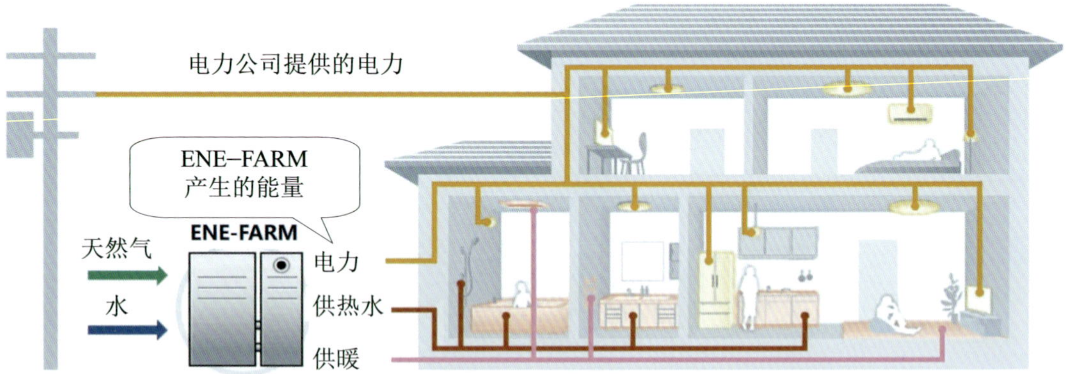

图5-17　日本家用燃料电池系统“ENE-FARM”供电供热概况

（参考资料：Cogeneration财团燃料电池室，《家用燃料电池》。）

2009年，日本政府通过补助部分购买ENE—FARM的费用，来促进其普及及低成本化的早日实现。该补助项目是日本经济产业省的“扩大燃料电池的使用ENE—FARM等推广支持补助金”项目，燃料电池普及促进协会（FCA）作为补助金实际发放的执行机构，推进补助金发放业务。燃料电池普及促进协会是一个旨在促进燃料电池相关行业的普及、抑制全球变暖（CO_2的削减）和促进能源的有效利用的团体。FCA协会的会员有岩谷产业、ENEOS、大阪燃气、东京燃气、松下等7家大型公司。截至2020年，在补贴发放的12年间，日本政府已向33万台ENE—FARM发放了补助金，补助金额为18万日元/台。对于能够联网，且与气象信息有联动系统，在预测停电的情况下具有不停止运转功能的机型，额外再补助2万日元/台，最高可获得补助金20万日元/台。ENE—FARM的售价也从2009年开始发售时的300多万日元降至2020年的100万日元左右。

ENE—FARM的使用能抑制能源的浪费，削减CO_2排放量，提高能源的使用效率。其能源综合利用效率高达90%左右，具有良好的节能环保性。因为电力需求的峰谷差异等原因，火力发电厂生产的电力一般没有被充分使用，并且在运送到每个家庭时也会产生电力损耗。然而，ENE—FARM在发电的地方就可以直接使用，电力损耗较少，还能有效使用发电时产生的热量。ENE—FARM相当于一种自发电设备，可以减少居民购买的电量，使用它可节省约11万日元/年的电费和燃气费。安装方面，根据机型的不同，安装空间也仅需1.1 m^2。ENE—FARM覆盖了拥有该设备家庭约7成的电力供应，对电力需求高峰的“削峰”有积极作用。

此外，ENE—FARM还具有应对突发状况的功能，即使在停电情况下，也可以供应家庭所需的电力和热水。因为ENE—FARM配备了“停电时发电准备”功能，可48 h连续发电来预防发生停电。ENE—FARM通过网络接收到天气新闻株式会社等播报的停电预警信息时，发电模式将自动切换为“停电发电准备”状态。停电时，会自动切换至“应急发电模式”（图5-18）。在停电情况下，也可以继续发电，停电时的专用插座可以实时提供最高700 W的电力。在使用500 W电力的情况下，最长可以确保8天（192 h）的电力供应。断水时，可以从水箱里取生活用水（例如，可储存96～370 L等）。停气时，可使用电热器来烧热水。

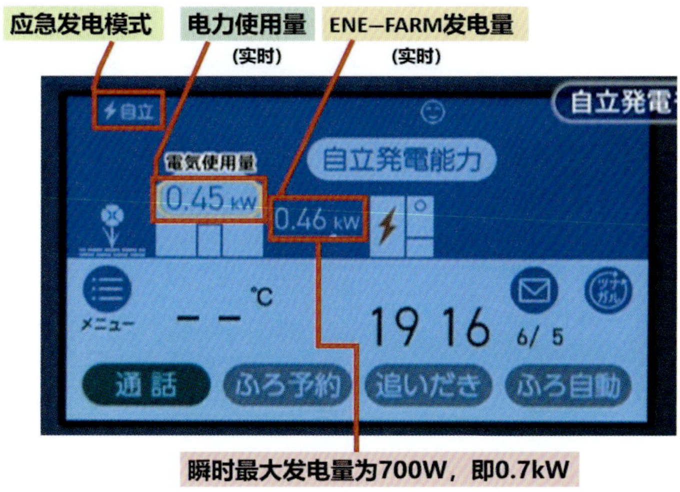

图5-18　配备给用户的显示ENE-FARM实时信息的显示屏

（参考资料：日本大阪燃气，《ENE—FARM的特点（灾害应对能力）》。）

现有的ENE—FARM主要有PEFC(固体高分子型)和SOFC(固体氧化物型)两种。PEFC型的废热回收效率较高,启动、停止比较容易;SOFC型能配合电力负荷实现24 h连续运转,与PEFC相比发电效率较高,机型也较小。用户可以根据实际操作和安装条件选择合适的类型。自2009年发售以来,ENE—FARM频繁地进行着型号转换,高效率、小型化、低成本化是其发展的主要方向。

《第5次能源基本计划》提出了到2030年普及ENE—FARM至530万台的目标。为了实现这一目标,相关企业在进一步开发提高发电效率和热利用率技术的同时,也在开拓热需求大的地区等具有优势的市场,进一步激活有剩余电力的用户和其他有电力需求的用户之间的交易机制。现阶段,ENE—FARM采用的是燃气重整制氢装置,这也是其成本较高的原因。未来,如果直接向ENE—FARM供应氢气,使用价格低廉的纯氢燃料电池将会成为可能。为了进一步普及ENE—FARM,相关主体更加紧密的合作必不可少。例如,将燃气供应商、设备制造商、房屋建设施工公司、房地产投资开发商等的合作机制上升到全国层面。

截至2019年,ENE—FARM的推广主要以日本关东地区以南的使用城市天然气地区的新建独栋住宅为中心。今后,企业也会针对老旧住宅和公寓、寒冷地区、液化石油气使用地区等进行市场开拓。老旧住宅市场方面,需要将易于安装的小型机投入市场以及早日采用电气施工时不需要进行室内施工的100 V电力输出的双线连接方式等。公寓住宅方面,除了将小型机投放市场外,还需要加大对符合公寓住宅能源消耗量的产品的研发和市场投入。在寒冷地区,通过完善设备制造商的安装、施工支持体系等,确保在低温环境下的正常作业,同时需要应对地暖等巨大的热量需求以及进一步降低设备成本。在液化石油气使用地区,需要对如何降低脱硫装置的成本(针对液化石油气中硫成分)进行技术研发。

5.4.3 福岛县浪江町——福岛氢能研究基地

2018年,福岛县浪江町就开始推进大规模可再生能源制氢设施的建设工作。该制氢设施名为,“福岛氢能研究基地(FH2R)”,配备10 MW的氢气制造装置,在2020年2月底开始正式运转。FH2R基地使用分布在1.8×10^5 m^2范围内的功率为20 MW的太阳能发电装置发电来电解水,每小时制取1 200 Nm^3氢气(额定运行时)用于储存和供给。通过对电力系统进行供需调整,最大限度地充分使用输出功率变动较大的可再生能源电力,形成清洁、成本低廉的氢气制取技术(图5-19)。蓄电池难以应对长周期的电力储存问题,通过以可再生能源电力制取的氢气的方式来储能,即Power-to-Gas (P2G)技术,在国内外备受关注。此外,制取出的氢气将用于固定式燃料电池的发电、氢燃料电池汽车(包含公交车型)等。

图5-19 福岛氢能研究基地(FH2R)

（参考资料：NEDO，《世界最大规模的利用可再生能源的氢气制造设施FH2R建成》。）

氢气的制取和储存，基于“氢气需求预测系统”对市场所需氢气量进行预测。同时，“电力控制系统”配合电力系统的需求，对制氢装置的制氢量进行调整，以此实现电力系统的供需平衡。实现在不使用蓄电池的情况下，通过“氢能运用系统”实现氢的制取、储存和电力系统的供需平衡调整的最佳组合(图5-20)，是FH2R最重要的意义。FH2R制取的氢气主要供应福岛县和东京都等氢气需求地。在福岛县内，主要用于FH2R附近的公共设施等的燃料电池能源供应和为氢燃料电池汽车加氢等。FH2R一天的氢气制取量可以为150个家庭提供一个月的电量，或者给560台氢燃料电池汽车加氢。

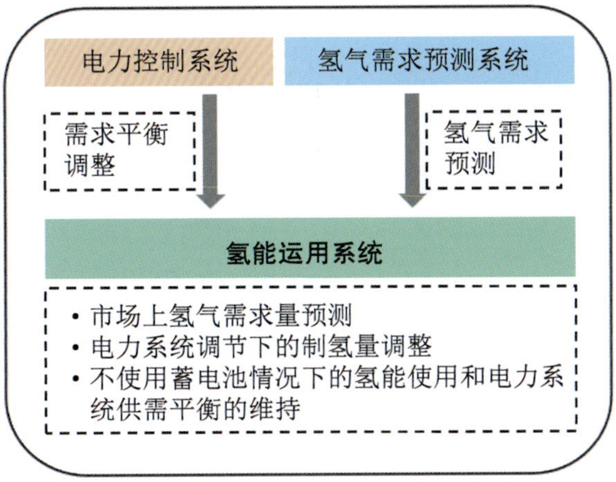

图5-20 福岛氢能研究基地(FH2R)的氢能运用系统示意图

（参考资料：日本福岛县浪江町氢能研究基地。）

日本将稳步推进以福岛FH2R为基础的氢能相关实证试验。为实现以FH2R为核心的氢能社会，日本中央政府的相关部门和地方自治团体等形成了讨论机制，2023年春季已经开始正式进入讨论，涉及部门主要有经济产业省和复兴厅、国土交通省、环境省等相关部门。

FH2R的建设和运营所涉及的相关主体如图5-21所示，有国立研究开发法人新能源产业技术综合开发机构（NEDO）和东芝能源系统、东北电力、岩谷产业等企业。NEDO负责项目审核和提供资金支持，东芝能源系统统筹项目整体，东北电力负责电力控制系统等电力系统相关任务，岩谷产业负责氢气需求预测系统及氢气存储、供应相关任务。

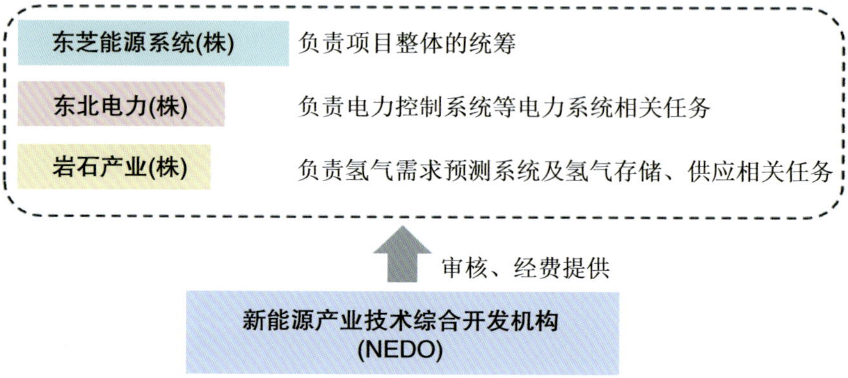

图5-21　福岛氢能研究基地(FH2R)运转相关机构

（参考资料：NEDO,《世界最大规模的利用可再生能源的氢气制造设施FH2R建成》。）

5.5 经验与总结

5.5.1 细化补贴判定依据助力氢能产业发展

为了促进氢气供应设备、基础设施的导入和氢燃料电池汽车的普及，日本经济产业省对补助金（支付金额、补助率等）设定方面进行了判定标准的细化。例如，根据氢气供应设备规模、氢气供应能力、氢气供应方式（站内制氢设备、液氢相关设备等）、新建或已建成状态，对加氢站等设定不同的补助率和补助上限。针对氢燃料电池汽车的购车补助金，根据车辆注册日期、汽车品牌、车名、车型等进行补助金额的设定。

5.5.2 制度创新引领行业绿色转型

东京都2024年制定了“东京都绿氢使用领军企业认证制度”，以此促进企业的绿氢使用。对于企业在绿氢的制取过程中，是否使用可再生能源自行发电、是否使用从外部获取的可再生能源制取的电力、是否是在东京都内的厂房中制取的绿氢进行判断，在此基础上，根据年实际使用时间、年实际使用量等进行综合评估，最终确定补助的金额。创新设立“东京都加氢站及汽车共享业务等系列经费支持项目”，旨在扩大东京都内的氢能需求并稳定氢气的供应。

5.5.3 因地制宜导入“地产地消”模式促进资源循环利用

2017年日本发布的《氢能基本战略》提出，对地区资源（下水道污泥等）需要进行有效利用。结合福冈市内的行业9成为服务业，具备国际机场，新干线主要车站、国际港口常年客流量较大等地区特色，推进了符合其城市特点的氢能“地产地消”模式——从福冈市下水道的生活废水中提取氢气，再把氢气提供给福冈市加氢站或者利用氢气发电等，实现地区能源的良好循环利用，也能实现能源的稳定供应和运输成本等的降低。

5.5.4 远洋液氢海上供应链技术的绿色优化升级

日本从2021年开始进行国际远洋液氢运输。对澳大利亚的未被使用的褐煤资源进行充分利用，从中提取大量且低廉的氢气，使用碳捕集封存技术使得氢气供应链不排放CO_2，此过程中制取的氢气为蓝氢。为了提供更加清洁的氢气，日澳间大规模绿氢（液氢）供应链的建立也在推进中，在澳大利亚利用可再生能源大规模制氢，液化后再出口到日本。与此同时，液氢供应量将实现成倍增长。

5.5.5 技术创新驱动氢能产业发展迭代升级

丰田公司致力于氢内燃机汽车的开发，充分发挥其在传统内燃机方面的技术优势，丰富氢能运用场景。本田公司在2024年推出了新型氢燃料电池汽车，可以从外部充电也可以充氢，实现氢电能源的互补，增加便利性的同时，保证其行驶距离。

参考文献

[1] 再生可能エネルギー・水素等関係閣僚会議.水素基本戦略[R].2017.
[2] 水素・燃料電池戦略協議会.水素・燃料電池戦略ロードマップ：水素社会実現に向けた産学官のアクションプラン[R].2019.

[3] 国立研究開発法人新エネルギー・産業技術総合開発機構(NEDO).サンシャイン計画50周年記念特設サイト[EB/OL].(2024-06-20).https://www.nedo.go.jp/activities/sunshine50th.html.

[4] JHyM 日本水素ステーションネットワーク合同会社.JHyMについて[EB/OL].https://www.jhym.co.jp/how-to-start/.

[5] 国立研究開発法人新エネルギー・産業技術総合開発機構(NEDO).東京宣言:2018年10月23日水素閣僚会議議長サマリー[Z].2018.

[6] 内閣官房,経済産業省,等.2050年カーボンニュートラルに伴うグリーン成長戦略[EB/OL].(2021-06-18).https://www.meti.go.jp/press/2021/06/20210618005/20210618005.html.

[7] みずほリサーチ&テクノロジーズ.エネルギー供給構造高度化法[EB/OL]. https://www.mizuho-rt.co.jp/publication/report/2020/mhir21_energy_01.html.

[8] 経済産業省資源エネルギー庁.エネルギー供給事業者によるエネルギー源の環境適合利用及び化石エネルギー原料の有効な利用の促進に関する法律に基づくエネルギー源の環境適合利用の目標の達成のための計画の提出について[EB/OL].(2024-07-01). https://www.enecho.meti.go.jp/category/electricity_and_gas/electric/nonfossil/koudokahou/20240701.html.

[9] 脱炭素成長型経済構造への円滑な移行のための低炭素水素等の供給及び利用の促進に関する法律:令和六年法律第三十七号[Z].2024.

[10] 経済産業省.脱炭素成長型経済構造への円滑な移行のための低炭素水素等の供給及び利用の促進に関する法律案及び二酸化炭素の貯留事業に関する法律案」が閣議決定されました[EB/OL].(2024-02-13).https://www.meti.go.jp/press/2023/02/20240213002/20240213002.html.

[11] 電気事業連合会資料[EB/OL]. https://search.fepc.or.jp/search? site=HXQBK22M&design=1&group=0&charset=UTF-8&query=%E6%B0%B4%E7%B4%A0&x=0&y=0.

[12] トヨタ企業公式サイト.トヨタ自動車75年史:電気自動車、燃料電池車の開発[EB/OL]. https://www.toyota.co.jp/jpn/company/history/75years/text/leaping_forward_as_a_global_corporation/chapter4/section8/item2.html.

[13] Honda Global.水素社会を、現実に[EB/OL]. https://global.honda/jp/sustainability/report/pdf/2015/Honda-SR-2015-jp-009.pdf.

[14] 本田技研工業株式会社.新型燃料電池自動車「CR-V e:FCEV」を発売[EB/OL]. https://global.honda/jp/news/2024/4240718-cr-v-efcev.html.

[15] 再生可能エネルギー・水素等関係閣僚会議.水素基本戦略(改定)[R].2023.

[16] 环境省.今月のキーワード—水素基本戦略[EB/OL].(2023-11-15). https://www.env.go.jp/guide/info/ecojin/eye/20231115.html.

[17] 経済産業省・資源エネルギー庁.水素基本戦略の概要[Z].2023.

[18] 経済産業省.令和四年度補正予算・令和五年度当初予算「クリーンエネルギー自動車導入促進補助金」、「クリーンエネルギー自動車の普及促進に向けた充電・充てんインフラ等導入促進補助金」[Z].2022.

[19] 一般社団法人次世代自動車振興センター.令和五年度補正クリーンエネルギー自動車導入促進補助金交付規程[Z].2023.

[20] 経済産業省資源エネルギー庁水素・アンモニア課,製造産業局自動車課.モビリティ分野における水素の普及に向けた中間とりまとめ[Z].2023.

[21] IEA.Towards hydrogen definitions based on their emissions intensity[Z].

[22] 国土交通省.規制を一元化し、燃料電池自動車等に関する負担を軽減:自動車点検基準、道路運送車両の保安基準の細目を定める告示等の一部改正について[EB/OL].(2023-10-02).https://www.mlit.go.jp/report/press/jidosha08_hh_004935.html.

[23] 岩谷産業株式会社.水素ステーションの仕組み[EB/OL]. https://www.iwatani.co.jp/jpn/consumer/hydrogen/station/system/.

[24] 経済産業省.水素保安ポータルサイト[EB/OL]. https://www.meti.go.jp/policy/safety_security/industrial_safety/h2_safety/index.html.

[25] 経済産業省資源エネルギー庁水素・アンモニア課,製造産業局自動車課.モビリティ分野における水素の普及に向けた中間とりまとめ[EB/OL].(2023-07-11). https://www. meti. go. jp/press/2023/07/20230711001/20230711001-2.pdf.

[26] 東京都報道発表資料.新たに「35メガパスカルの水素ステーション」と「カーシェア等」を併せて整備・運営する事業者への支援を開始します!:水素ステーションとカーシェア等のパッケージ支援事業[EB/OL].(2024-07-23).https://www.metro.tokyo.lg.jp/tosei/hodohappyo/press/2024/07/23/10.html.

[27] 福岡市ホーム.水素について—水素の地産地消に向けて[EB/OL].(2024-07-26). https://www.city.fukuoka.lg.jp/keizai/suiso/business/about_H2.html.

[28] 有限責任事業組合福岡市グリーン水素活用推進協議会公式サイト[EB/OL]. https://www.llp-fgh.jp/.

[29] 福岡市.福岡市水素リーダー都市プロジェクト[EB/OL].(2024-07-26). https://www.city.fukuoka.lg.jp/keizai/suiso/business/suisoleader.html#1.

[30] 国土交通省コラム.下水汚泥から水素作ってます、クルマも走ります![EB/OL]. https://www.mlit.go.jp/hakusyo/mlit/h27/hakusho/h28/html/n2813c00.html.

[31] Car Watchニュース.下水から水素を作り燃料電池車に供給、「福岡市水素リーダー都市プロジェクト」は脱炭素への取り組み最前線—福岡市における水素の取り組みを訪ねて(前編).[EB/OL].(2024-03-19). https://car.watch.impress.co.jp/docs/topic/special/1574704.html.

[32] 名古屋港管理組合公式サイト.[EB/OL].(2024-07-10). https://www.port-of-nagoya.jp/meikan/soshiki/1001170.html.

[33] 日本兵庫县.世界初の液化水素運搬船「すいそ ふろんてぃあ」[EB/OL].(2024-07-16). https://web.pref.hyogo.lg.jp/kk05/suisoleaflet9.html.

[34] 岩谷産業株式会社.水素エネルギー社会の実現に向けた取り組み—世界初、褐炭から製造した水素を液化水素運搬船で海上輸送・荷役する実証試験の完遂式典を開催[EB/OL].(2022-04-27).https://www.iwatani.co.jp/jpn/company/report/detail477/.

[35] Hydrogen Council.A pioneering effort in efficient hydrogen transport: Kawasaki Heavy Industries powers innovations toward sustainable future[Z].

[36] HySTRA機構.豪州と日本におけるパイロット水素サプライチェーン実証事業[EB/OL].https://www.hystra.or.jp/project/.

[37] 川崎重工業株式会社.日本で最も巨大な液化水素タンク。−253℃を維持し続ける、その難しさ[EB/OL].(2017-02-01).https://answers.khi.co.jp/ja/energy-environment/20170227j-01/.

[38] コージェネ財団燃料電池室.エネファーム:家庭用燃料電池[EB/OL]. https://www.ace.or.jp/fc/fc_0010.html.

[39] 一般社団法人燃料電池普及促進協会(FCA).ENE-FARM:家庭用燃料電池[EB/OL]. http://

www.fca-enefarm.org/.
［40］ 経済産業省資源エネルギー庁．給湯省エネ2024事業—エネファーム［EB/OL］. https://kyutou-shoene2024.meti.go.jp/materials/enefarm.html.
［41］ 大阪ガス.エネファームtype Sの特長：レジリエンス（強靭性）［EB/OL］. https://home.osakagas.co.jp/search_buy/enefarm/about/safety.html.
［42］ 経済産業省資源エネルギー庁．第5次エネルギー基本計画［R］.
［43］ パナソニックホールディングス（Panasonic）.エネファームとは—レジリエンス機能について［EB/OL］.https://panasonic.biz/appliance/FC/lineup/resilience.html.
［44］ 日本LPガス協会．エネファームの種類［EB/OL］. https://www.j-lpgas.gr.jp/kiki/home/enefarm/ene05.html.
［45］ NEDO.再エネを利用した世界最大級の水素製造施設「FH2R」が完成—クリーンで低コストな水素製造技術確立を目指す［EB/OL］.（2020-03-07）.https://www.nedo.go.jp/news/press/AA5_101293.html.
［46］ 環境省地球環境局地球温暖化対策事業室．水素基本戦略を改定！—水素社会実現に向けた環境省の取り組み［EB/OL］.（2023-07-27）.https://ondankataisaku.env.go.jp/carbon_neutral/topics/20230727-topic-48.html.
［47］ 福島県浪江町．福島水素エネルギー研究フィールド［EB/OL］. https://www.town.namie.fukushima.jp/uploaded/attachment/9142.pdf.
［48］ 再生可能エネルギー・水素等関係閣僚会議.「GX実現に向けた基本方針」を踏まえた再生可能エネルギーの導入拡大に向けた関係府省庁連携アクションプラン［EB/OL］.（2023-04-04）.https://www.cas.go.jp/jp/seisaku/saisei_energy/pdf/action_plan.pdf.

6 欧盟氢能产业发展与安全监管政策

6.1 欧盟氢能产业政策发展概述①

6.1.1 氢能产业政策发展历程

作为全球早期开发、利用并积极推进氢能发展的区域之一，欧洲在全球氢能产业高效发展和安全监管政策领域具有重要地位。为在氢能领域保持竞争力，应对蓬勃发展的全球能源政治、产业及资源环境，欧洲相继出台了一系列氢能政策用以支持行业实际落地发展，加速可再生氢产业化进程。欧洲大陆对于氢能的探索发展至今，已逐渐形成系统化布局，从明确全产业链战略愿景，到制定中长期发展政策框架，再到细化关键资金工具支持，以氢能战略服务欧洲能源安全。诸多举措不仅有助于欧洲大陆追求气候中和，也符合欧盟在《巴黎协议》下对全球气候行动的承诺。

表 6-1　欧盟氢能产业战略及政策发展历程

年　份	产业战略及政策	意　　义
2000	成立欧洲氢能协会	推动氢能作为欧洲的能源载体的应用
2004	搭建“欧洲氢能和燃料电池技术平台”	集合利益相关方，发布氢燃料电池科研议程、部署战略、实施计划
2008	提出“欧洲战略能源技术计划”，并成立“欧洲能源研究联盟”	促进清洁能源部门各利益相关者之间的对话与合作，推动欧洲能源研究的发展
2008	建立“欧洲燃料电池和氢能联合组织”	创立合作机制，以推动氢能和燃料电池产业的发展和应用
2011	启动“氢能与燃料电池联合研究计划”	通过共同规划和联合实施为燃料电池和氢能技术发展提供科学基础
2014	设立“欧洲共同利益重要项目”	对事关欧盟未来经济和科技竞争力的关键技术、基础设施项目等给予公共支持
2019	发布《欧洲氢能路线图》报告	提出了面向2030年、2050年的氢能发展路线图，为欧洲大规模部署氢能和燃料电池奠定基础
2019	提出《欧洲绿色协议》	提及氢能对于欧盟实现气候和能源目标的重要作用，建议欧盟加强政策规划和产业扶持政策
2020	发布《欧盟氢能战略》和《欧盟能源体系一体化战略》	计划未来十年向氢能产业投入数千亿欧元，构成了欧盟氢能发展方向的整体布局
2021	由“清洁氢能联合执行机构”接管“欧洲燃料电池和氢能联合组织”	协助欧盟氢能战略以及相关政策实施

① 本章使用“可再生氢”(renewable hydrogen)这一术语，而非绿氢(green hydrogen)，因为欧盟委员会在REPowerEU中，将可再生氢的生产列为优先事项。

续表

年 份	产业战略及政策	意 义
2021	发布《海上可再生能源战略》	强调了欧盟在海上可再生能源(特别是风能)方面的发展潜力
2021	通过《欧洲气候法》	提供法律层面的保障
2021	通过“Fit for 55”一揽子立法提案	制定气候和能源问题的最为综合、全面的立法提案
2022	提出《重新赋能计划》计划	旨在迅速减少对俄罗斯化石燃料的依赖,快速推进绿色转型
2023	启动“氢能银行”	以拍卖形式补贴绿氢项目,解决行业初始投资难题

(参考资料:欧盟官网、欧盟清洁氢能合作伙伴官网。)

2008年,欧盟提出“欧洲战略能源技术计划”(SET Plan),将欧洲工业界、学术界以及国家政府汇聚,旨在构建欧盟应对气候挑战的框架和议程。其中,欧洲能源研究联盟(European Energy Research Allliance, EERA)①作为SET Plan的研究支柱,旨在提升欧盟在清洁能源和能源效率技术领域的领先地位。根据SET Plan信息系统发布的《氢能与燃料电池》,氢能与燃料电池领域重要行动最早可追溯至2000年成立的欧洲氢能协会(EHA),代表国家级氢能与燃料电池组织以及从事氢能基础设施开发的主要欧洲公司,以推动氢能作为欧洲的能源载体的应用。2003年,高层小组(High Level Group,HLG)发布了他们的远景报告,标志欧洲逐渐意识到使用氢气与燃料电池在交通运输、能源生产及其他领域的潜在益处。随着“欧洲氢能和燃料电池技术平台”(European Hydrogen & Fuel Cell Technology Platform, HFP)②建立,随后是“欧洲燃料电池和氢能联合组织”(Fuel Cells and Hydrogen Joint Undertaking, FCH JU)③成立,进一步加强了工业,承诺推进氢气与燃料电池技术的加速部署。不同于FCH JU大多以“落地”为导向的研究,EERA则更为关注基础研究或长期研究。在此背景下,EERA的氢能与燃料电池联合研究计划(Joint Research Programme on Fuel Cells and Hydrogen technologies, JP FCH)④

① EERA是欧洲最大的低碳能源研究非营利性国际协会,汇聚了31个国家约250家公共科研机构和高校,氢能与燃料电池计划是目前开展的18个联合研究计划之一。

② 2004年,欧盟在“第六框架计划(FP6)支持下建立HFP。欧盟自1984年起已积极实施框架计划,旨在整合各成员国的科研力量,提升欧洲总体研究水平。其中,“第六框架计划”(2002—2006)主要服务于建设ERA。

③ 2008年,欧盟在“第七框架计划(FP6)”支持下建立FCH JU;2014年5月,欧盟决定在“地平线2020”的框架下延续对FCH JU二期的支持;2019年2月,FCH JU发布《欧洲氢能路线图》,其指出预计到2030年和2050年,氢能将为欧洲分别带来约1 300亿欧元和8 200亿欧元产值及100万个和540万个就业岗位,约减少5.6×10^8 t碳排放,为欧洲大规模部署氢能和燃料电池指明方向;2021年11月,欧盟决定在“地平线欧洲”的框架下,支持清洁氢能联合体作为继任者,延续资金支持。

④ 联合项目(JPs)是EERA对SET Plan贡献的核心。JP FCH第四版于2019年更新,涉及电解质,催化剂与电极,电堆材料与设计,燃料电池系统,建模、验证与诊断,氢气生产与处理,氢气储存7个子领域。其中,氢能与燃料电池两个领域计划分别投入5.95亿欧元和1.35亿欧元,分别占总预算7.3亿欧元的81.5%和18.5%。

于2011年11月正式启动，汇集欧洲学术机构和研究组织的专长、知识及研究基础设施，明确EERA所属各单位行动计划与促进欧洲氢能与燃料电池大规模部署并保持中长期竞争力的目标相一致，并在此基础上通过共同规划和联合实施，为燃料电池和氢能技术发展提供科学基础。JP FCH与研究组织"氢能欧洲研究"(Hydrogen Europe Research，HER)、FCH JU以及其他JPs协同并进，大多成员同时参与FCH JU。值得一提的是，2021年11月30日，FCH JU由清洁氢能联合执行机构(法定名称为Clean Hydrogen Joint Undertaking，也称Clean Hydrogen Partnership)继承和接管(图6-1)，其研究与创新活动在很大程度上受欧盟氢能战略以及相关政策发展的引导，旨在协助其实施。目前，联合执行机构正在逐步转变为欧洲氢能产业链的知识枢纽，其三个成员分别是：由欧盟委员会代表的欧盟，由欧洲氢能协会(Hydrogen Europe)代表的氢能和燃料电池产业，以及由欧洲氢能研究协会(Hydrogen Europe Research)代表的科研界。为了进一步构建知识密集型组织，欧洲清洁氢能合作伙伴于2023年5月代表欧盟宣布重启氢谷平台。

图6-1　欧盟清洁氢能合作伙伴组织成员

(参考资料：欧盟清洁氢能合作伙伴官网。)

资金工具助力产业初期发展。2014年，欧盟设立"欧洲共同利益重要项目"(IPCEIs)，成为欧盟在资助研究、开发关键技术和建设基础设施项目方面的一个重要手段。截至2024年6月，欧盟在氢能技术领域已批准了4个重要项目，分别为氢技术(Hy2Tech)、氢工业(Hy2Use)、氢基础设施(Hy2Infra)、氢迁移(Hy2Move)。如表6-2所示，项目涉及来自16个成员国和挪威的共99家公司，预计这些公司总共将获得高达189亿欧元(约1 487亿元人民币)的国家援助，将吸引超过271亿欧元的额外的私人投资。

IPCEIs通过公私合作，提供公共资金支持创新项目，汇集了来自整个欧盟的知识和资金，促进了区域内相关产业的绿色转型和数字转型，同时产生了积极的溢出效应，惠及整个欧盟。2023年3月，欧盟启动氢能银行，该项目总预算为30亿欧元，其中8亿欧元将用于2023年底的第一轮资金分配，解决行业初始投资难题。此外，欧洲复苏计划（Next Generation EU）也提出欧盟应带头走出危机，建设一个更绿色、更数字化、更有韧性的欧洲，8 000亿欧元投资中的30%将用于应对气候变化，这是欧盟预算中有史以来最高的份额。

欧洲氢能政策从支撑行业落地的“摸着石头过河”，逐渐发展至从规划、框架到资金逐步细化，在前进中不断优化和明晰。2019年12月，欧盟发布《欧洲绿色协议（The European Green Deal）》，为未来欧洲在氢能领域的发展制定了清晰的战略路线，强调可再生氢的关键地位。作为《欧洲绿色协议》的一部分，欧盟委员会发起了欧洲气候公约（European Climate Pact），旨在号召个人、社区、利益相关方和组织都发挥积极作用以实现气候中和。

2020年7月，欧盟委员会发布了两份重要战略文件，《欧盟氢能战略》（EU Hydrogen Strategy）和《欧盟能源体系一体化战略》（Energy Systems Integration Strategy）。这些战略文件相辅相成，基本确定了未来10年甚至更长时间内的欧洲氢能发展方向。随后，欧盟委员会宣布成立欧洲清洁氢能源联盟（European Clean Hydrogen Alliance，ECH2A）。作为欧盟确保其工业领先地位并加速工业脱碳化努力的一部分，ECH2A在启动后不久便组建了专门致力于氢气标准化的工作组。在高压直流（HVDC）输电优化成本后，“海上风电＋海上制氢”的新模式具有更加明显的经济优势。在此背景下，欧盟委员会于2020年11月19日发布了《海上可再生能源战略》（Offshore Renewable Strategy），该战略考虑了氢、电网和海事部门之间的协同作用，计划到2030年，至少有60 GW近海风能和1 GW海洋能的海上风电装机容量，到2050年，这个数字分别达到300 GW和40 GW。此举有助于氢作为一种能源载体在“综合能源系统”中发挥“节点作用”。

表6-2　氢价值链中的重点项目

名　称	批准时间	参与成员国	项目内容	资金支持
氢技术（IPCEI Hy2Tech）	2022年7月15日	奥地利、比利时、捷克、丹麦、爱沙尼亚、芬兰、法国、德国、希腊、意大利、荷兰、波兰、葡萄牙、斯洛伐克和西班牙	涵盖氢气生产、燃料电池、储存和运输以及终端应用	公共资金54亿欧元，私人投资90亿欧元
氢工业（IPCEI Hy2Use）	2022年9月21日	奥地利、比利时、丹麦、芬兰、法国、希腊、意大利、荷兰、波兰、葡萄牙、斯洛伐克、西班牙、瑞典	支持氢相关基础设施建设和将氢整合到工业过程中的创新技术	公共资金52亿欧元，私人投资70亿欧元
氢基础设施（IPCEI Hy2Infra）	2024年2月15日	法国、德国、意大利、荷兰、波兰、葡萄牙和斯洛伐克	部署大型电解槽、氢气管道、大型储氢设施和液氢运输基础设施	公共资金69亿欧元，私人投资54亿欧元

续表

名　称	批准时间	参与成员国	项目内容	资金支持
氢迁移（IPCEI Hy2Move）	2024年5月28日	爱沙尼亚、法国、德国、意大利、荷兰、斯洛伐克和西班牙	开发氢技术在交通工具中的应用，以及机动和运输的氢气生产技术	公共资金14亿欧元，私人投资47亿欧元

（参考资料：欧盟官网。）

2021年6月，欧盟通过了第一部《欧洲气候法》(European Climate Law)，确定了欧洲到2050年实现气候中和的目标，以及提出了到2040年减排90%的中间目标，并规定自2023年起，每5年对欧盟及各成员国所采取的行动路线进行评估。同年7月，欧盟颁布了“Fit for 55”一揽子立法提案，包含对《可再生能源指令》(Renewable Energy Directive，RED)(2009年出台，2018年修订)和《能源效率指令》(Energy Efficiency Directive，EED)(2012年出台，2018年修订)的再次修订，旨在为欧盟到2030年实现温室气体减排55%提供保障。

2021年11月30日，欧洲燃料电池和氢能联合组织(FCH JU)由欧盟清洁氢能①合作伙伴(Clean Hydrogen Partnership)继承和接管，并与欧盟、“氢能欧洲”组织、氢能欧洲研究协会构成公私伙伴关系的形式(图6-1)致力于欧洲气候行动、清洁能源、可持续发展相关的研发和创新工作，并为此制定了相关重点领域的阶段性发展指标。目前，该组织正在逐步转变为欧洲氢能产业链的知识枢纽，旨在发挥其作为构建清洁能源系统关键工具的潜力，加快相关技术的市场化进程。为了进一步构建知识密集型组织，欧洲清洁氢能合作伙伴于2023年5月宣布重启氢谷平台。

欧盟亟待解决对部分欧盟外国家的化石燃料的依赖，加速绿色化进程，欧盟委员会于2022年5月提交了“欧盟重新赋能计划”(REPowerEU)，这昭示着欧盟迫切推动能源转型，走向“能源独立”。

6.1.2 氢能发展战略与相关法规政策

现阶段(2019—2024年)，欧盟氢能整体发展战略主要由《欧洲绿色协议》所引领，计划到2050年实现碳中和。如图6-2所示，《欧洲氢能战略》构成了欧盟氢能发展方向的整体布局，其计划涵盖制氢、储运氢、加氢的全产业链，以及碳捕集和封存技术升级改造、氢能炼钢等，提出将氢能在欧洲能源结构中的份额到2050年提升至13%～14%。此外，欧洲部分国家和地区，如法国、德国、荷兰等，选择采用区域性的氢能发展战略。2022年，地缘政治因素进一步推动欧盟出台欧洲重新赋能计划，设立了2030年生产1×10^{7} t绿氢的目标。随后，欧盟又为实现《欧洲绿色协议》所描绘的美好蓝图提供强有力的法律指引——颁布一系列立法提案。例如，审查《排放交易体系指令》、《责任分担条例》(Effort Sharing Regulation，ESR)、《能源效率指令》、《可再生能源指令》、《替代燃料基础设施指

① 欧盟委员会对“清洁氢能”一词的使用，指的是可再生能源制氢，其定义为通过水电解产生的氢。

令》及小汽车和轻型商用车碳排放标准；提出修订《能源税指令》的提案、开展废弃物改革的相关立法提案、修订《联合运输指令》的提案，制定更严格的内燃机车大气污染物排放标准的提案等。

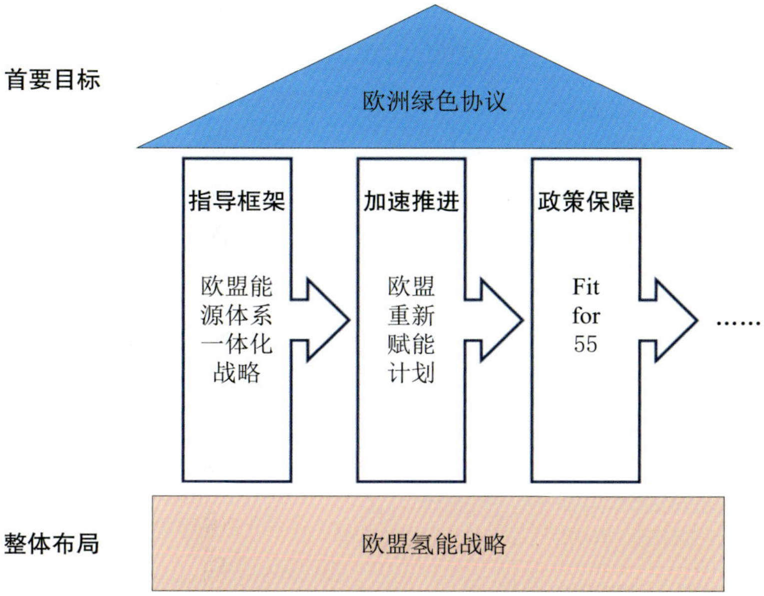

图6-2　欧洲氢能发展战略框架

1.《欧洲绿色协议》

2019年，新一届欧盟委员会将应对气候变化和环境保护作为其首要任务。作为施政纲领之一，《欧洲绿色协议》(European Green Deal)(或译为《欧盟绿色新政》，本书以下简称《协议》)的颁布旨在推动欧洲的可持续发展和绿色转型，使得欧盟系统化氢能战略的实施实现"到2050年成为一个温室气体净零排放的经济体"。如图6-3所示，《协议》描绘的主要框架包括促进欧盟经济转型、巩固欧盟绿色领导者地位、出台《欧洲气候公约》。《协议》的核心内容为第一部分促进欧盟经济转型，而这一部分又可以分为设计一套深度转型政策(即行动计划)和将可持续性纳入欧盟所有的政策两部分。具体而言，《协议》聚焦能源、工业、建筑、交通、农业、生态等各领域提出了一系列转型政策与措施，以及将可持续性理念引进金融系统、国家预算、科研创新、教育培训等政策领域，为后续氢能战略的提出奠定方向。《协议》还声明分阶段路线图将根据实际气候、能源、交通和税收政策变动进行相应优化，保证其最大的敏捷性，这样的思想贯穿于欧盟针对于氢能的一系列文件。

2.《欧盟氢能战略》和《欧盟能源体系一体化战略》

2020年7月，欧委会发布《欧盟氢能战略》和《欧盟能源体系一体化战略》两份文件，与《欧洲绿色协议》的可持续发展理念相契合。

《欧盟氢能战略》旨在降低制氢和用氢成本，加速技术发展，并扩大可再生能源制氢在去碳化难度较高领域的应用，以加速“气候中性”①进程。如表6-3所示，《欧盟氢能战略》为未来30年氢能的分阶段发展绘制蓝图。第一阶段重点是优化目前制氢环节的碳排放并预计初步辐射应用范围，计划2024年电解槽装机规模从1 GW增至至少6 GW，年可再生能源制氢产量达到1×10^6 t。同时，为快速减少排放并支持氢能市场发展，蓝氢设备将作为过渡设备，并全面安装碳捕集设施，实现从低碳向零碳的过渡；第二阶段目标是将氢能纳入综合能源系统，扩展应用至钢铁冶炼、卡车运输、轨道交通和海上运输等领域。预计到2030年，欧盟的绿氢年产能将超过1×10^7 t，制氢功率达40 GW，市场规模升至1 400亿欧元，并提供14万个工作岗位。在此阶段，提倡可再生资源丰富的地区建成“氢谷”示范区，实现区域性制氢产业中心，通过规模效应降低制氢成本；第三阶段目标是大规模部署可再生能源制氢，覆盖所有难以脱碳的工业领域。预计到2050年，本土氢能产量将达到欧盟24%的能源需求，并提供约540万个工作岗位。

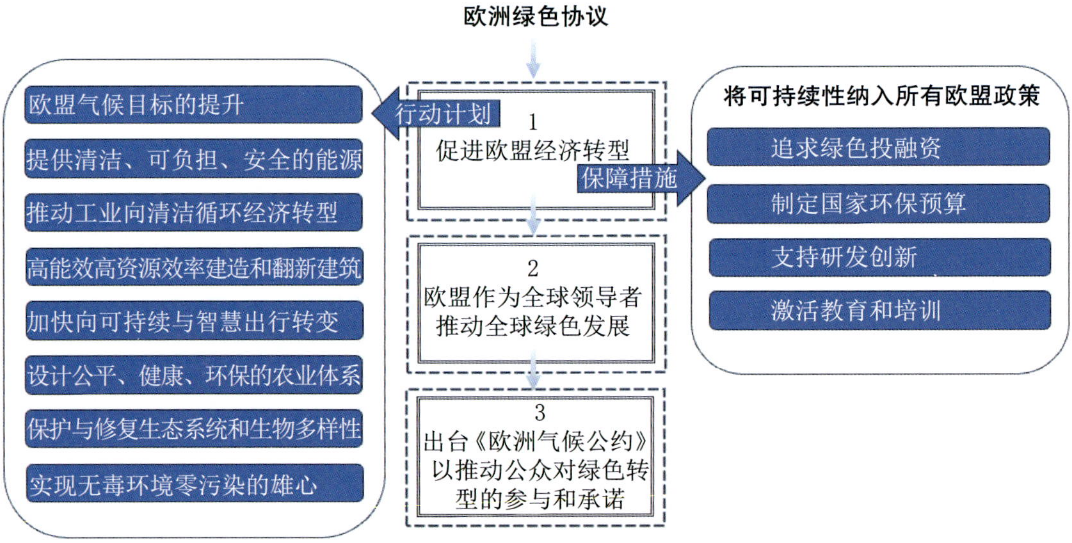

图6-3 《欧洲绿色协议》所描绘的欧洲绿色发展框架

如表6-4所示，为保证战略的顺利推进，欧盟采取了一系列投资机制，涵盖制氢、储运氢、加氢的全产业链，以及碳捕集技术升级改造、氢能炼钢等，预计总投资规模3 200～4 600亿欧元。此外，《欧盟氢能战略》还明确了一系列氢能相关的关键行动。首先，通过制定支持性政策、统一标准和术语体系②、修订碳排放交易体系、引入碳边界调节机制③、

① 根据IPCC 2018年《全球升温1.5℃》的特别报告，术语气候中性（climate neutrality）和碳中和（carbon neutrality）的定义与净零碳排放量（net-zero CO_2 emissions）一致，即当一定时期内通过人为移除使得全球人为碳排放量达到平衡时，可实现净零排放。

② 标准被要求建立在现有的欧盟排放交易体系（European Union Emissions Trading System，EU ETS）的规则、模板和方法以及《可再生能源指令》的相关规定基础上。

③ 碳边界调节机制（carbon border adjustment mechanism，CBAM），也被译为碳关税、碳边境调节机制或碳边境调节税，是指要求进口或出口的高碳产品缴纳或退还相应的税费或碳配额。

建立碳交易差价合约[①]等措施，促进制氢效率提升，推动氢能生产和应用。其次，通过工业集群和现场生产实现生产与需求的"点对点"连接，优化氢气的生产、使用和运输，改进跨欧能源网络和气体质量标准，设计支持氢能部署的市场规则。再次，通过支持跨领域政策制定、改进和协调标准、建立欧盟清洁氢能合作伙伴等举措加强研发和技术创新以促进重点项目研究和开发。最后，与南部和东部邻国、非洲联盟等合作发展清洁氢，参与多边论坛、制定国际标准，扩大国际合作，促进经验和最佳实践交流，巩固欧元在可持续能源贸易中的地位。

表 6-3 《欧洲氢能战略》发展规划

目标分解	发展阶段		
	第一阶段(2020—2024年)	第二阶段(2025—2030年)	第三阶段(2031—2050年)
发展目标	降低现有制氢过程的碳排放	使氢能成为综合能源系统的重要组成部分	氢能代替所有脱碳难度系数高的工业领域
安装可再生能源电解槽	>6 GW	>40 GW	未设定目标
制氢产量	1×10^6 t/年	1×10^7 t/年	未设定目标

表 6-4 2020—2030年《欧洲氢能战略》投资额度

项目	金额(亿欧元)
投资电解槽	240～420
新建80～120 GW太阳能和风能发电机组	2 200～3 400
改造升级碳捕集技术	110
氢运输、储存、分销设施和加氢站	650
报废钢铁高炉更新为氢能冶金设备	1.6～2
新建400个交通运输领域小型加氢站	8.5～10
合计	3 200～4 600

《欧盟能源体系一体化战略》旨在为绿色能源转型提供系统性的指导框架。该战略提出了38项行动措施以避免碳中和过程中交通、工业、天然气及建筑等脱碳难度较大的领域各自为政的问题，提倡通过整合各部门能耗"孤岛"，将各个关键部门有效连接，实现整体的规划和协调(图6-4)。通过这种整合，能源体系将得到优化，而不是局限于各部门单一线性工作。这一战略主要包括三个方面：首先，坚持"能源效率优先"原则，构建以能效为核心的循环能源系统，以更高效地利用本地能源资源，并最大限度地再利用工厂、数据中心产生的余热[②]以及废物或废水产生的能源；其次，推动消费端电气化，特别是电动出行，强化风电、光伏和电动汽车充电桩网络建设，同时推广智能充电解决方案和电动汽

① 碳交易差价合约(CCfD)作为新型的金融衍生工具，功能类似于为低碳项目投资者提供的一种政策保险计划，并有效保障了低碳技术的投资回报。

② 余热是指数据中心服务器在运行的过程中产生大量的热量，利用热泵技术将数据中心余热回收并加以利用，有着广泛的应用前景。

车反向供电技术①；最后，对于难以实现电气化的领域普及绿氢在内的清洁燃料，并计划推出与之适配的分类和认证体系。

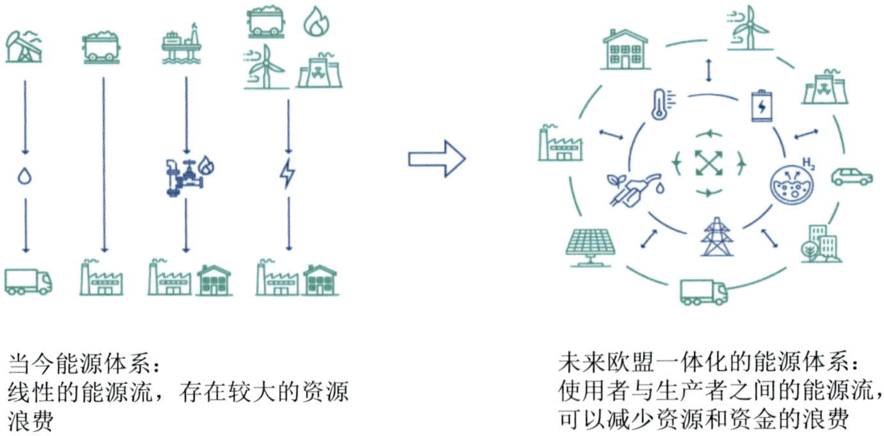

图6-4 欧盟能源体系一体化战略思路

（参考资料：《欧盟能源体系一体化战略》。）

3.《欧盟重新赋能计划》

2022年5月，欧盟提出《欧盟重新赋能计划》，该计划将此前制定的氢能相关目标进一步提升，体现出欧盟推动能源转型和摆脱能源依赖的迫切愿望。如图6-5所示，《欧盟重新赋能计划》聚焦于节能、能源供应多样化、清洁能源转型、加大投资力度。在能源节约方面，欧盟将2030年的能效目标从原定的9%提升至13%，并通过立法来推动实现；在能源多样化方面，欧盟提倡成员国在欧盟层面进行能源协调，以此代替成员国各自为政；在清洁能源转型方面，预计2030年可再生能源在能源结构中占比提至45%；作为替代天然气、煤炭和石油的关键，预计到2030年氢能生产量、进口量均达到1×10^7 t。同时，欧盟委员会与美国达成战略合作协议，成立了欧盟能源平台特别工作组（EU Energy Platform Task Force），以推动清洁和清洁氢技术的发展及基础设施建设。

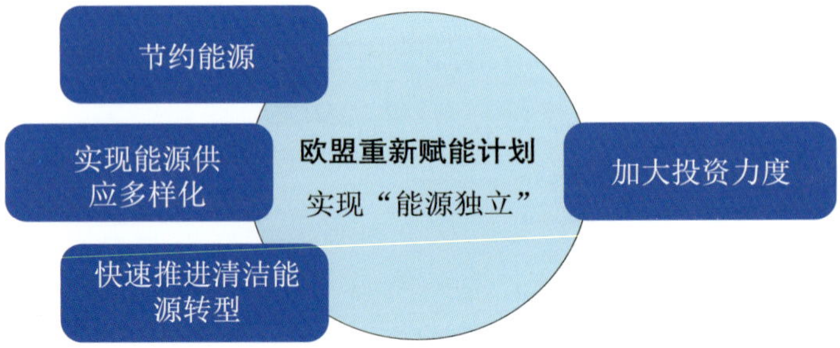

图6-5 《欧洲重新赋能计划》行动方案

（参考资料：《欧洲重新赋能计划》。）

① 反向供电技术（Vehicle to Grid，V2G）是电动汽车与电网集成的变革性方法，双向逆变式充电，具有极大经济和环境效益。英国、德国、荷兰和瑞士等国的与此有关的多个关键项目将在未来几年启动。

此外，面对《欧洲重新赋能计划》大量的投资和改革需求，到2030年，近3 000亿欧元将被筹集起来为欧盟国家提供服务。“恢复和韧性基金”（Recovery and Resilience Facility，RRF）是欧盟为实施该计划提供资金的主要渠道。修订后的RRF相关规定于2023年2月通过，使欧盟国家从排放交易体系的配额拍卖中获得额外的200亿欧元。总体而言，超过2 750亿欧元（42%）的RRF基金将用于实现气候中和目标，超过1 840亿欧元将用于支持能源相关措施（表6-5）。

表6-5　欧盟委员会与氢能相关的资金项目

项目名称	生效时间	项目内容	预算金额
地平线欧洲	2021—2027年	促进合作，加强研究和创新在区域内的影响，并持续强化欧洲研究区项目	955亿欧元
地平线2020	2014—2020年	该计划已被地平线欧洲继承	800亿欧元
欧盟第七框架计划	2007—2013年	该计划已被地平线2020继承	505.21亿欧元
欧盟第六框架计划	2002—2006年	该计划已被欧盟第七框架计划继承	175亿欧元
凝聚力基金	2021—2027年	旨在减小各国经济和社会差距，支持该地区在环境领域和跨欧洲网络方面的投资，以促进可持续发展	634亿欧元
减缓和适应气候变化	2021—2027年	分为“减缓和适应气候变化”和“清洁能源转型”等4个次级方案	清洁能源转型9 900万欧元
欧洲区域发展基金	2021—2027年	旨在减少地区之间的不平衡，构建一个更智能、更绿色、更紧密、更符合公民需求的欧洲	—
技术支持工具	2021—2027年	帮助欧盟成员国设计和实施增强韧性的改革	8.64亿欧元
欧洲结构和投资基金	2014—2020年	该计划已被技术支持工具项目继承	—

（参考资料：欧盟官网。）

截至2024年5月，欧盟已经成功地实现了该计划的大部分目标，并处在实现中长期目标的可持续发展道路上。其中，法国、德国、荷兰、挪威、葡萄牙、西班牙和意大利在内的7个欧盟成员国将氢战略纳入欧洲重新赋能计划，其他一些欧盟成员国，如奥地利、爱沙尼亚、卢森堡、波兰和斯洛伐克目前处于制定战略的阶段。在过去的两年中，该计划帮助欧盟节约能源，使其供应多样化，生产清洁能源，并巧妙地将投资和改革结合起来。值得一提的是，欧盟持续加强与国际伙伴接触，以确保更可靠的天然气与氢气进口。

4. 其他法律法规

根据欧洲氢能观测站的统计数据，截至2024年7月，作者获取了29项与氢能前沿技术和基础设施部署相关的欧洲政策和立法数据集，部分内容如下：

陆地交通领域，跨欧洲运输网络法（TEN-T）为欧洲运输网络政策奠定了基础，并构成了整个欧盟内连贯、高效、多式联运[①]和高质量运输基础设施发展的关键工具。修订的法规提出了将不同维度的氢能运输模式开发要求整合，旨在加强运输网络的可持续性，致力于使运输部门的排放量减少90%。此外，该法规也为在欧盟运输中部署替代燃料的其他关键文件[②]的实施提供了基础。

此外，欧洲理事会通过了《替代燃料基础设施法规》[③]，为欧盟的道路车辆、船舶和飞机部署替代燃料基础设施设定了一系列强制性国家目标。对于氢气，加氢站需沿TEN-T核心和综合网络以不超过200 km的最大间距部署，并在每个城市节点至少部署一个加氢站[④]。此外，该法规还为大型海运集装箱和客轮、内河船舶在海港的岸线电力供应，以及TEN-T核心和综合网络机场的飞机电力供应设定了目标。该法规还规定，欧盟成员国应确保TEN-T核心和综合网络上专用于重型车辆、港口的加氢站的最小覆盖范围。

航运领域，在"Fit for 55"一揽子计划的背景下，欧盟出台了《可持续航运燃料》（FuelEU Maritime）法规，将航运业纳入欧盟排放交易体系（EU ETS），通过直接监管船舶的碳排放强度，从而刺激船舶企业采用清洁燃料。该法规的首个审核节点为2025年，要求到2025年船只碳排放强度需较2020年基准值下降2%，覆盖欧盟经济区（EEA）及飞往英国和瑞士的离港航班的所有碳排放[⑤]。随后，较2020年基准值，目标在2030年、2035

① 由两种及其以上的交通工具相互衔接、转运而共同完成的运输过程统称为复合运输，我国习惯上称为多式联运。

②《替代燃料基础设施条例》（Alternative Fuels Infrastructure Regulation）关于加氢站部署的目标是基于TEN-T核心网络来确定城市节点。

③ 2014年10月22日，欧盟理事会颁布了关于部署替代燃料基础设施2014/94/EU指令。此后，在"Fif for 55"的背景下，于2023年9月13日通过了新的法规（EU）2023/1804，以取代第2014/94/EU指令，旨在进一步推动替代燃料基础设施的部署，并满足欧盟的气候目标。该新法规自2024年4月13日起实施。

④ Total Energies与Air Liquide合作成立了一家合资公司，计划在比利时、荷兰、卢森堡、法国和德国建设超过100个大型加氢站。H2 Mobility计划到2030年在德国和奥地利新建210座加氢站。意大利则计划建设36座加氢站。相比之下，壳牌公司在英国关闭了3座加氢站，这与其他欧洲国家的进展形成了鲜明对比。

⑤ 截至2022年，航空业的免费配额比例已降至约45%。根据政策设计，预计在2024年、2025年、2026年，免费配额将分别减少25%、50%和100%。到2026年，航空业将与航运业一样取消免费碳配额，企业需从欧盟碳交易市场购买配额履行义务，未履行缴纳义务的企业需在补缴碳配额外支付100欧元/t的罚款。

年、2040年、2045年和2050年分别降低6%、15%、31%、62%和80%,极大程度上刺激了航运业脱碳进程加速。此外,《可持续航空燃料》(ReFuelEU Aviation)作为首个关于绿色航空燃料的法规,直接规定了航空业使用可持续航空燃料(SAFs)的目标,包括减少运输排放和增加可持续航空燃料的生产和使用。根据法规要求,2025年、2030年、2035年、2040年、2045年和2050年的SAF导入比例需分别达到2%、6%、20%、34%、42%和70%;非生物质绿色合成燃料的导入比例要求分别为NA①、1.2%、5%、10%、15%和35%。

《净零排放工业法案》(NZI Act)与《关键原材料法》(CRM Act)是“绿色交易工业计划”(Green Deal Industrial Plan)框架下助力打造更具自主性和韧性的欧盟产业的补充立法。NZI Act是一项旨在加强净零排放技术的制造业生态系统的法规,以支持欧盟减少温室气体净排放的目标。CRM Act于2023年3月提出,核心是促进并加强原材料的提取、加工、回收、监测和多样化,确保关键原材料的安全供应,同时为欧洲使用关键材料的新方法奠定基础,加强其与潜在国际合作伙伴的联系。

经修订的《可再生能源指令Renewable Energy Directive》(RED Ⅱ)要求各成员国设定一个创新可再生能源技术的指导性目标,即到2030年,新建设的可再生能源项目中至少5%容量来自创新可再生能源技术。2023年6月20日,欧盟正式颁布了两项授权法案,这些法案是欧盟广泛的氢监管框架的重要组成部分。根据RED Ⅱ第27(3)条和第28(5)条的规定,这两项法案相互关联。第一项授权法案规定了氢、氢基燃料或其他能源载体被视为非生物来源的可再生燃料(RFNBOs)的必要条件,阐明了氢气“额外性”原则,即生产氢气的电解槽必须与新的可再生电力生产相连接。第二项授权法案提供了一种计算RFNBOs生命周期内温室气体排放量的方法,涉及从电网获取电力、电力加工过程以及将这些燃料运输到最终消费者的相关排放。根据REPowerEU计划的“到2030年实现1×10^7 t国内可再生氢产量和1×10^7 t进口可再生氢”目标,这两项法案都是必要的,因为对于可再生氢的生产者和消费者来说,监管确定性是吸引必要投资以实现能源系统脱碳的关键一步。值得注意的是,RED Ⅱ现已修订为RED Ⅲ,RED Ⅲ新要求的实施期限为2025年5月21日,对RFNBOs的监管产生了以下影响:对RFNBOs温室气体减排量的最低要求从70%提高到80%;引入了一个具有约束力的行业子目标,根据该目标,50%的能源和非能源用途氢气必须符合RFNBO标准;对电力生产和氢气生产之间的时间和地理相关性要求进行了更精确的定义,以确保电力确实来自可再生能源。欧盟希望进一步推广RFNBOs的使用,并确保更高的气候效益。因此,生产或使用RFNBO产品的公司必须密切关注RED Ⅲ指令的实施情况。

---

① 2025年未做披露。

6.1.3 主要制氢技术

目前，欧洲地区的氢能在能源消耗总值中占比约为2%，巨大的碳减排缺口促进欧盟将绿氢作为能源转型的重要保障。截至2024年9月，欧洲电解氢产能在过去两年中翻了一番多，达到385 MW，但仅占总氢产能的0.4%（图6-6），欧盟部署的2024年实现6 GW产能的氢战略目标已经失败。由此可见，欧洲主要的制氢方式仍为“热”生产方法，包括蒸汽甲烷重整（SMR）工艺制氢和部分氧化等其他生产方式，欧洲大部分制氢产能仍然依赖于灰氢。电解水制氢作为目前最成熟且最具前景的从非碳源生产可再生氢的技术之一，仍有较大提升空间。最新报告中预计到2030年总制氢能力为1.44×10^{7} t，较2023年预估的数据下调了8%。其中，包括844个电解项目，预计到2030年年产能达8.9×10^{6} t，以及59个清洁热化学项目，预计年产能为5.5×10^{6} t。

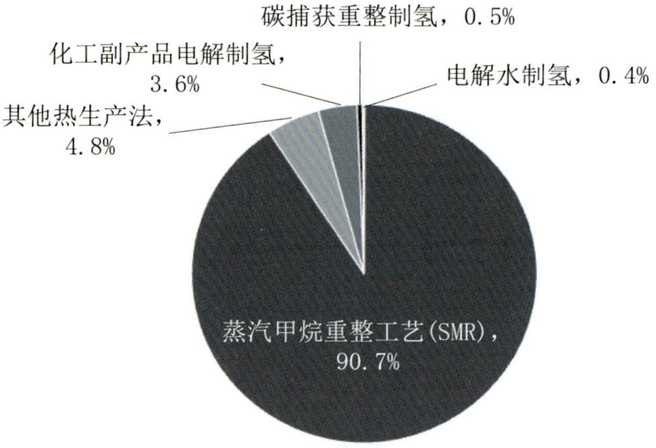

图6-6 欧洲制氢方法占比

（参考资料：氢能欧洲，《Clean Hydrogen Monitor 2024》。）

自1990年以来，欧盟的温室气体排放量已减少32.5%，而同期欧盟经济增长了约67%，实现了经济增长与排放脱钩。2023年，欧盟新增太阳能装机容量56 GW，再创纪录。2023年，欧盟陆上和海上风电累计装机容量达到220 GW（陆上201 GW，海上19 GW），新增装机容量16 GW。风能超越天然气发电，成为欧盟仅次于核能的第二大电力来源。从欧盟的规划可以看出，基于风电和光伏等可再生能源的绿氢为其重点鼓励和发展方向，但短中期，化石燃料重整及碳捕集和封存技术相结合下的蓝氢对实现碳减排至关重要。在此背景下，欧洲大部分制氢示范项目主要通过利用风能和太阳能发电来制备绿氢。未来，欧洲计划主要依赖以下3个来源来实现氢能的生产：

1. 南欧及北非、西非的光伏发电制氢

这些地区太阳能资源丰富，拥有大量适合光伏发电的荒漠地带。预计到2030年，这些地区的光伏发电成本将降至约1欧分/kWh，光伏发电的利用小时数也将超过2 000 h。

因此，欧洲计划在这些地区大规模利用光伏发电进行电解水制取绿氢，再通过海运或长距离管道输送氢至欧洲各地。作为示范项目之一，西班牙的HyDeal项目计划建设67 GW的电解水制氢装置，年产3.6×10^6 t氢气，目标是在2030年前以1.50欧元/kg的价格向南欧和中欧供应绿氢。

2. 海上风电制氢

在欧洲近海(图6-7)采取"海上风电+海上制氢"的模式，并通过氢气管道运输至各地。例如，瑞典Hydrogen Turbine项目、德国AquaPrimus项目、英国Dolphyn项目、挪威Deep Purple项目等采用"风电平台+电解设备"开发模式，通过在风机平台上设置水电解制氢设备实现大规模的分散式制氢；比利时Tractebel Overdick项目、德国AquaSector项目、法国Sealhyfe项目等则采用"海上风电+新建海上平台+电解设备"的开发模式，通过新建海上集中式制氢平台集中制氢，以此减少因离岸较远或分散式制氢的风电场的电力传输损耗。此外，还有将即将退役的油气平台改造为制氢平台以节约成本，还有适用于近海风场的在陆上完成氢气的制取和储运的模式。

3. 电网过剩风光电制氢

利用电网中的过剩风光电就地制氢并就地使用，这种方法的氢气物流成本最低。然而，由于资源有限，该方法的制氢量预计会小于前两种方法。

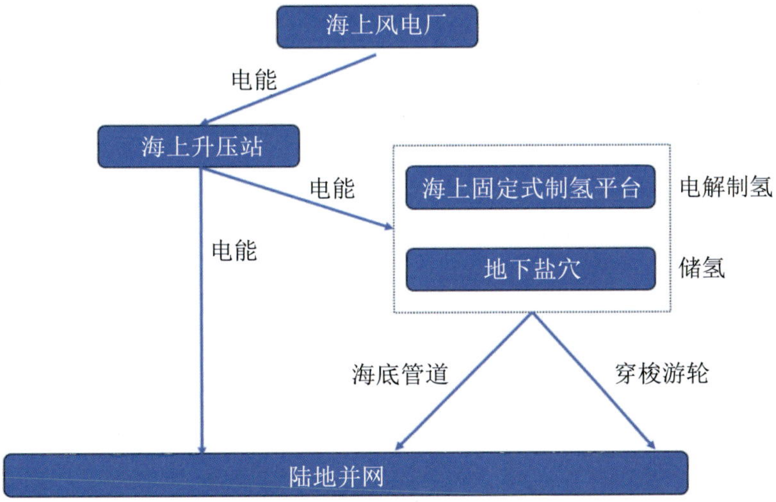

图6-7　海上风电制氢示意图

(参考资料：《比利时Tractebel Overdick项目项目书》。)

6.2 安全监管政策体系

氢能作为清洁能源在全球范围内得到广泛关注与发展，氢能的安全监管则成为保障其健康发展的关键环节。早在1998年，欧盟就已启动联合氢能项目的第一阶段(EIHPI)，这其中包括了安全和试验规范及其他标准。发展至今，欧盟的氢能产业安全监管政策体系旨在确保氢能技术和应用的安全性，以保护公众、环境和财产免受潜在的风险和危害。

6.2.1 氢能安全监管相关的法律法规及政策制定

在欧盟氢能产业链的上游制备环节，欧洲提倡“绿氢”，同时使用“蓝氢”过渡；中游储运环节是氢能产业链安全监管的重要一环，受限于成本，当前主要采用气态输运，包括高压气氢拖车和管道输运两种方式，欧洲普遍选择后者；下游储能（如储能电站、加氢站等）及交通运输（如航空、道路交通运输等）应用环节则主要关注加氢站相关安全问题。为此，欧盟采取了一系列法规和法律，以确保氢能产业链各环节的安全和合规。

现有氢相关的法律、法规和政策主要以其作为工业气体和化学原料的用途为基础，比如《工业安全指令》(Industrial Safety Directive)和《液化石油气指令》(LPG Directive)，要求对氢能项目和设施进行安全审查和风险评估，并确保符合相关安全标准和规定。

2022年7月出台的“关于天然气掺氢”的法律提案，旨在规范天然气与氢气混合使用的相关标准和安全要求，包括允许在天然气网络中掺入最多20%的清洁氢，确保在天然气管道和输送系统中掺入氢气的安全性和有效性；允许在天然气市场中交易清洁氢，并为此提供相应的计量方法和报告制度；允许在天然气税收和补贴政策中区分清洁氢和化石天然气，并为此提供相应的激励机制和透明度要求等。这一提案不仅推动了氢能的广泛应用，也为天然气网络的绿色转型提供了政策支持。安全评估技术方面，由联合研究中心(Joint Research Centre, JRC)与DNV公司共同开发，并在HySafe项目的协助下建立的氢气事件与事故数据库(Hydrogen Incident and Accident Database, HIAD)，于2006年7月正式发布。HIAD是一个欧洲知识库，旨在帮助工业界和相关部门更深入地理解与氢气相关的事件和事故的重要性，以及所采取的安全措施。挪威Gexcon公司开发的FLACS－HYDROGEN软件和DNV公司开发的PHAST软件均服务于氢行为后果量化评价，为国内外相关研究的展开提供了数据支撑。

关于氢动力车辆的液氢储能体系，2023年11月，欧盟通过WTO对外发布TBT通报[①]，发布了(EU)2021/535号执行条例修正案，主要对拖车和储能系统质量相关规则更改进行了说明。此次修订是根据欧盟所授权的2019/2144号条例，修订了实施(EU)

① TBT通报是WTO(世界贸易组织)成员国向WTO通报其国内技术法规、标准和符合性评定程序等文件草案，以便其他成员国在早期阶段提出意见，协调技术要求，减少和消除国际贸易中的技术障碍，以促进贸易的自由化和便利化。

2021/535号。具体而言,修订草案要求在零排放车辆的合格证中注明储能系统的质量,减少信息不对称以减少贸易壁垒,促进贸易便利化,以便从2025年起在CO_2监测中予以考虑。该修订案自2025年1月1日起生效。在此背景下,(EU)2021/535号条例中还提到了关于液氢组件的欧盟组件形式审批的适用情况。

然而,氢能在新兴应用领域的管理体系可能过于繁琐,或尚未健全,甚至完全缺失,尤其是汽车、轨道交通和建筑领域。比如,过于严格的安全管理规定可能在实际操作中变得不合理,增加了运营成本,降低了效率。例如,氢气加氢站的建设往往面临过高的安全标准要求,使得建设和运营成本大幅增加,从而影响了其大规模推广。再比如,氢气的生产、储存和运输都需要特殊的许可,而这些许可可能需要不同机构分别审核,导致项目从立项到运营的时间过长,影响了氢能技术的推广和落地。这些因素均抑制创新和应用扩展、阻碍基础设施建设、影响产业链协同发展,最终制约了氢能在社会层面的发展速度。

6.2.2 氢能安全标准制定

欧盟标准化是巩固区域内市场和增强欧洲公司海外竞争力的关键工具,从而为欧洲地区经济增长创造有利条件。氢能领域的标准化不仅可以促进企业在价值链和贸易中的融合,而且可以补充欧洲和国家区域政策,使企业和其他参与者更容易遵守相关法律法规。目前,氢能标准化作为欧洲标准化体系的重要部分,正在逐步完善并推动氢能全产业链降本。

欧洲的氢能标准化体系主要由欧洲标准化委员会(European Committee for Standardization, CEN)和欧洲电工标准化委员会(the European Committee for Electrotechnical Standardization,CENELEC)①共同制定和推广,两者长期致力于氢能源技术标准的全面研究和制定,下属多个技术委员会承担了此领域的标准化活动,其能源管理行业论坛的“清洁氢能联盟”也为不同技术委员会所开展的氢能源相关工作提供横向支持。值得注意的是,欧洲标准EN由CEN和CENELEC成员实施,并有义务撤回与发布的欧洲标准相冲突的任何国家标准。在实际操作中,欧盟大部分标准都作为EN标准直接执行,然后映射到国家层面。例如,在与CEN或CENELEC合作下,德国开发DIN标准并直接发布为DIN EN ISO或DIN EN。因此,一项欧洲标准成为CEN、CENELEC和所有34个成员国的国家标准,确保了共同的质量、安全、安全性和可持续性水平。

① 被欧盟和欧洲自由贸易协会(EFTA)正式认可的负责制定和定义欧洲层面自愿性标准的欧洲标准化组织除了CEN和CENELEC外,还有欧洲电信标准化协会(European Telecommunications Standards Institute,ETSI)。ETSI的标准化领域主要是电信业及与其他组织合作的信息及广播技术领域,因此本书不作过多阐述。

表6-6 欧洲氢能安全标准

标准号	中文名称	发布单位	所属环节
EIGA Code of Practice:2002	液氢存储、处理和配送安全	EIGA	储氢、输氢、用氢
CGA G-5.6-2005 (Reaffirmed 2013)	氢气管道系统	EIGA	输氢
IEC 62282-2-100-2020	燃料电池技术第2-100部分：燃料电池模块·安全性	IEC	用氢
EN 16723-2:2017	运输用天然气和生物甲烷及天然气网络注入用生物甲烷第2部分：汽车燃料规范	CEN	输氢
EN 17127:2020	户外气态氢加氢点及加氢协议	CEN	输氢
EN ISO 17268:2020	气态氢陆地车辆加油连接装置	CEN	输氢
EN 17339:2020	运输用氢气储罐-全缠绕碳复合物储罐	CEN	储氢
EN 17533:2020	气态氢-静态存储储罐	CEN	储氢
CEN/CLC Guide 38:2021	混合燃料站导则	CEN/CLC	用氢
EN 17124:2022	氢燃料——气态氢加氢点的产品特性和质量保证及车辆用质子交换膜燃料电池应用	CEN	用氢

注："燃料站"指加油、加气、加氢、电动车充电等混合加电站。

（参考资料：TUV南德意志集团，《欧盟(EC) 79/2009废止后，有关氢动力车辆及其部件的形式审批》；欧盟官网。）

此外，针对交通、工业和建筑等多个特定行业，欧洲工业气体协会(EIGA)制定了相关的安全导则。EIGA发布专门的指导文件阐述液态氢在储存和运输过程中需要注意的安全问题，如处理低温液体和防止泄漏(Safety Delta Nederland)；EIGA还特别针对小规模氢气生产设备发布了综合的安全和操作准则，帮助减少生产设施附近的风险，尤其是当这些设施靠近加氢站时。其中，在交通方面，欧洲经济委员会(UNECE)作为一个多边平台，也发挥着作用。UNECE提供所谓的全球技术法规，以促进区域内和区域外的国际合作，促进其成员国之间的更深层次经济一体化，并推动可持续发展。其中，关于燃料电池电动汽车的GTR No.13，旨在促进氢燃料电池汽车能够达到与传统汽车同样的安全级别，以避免氢气爆炸或燃烧等造成人员伤害。GTR No.13规定用于道路车辆的压缩氢气储存系统，其标称工作压力不应高于70 MPa，使用寿命不超过15年；规定了氢燃料供应系统的完整性要求，具体包括氢气储存系统、管路、接头和其他与氢气接触的部件；规定了液氢储存系统(Lequid fied Hydrogen Storage System，LHSS)的设计验证要求、完整性、测试方法等几个方面。

地方层面，各国除了出台了支持氢能发展的政策和计划，还制定了严格的安全标准和操作规范。如德国材料研究与测试联邦机构(BAM)在氢能安全研究方面发挥了重要作用，提供了科学和技术支持；法国的国家工业与环境风险研究所(INERIS)、英国的卫生与安全实验室(HSL)等机构也在氢能安全方面进行深入研究,制定和更新相关安全规程和标准。

指令方面,已有的欧洲监管框架,比如欧洲防爆指令(ATEX)和欧洲压力设备指令(PED)以及相关的一系列协调标准,能够基本满足当前的需求。对于压力容器,PED指令旨在确保压力容器和设备在设计、制造和测试方面的安全性。涉及氢气等高压气体的设备必须符合该指令的规定。移动式压力容器指令(TPED)涵盖运输过程中使用的压力设备,如气瓶、储罐等。作为可燃气体的一种,也要关注氢气泄漏排放而引发的一系列危害。94/9/EC指令(ATEX① 100指令)和99/92/EC(ATEX 118)指令旨在防止可燃气体(包括氢气)泄漏造成的危害。其中,94/9/EC指令规定设备在爆炸性环境中使用时必须符合的安全要求;99/92/EC指令要求工作场所最大限度地减少潜在爆炸性环境的风险,改善安全和健康条件。此外,《塞维索Ⅱ指令》涵盖了重大事故的预防和减轻对人类、设施和环境影响的措施。以上指令强调了涉及氢气时,必须采取特别的防护措施以防止爆炸性气体的危险。此外,国际标准化组织(ISO)和国际电工委员会(IEC)正在进行的工作也在将通用的安全原则和规则转化为针对氢气的具体要求。然而,现有的框架必须扩大并适应新的氢应用。这种努力必须与改进一般方法和方法学同步进行,特别是在风险评估、缓解以及基于风险的设计领域。

6.2.3 氢能产业及其安全体系构建方面的各机构的协同机制

1. 顶层架构:欧盟CE认证

2008年,欧盟修订《技术协调与标准化新方法》,指出所有欧洲生产、进口的产品必须根据相关指令、标准进行检测认证。欧盟CE认证(图6-8)作为安全合格标志应运而生,它是欧盟为确保产品在欧洲经济区(EEA)的安全性、健康性和环保性而建立的一种强制性合格评定制度,也是构成欧洲指令核心的主要要求之一。在CE认证体系中,法规(Regulation)、指令(Directive)和标准(EN)构成了确保产品安全和质量的三大支柱。其中,法规是由欧盟委员会制定的具有普遍约束力的法律文件;指令为成员国提供了将欧盟政策转化为国家法律的框架;标准由特定组织制定且为产品设计和制造提供了详细的技术规范,用以支持CE法规和指令的实施。如图6-9所示,欧盟指令需要成员国将其转化为国内法律才能生效,实施方面具有一定的灵活性;欧盟法规一旦通过即直接适用于所有成员国,确保法律的一致性和统一性;而标准本身没有法律效益,但在欧盟以公报形式发布或被国内法律和规定引用之后将获得法律效力。

其中,氢能产业安全监管政策体系旨在确保氢能技术和应用的安全性,该体系涵盖了多个方面,包括法规法律、技术标准,以及发展至今更加符合科技发展现状的政府监管和行业规则等(图6-10)。首先,欧盟制定了相关的法律和法规,以规范氢能产业的发展

① ATEX取自法语"Appareils destinés *à* être utilisés en ATmosphères EXplosibles",意为在爆炸性环境中使用的设备。

和运营。这些法规涉及安全审查、许可证申请、风险评估、应急响应等方面，旨在确保氢能项目和设施的合法性和安全性。其次，欧盟通过制定技术标准来规范氢能技术和设施的设计、建造和运行。这些标准涵盖了氢气生产、储存、运输和使用等方面，以确保氢能系统的安全性和可靠性。此外，欧盟各成员国政府机构通过自下而上的监督检查、执法行动、信息披露等手段负责监督和管理氢能产业的安全。最后，欧盟的氢能产业也积极参与行业自律和合作，共同制定最佳实践和标准，促进安全文化和经验分享。

图6-8　CE标志

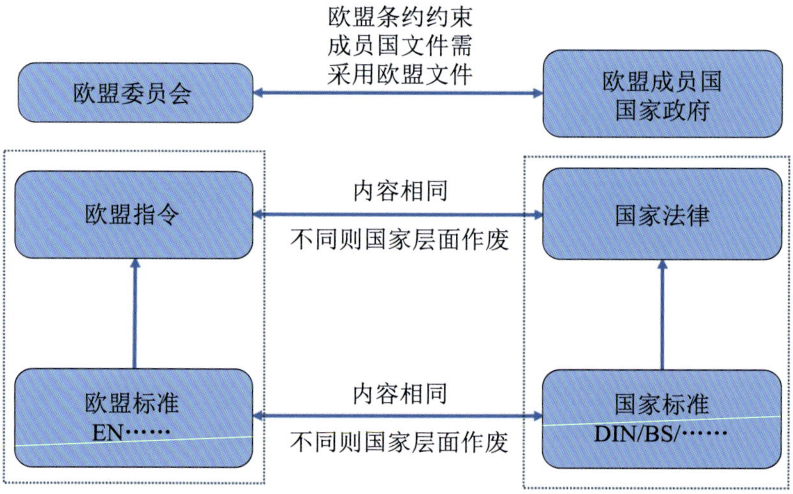

图6-9　欧盟法规、指令和标准关系图

此外，在氢能标准化方面，IEC、ISO、CEN和CENELEC均扮演着重要角色，多个欧洲和国际标准化委员会负责整个氢能价值链中的氢能标准化议题。图6-11展示了这些欧洲和国际级别的技术委员会及其相互关系，突显了氢能标准化过程的复杂性和涉及大量参与者的情况。对于氢能，ISO与IEC协作，主要在氢气生产、储存、运输和应用的广泛领域进行标准化工作。ISO的TC 197技术委员会专注于氢技术，覆盖氢气的纯度、燃料加注和安全操作等问题。CEN负责欧洲范围内的标准化事务，与CENELEC协同制定氢能相关标准。CEN的任务是协调不同成员国的标准，特别是在氢能基础设施建设中的应用，如加氢站的建设和操作；与IEC类似，CENELEC的技术委员会负责氢能相关的电气标准，涵盖燃料电池和氢气设备的安全性、电磁兼容性等技术细。图6-11进一步展示了目前所知涉及氢能议题的技术委员会，随着时间的推移，预计会有更多技术委员会来处理相继出现的氢能标准化方面的问题。

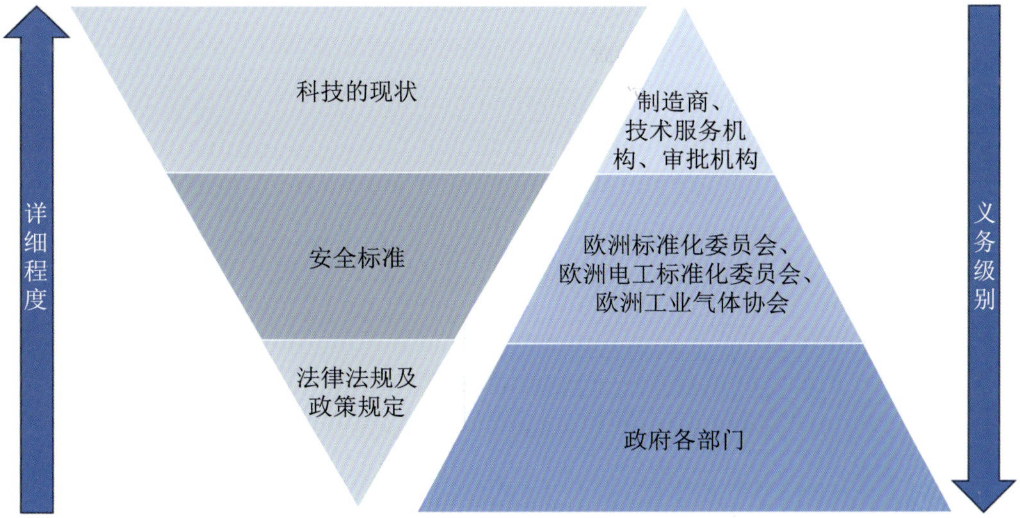

图6-10 欧洲氢能产业安全体系层次

（参考资料：TUV南德意志集团，《欧盟（EC）79/2009废止后，有关氢动力车辆及其部件的形式审批》；欧盟官网；欧洲清洁氢能联盟，《氢能标准化路线图》。）

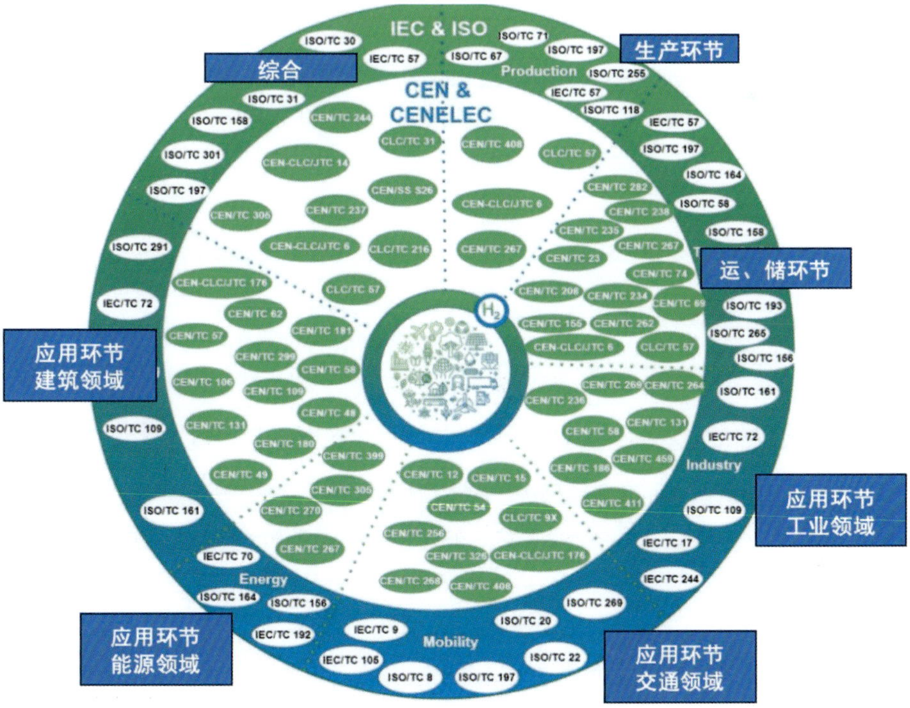

图6-11 氢能领域的欧洲和国际标准

（参考资料：欧洲清洁氢能联盟，《氢能标准化路线图》。）

2. 核心机构：欧洲清洁氢能联盟

2020年7月，欧洲清洁氢能联盟（ECH2A）成立。作为欧盟确保其工业领先地位并加速工业脱碳化努力的重要组织，该联盟由相关产业领导者、民间机构、政府组织、欧洲投资银行和等广泛的利益相关者共同构成。ECH2A在启动后不久便认识到系统性标准框架的重要性，并于2021年发表《障碍报告》（Report on Barriers）指出了氢能标准在氢能技术和应用中的短板。2022年2月创建了一个专门致力于氢气标准化的工作组（WG），它由44名成员组成，其中大多数是参与国家、欧洲和国际标准化委员会的专家，上述专家与CEN和CENELEC的代表们保持密切联系。WG成立的主要目标是促进氢能标准化工作的协调性、一致性，并与欧盟标准化战略保持同步，以便按照欧洲绿色协议、欧盟氢能战略和其他政策来大规模部署氢能产业。WG被委派执行以识别整个氢能价值链中现有标准的问题、空白、挑战和优先事项，以及制定标准化路线图。其成立了1个子小组来处理跨领域标准的问题，任务包括确定主题、描述需求、识别挑战、明确该领域特定监管和标准化框架。

然而，设计或开发标准并不是WG的目标，是欧洲标准化机构CEN和CENELEC以及它们的国际层面对应机构ISO或IEC的职责。近期，该标准工作组发布《氢能标准化路线图》（以下简称“路线图”），以推进到2030年大规模部署清洁氢能技术。此举也得到CEN和CENELEC的支持，并表示将依据路线图制定的行动方案与欧盟提出的相关标准化工作需求，与相关专家和利益相关方共同助力欧洲氢能源行业的发展，推动实现欧洲能源系统完全脱碳化目标。路线图指出，国际氢能标准是氢能技术和应用成功推出的关键，欧洲应尽快制定并启动具有此类标准优先级的开发计划，同时必须确保制定标准与法律、法规框架和技术开发保持一致（图6-12）。

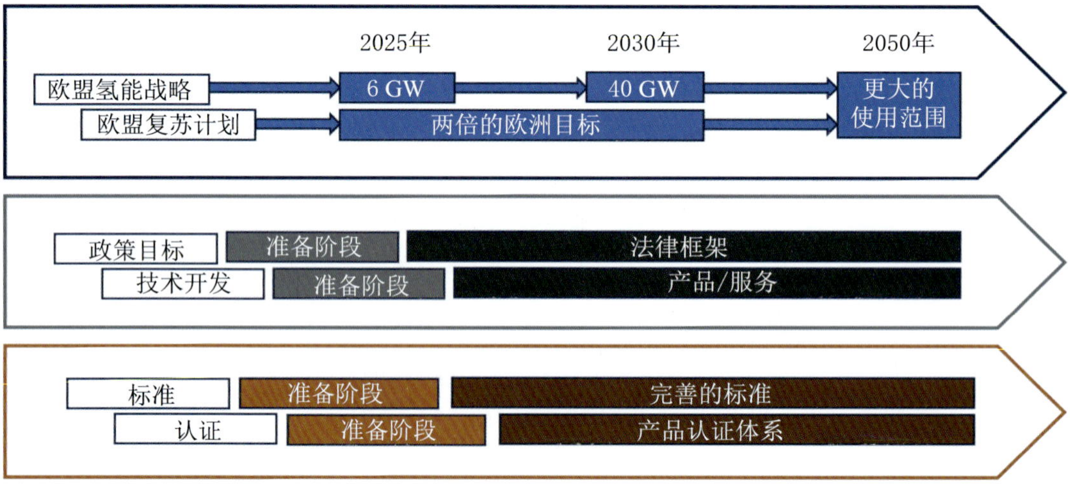

图6-12　欧洲氢能标准化路线

（参考资料：欧洲清洁氢能联盟，《氢能标准化路线图》。）

ECH2A建立了一个监测框架，以跟踪实现地平线欧洲法规（Horizon Europe

Regulation)等规定的目标的进展情况,以及有关项目对欧盟的关键绩效指标的贡献。这个框架通过将重要项目结果与所要求的关键绩效指标进行比较,用以衡量研究和创新项目的进展情况。其中,有关于安全问题的关键绩效指标(KPls for Safety, PNR& RCS部门)具体如下(表6-7):关键绩效指标1要求具有主动安全管理的关键项目,包括定期审查安全计划、教育措施、监控等,关键项目将由欧洲氢安全小组确定,该小组还将评估项目的安全管理;关键绩效指标2关于"安全"的项目报告(包括无事件、未遂事件、事故),根据EIGA文件(SAC Doc 90/13/E,事件/事故调查与分析)对未遂事故、事件和事故的定义,在HIAD2.0或者HELLEN数据库中报告异常情况;关键绩效指标3是项目层面的安全部门的数量(如研究重点、风险评估、终端安全等)或PNR/RCS部门的数量(如最终用途装置许可程序、供应链特定方面的差距分析等);关键绩效指标4明确在PNR项目范围内的标准、技术规范或技术报告的数量。

表6-7 有关安全的关键绩效指标

序 号	指 标	2024年目标	2030年目标
1	主动安全管理的项目	80%	100%
2	安全性报告	80%	100%
3	安全或PNR/RCS部门	2个	4个
4	项目范围内标准的影响	90%	100%

(参考资料:Clean Hydrogen JU,《TECHNOLOGY KPIs》。)

6.3 地方层面氢能产业政策发展

6.3.1 总体概况

法国、德国、荷兰、西班牙、葡萄牙、意大利等国将氢战略纳入绿色经济复苏计划,并发布了国家氢能战略;其他一些欧盟成员国,如奥地利、爱沙尼亚、卢森堡、波兰和斯洛伐克目前处于制定战略的阶段。如表6-8所示,从绿氢产能目标来看,德国以"到2030年,电解水制氢产能达10 GW"的目标位居第一;法国、德国、荷兰、西班牙、葡萄牙和意大利六国[①](挪威未在国家氢报告中列示具体目标)的绿氢产能到2030年合计将达到30.5~32.0 GW,约占欧盟2030年40 GW整体目标的76.3%~80%,欧洲氢能战略目标有一定可行性。2023年,部分欧盟成员国陆续更新了国家氢能战略。

① 法国、德国、荷兰、葡萄牙和西班牙在内的5个欧盟成员国占欧盟27国GDP的58.5%,其整体目标是到2030年在低生产情景下达到20.5 GW的绿氢产能,在高生产情景下达到22 GW的绿氢产能。

表6-8　欧盟主要国家发布的国家氢能战略

国家	绿氢产能	氢燃料电池汽车目标	氢产业结构	资金规模
法国	2030年达到6.5 GW的电解槽容量；2035年达到10 GW的电解槽容量	2028年将拥有2万～5万辆乘用车和轻型商务车、800～2 000辆重型汽车、400～1 000座加氢站	2023年，绿氢在氢气中的比例将达到10%，2028年将达到20%～40%	2030年，绿氢项目投资额约为70亿欧元
德国	2030年达到10 GW的电解槽容量	—	2050年，本土钢铁生产转型对绿氢的需求将超过80 TWh①，2050年冶金业和氨生产对绿氢需求达到22 TWh	70亿欧元用于升级氢气相关技术，36亿欧元用于购买清洁汽车，34亿欧元用于加氢站基础设施建设
意大利	2030年达到5 GW的电解槽容量	2030年，氢燃料电池长途汽车将达到4 000辆，逐步用氢燃料火车取代柴油火车（柴油火车目前占全部火车的1/3）	2030年，氢气将占最终能源需求的2%，2050年氢能在全部能源供应的占比提升至20%	2030年，绿氢项目投资额为50亿～80亿欧元，交通领域投入20亿～30亿欧元
荷兰	2025年达到0.5 GW的电解槽容量；2030年达到3～4 GW的电解槽容量	2025年将拥有1.5万辆氢燃料电池汽车、3 000辆重型汽车、50个加氢站；2030年将拥有30万辆氢燃料电池汽车	—	—
葡萄牙	2030年达到2～2.5 GW的电解槽容量	2030年，公路运输中的氢能占燃料消耗的5%、国内海上运输中氢能占燃料消耗的3%～5%、建设50～100座加氢站	2030年，最终能源消耗中绿氢占比1.5%～2%、向天然气网络中注入10%～15%的绿氢、建立50～100座加氢站	2030年，绿氢项目投资额为70亿～90亿欧元
西班牙	2030年达到4 GW的电解槽容量	2030年，将拥有150～220辆氢燃料电池公共汽车、5 000～7 500辆轻型和重型燃料电池汽车、100～150个加氢站	2030年，绿氢占氢气总消耗量的25%	2030年，绿氢项目投资额约为90亿欧元

注：上表概述了欧盟主要国家发布的国家氢能战略，其中挪威在国家氢报告中没有定义具体目标和资金措施，因此未包含在表格中；上表有关德国、法国的部分数据于2023年新版国家氢能战略中更新。

① TWh为太(拉)瓦时(Tera Watt Hour)，1 TWh=10^9 kWh。

此外,氢燃料电池汽车同样为各国非常重视的应用场景,与此相匹配的加氢站建设也非常重要。欧洲议会签署的一项重要法规要求到2031年,在欧盟核心道路上每200 km建造一座加氢站;并要求到2034年,海运船舶运营商使用至少1%的可再生能源燃料。根据H2stations.org的数据(图6-13),截至2023年底,欧洲共有265座加氢站投入运营。其中,105座在德国,51座在法国,荷兰有22座,瑞士有17座。在2019年,大约有70%的新建加氢站仅用于乘用车的加氢;在2023年,建成的加氢站中,有92%开始为公共汽车和重型卡车等车辆加氢。在2023年,德国虽然只推出了8座全新的加氢站,但升级了28座现有的重型汽车加氢站。2023年,近40%的欧洲加氢站适合为乘用汽车和重型车辆加油,而2019年这一比例为27%。

6.3.2 德国:氢能生态体系的模范

作为绿色转型驱动模式的代表,德国拥有着强大的工业基础。2020年6月,德国联邦政府实施了《国家氢能战略》,并同时设立德国国家氢能委员会(NWR);2021年,德国联邦经济和能源部与联邦教研部发布《国际氢能项目资金资助指南》;2023年7月,德国在新版战略中将国内电解水制氢能力的目标从5 GW提升至10 GW以上。此外,德国计划在2027年或2028年前改造和新建超过1 800 km的氢气管道,新增约4 500 km氢气管道,此举有望在绿氢产业经济的可持续发展方面创造新的增长点。2024年6月,德国内阁再次通过《氢能加速法案》(Hydrogen Acceleration Act),旨在打通氢能生产、储运、进口和消费的各环节基础设施的建设。

距第一次发布《国家氢能战略》仅过去3年,德国便为本国氢能中长期发展制定了更为长远的目标(图6-14)。政策执行的良好监督体系和强大工业优势对氢能的蓬勃发展起到至关重要的作用。国家氢能委员会作为整个氢能战略的中坚力量,起到承上启下的作用。其由联邦政府任命,委员会由来自商界、科学界和社会界的26名高级专家组成,是一个独立的、无党派的咨询机构。国家战略的实施和目标的实现受氢能国务秘书委员会监督。此外,国家氢能委员会成立独立指挥部,对内负责协调和支持氢能委员会的工作,对外积极推进国家氢能战略实施的进程,同时兼负向上级出具监督报告的责任。

其次,德国针对重点应用领域,采取"量身定制"的差异化战略,尤其对于新兴领域的探索,具有模范效果。德国提出电转X(Power to X)模式(图6-15),包括电转热、电转气、电转液、电化工,旨在服务氢能综合应用场景:① 能源属性:替代传统能源,应用于汽车、家用等领域;② 载体属性:德国近年致力于发展可再生能源,在实现绿色的同时也带来了能源系统不稳定的后果,其中,氢能作为高效二次能源,可增强可再生能源的消纳能力和稳定性,且通过掺氢天然气实现快速规模化推广;③ 原料属性:绿氢可应用于钢铁、化工、石化等工业领域,实现工业深度脱碳。

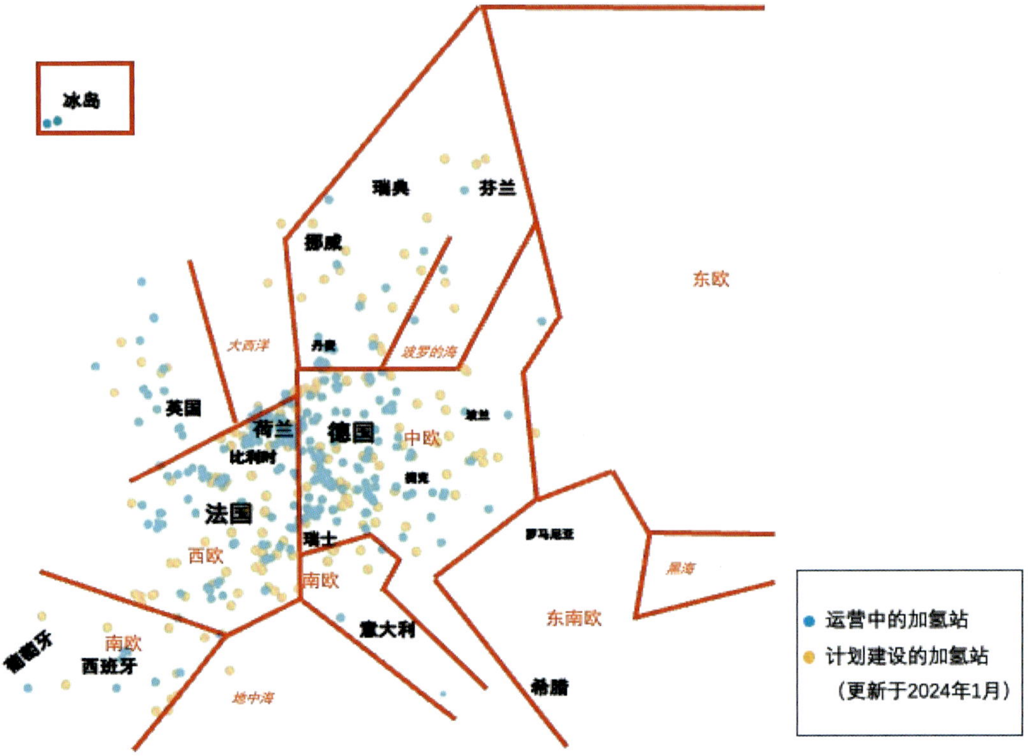

图6-13　欧洲加氢站分布趋势图

（参考资料：H2stations.org。）

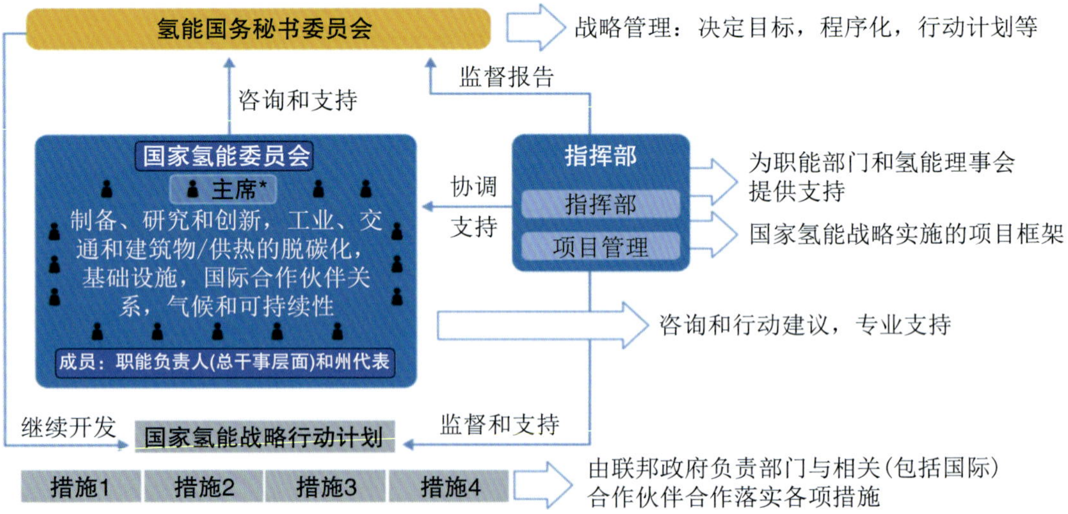

图6-14　德国国家氢能委员会结构

（参考资料：德国国家氢能委员会官网。）

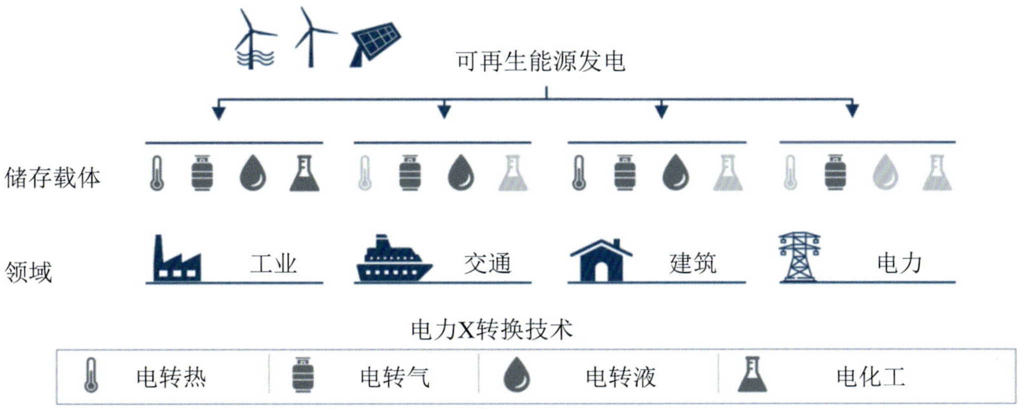

图6-15 “Power to X”概念图

（参考资料：德国联邦经济事务和能源部相关材料。）

在2004年，德国便组建了国家氢能与燃料电池组织（NOW）。2006年，NOW启动了国家氢能与燃料电池技术创新计划（NIP），计划10年内筹集7亿欧元，总资金规模计划达到14亿欧元，这些资金用于支持氢能技术的研究、开发和商业化推广，以促进氢能产业的发展和应用。特别是氢能示范区（HyLand）项目，其作为NIP计划的一部分被提出，目前已执行两期。其中，第一期、第二期先后确定氢能示范区试点数量分别为25个、33个，用于资助地区性整体氢能方案的制定、细化和实施。HyLand官方数据显示，在氢能示范区（HyPerformer）项目类别中，被选为第一期资助对象的地区是慕尼黑和埃伯斯伯格区（HyBayern）、西北大都会区（HyWays for Future）、莱茵-内卡尔大都会区（H2Rivers），被选为第二期资助对象的地区是H2吕根岛施特拉尔松德中央氢枢纽、莱茵-鲁尔地区的TH2ECO移动项目。这些氢能示范区采取的方法涵盖了氢的整个价值链：从生产到储存、运输，再到交通运输应用，如公交汽车、市政商业车辆、卡车或乘用汽车。从政策制定到政策落地，再到政策示范，德国的氢能战略实现了高效闭环。

6.3.3 法国：政策赋能创新的典型

法国是目前已知天然氢气储量最多的国家之一①，尤其在欧洲具有显著优势②。因此，有别于欧盟部分国家力推化石燃料配合碳捕集和封存技术的“蓝氢”发展路线，法国坚定选择可再生能源和核能驱动的绿氢战略。一方面，法国政府通过大规模部署电解槽替代灰氢；另一方面，启动天然氢勘探研究，计划成为该领域的全球领导者，并已在比利牛斯地区获得首个研究许可。

2020年9月8日，法国生态部和经济部联合颁布《法国国家无碳氢能发展战略》（以下

① 2023年7月，法国在洛林盆地发现了一个储量高达4.6×10^7 t的天然氢矿床，这是欧洲迄今发现的最大天然氢矿藏，且氢气浓度随深度递增（3 000 m处达98%）。

② 参见：马琼，“天然氢”的潜力，《环球》杂志。

简称“国家氢能战略”），预计到2030年投资70亿欧元（约合551.9亿元人民币）发展绿色氢能。其战略目标包括部署6.5 GW电解槽；发展尤其是服务于重型车辆在内的氢能交通；创造5万～15万个就业岗位；预计到2050年，相较于2015年的碳排放量减少81%。此外，作为复苏计划（Recovery and resilience Plan）中“生态转型”的重要举措之一，国家氢能战略到2030年总计将提供70亿欧元的公共支持资金，具体有以下三大重点：① 实现工业脱碳，资金占比高达54%；② 开发零碳重型交通工具，资金占比27%；③ 支持创新，资金占比19%（图6-16）。2023年12月15日，法国政府更新了《国家氢能战略》，补充预计到2035年部署电解槽将增至10 GW。

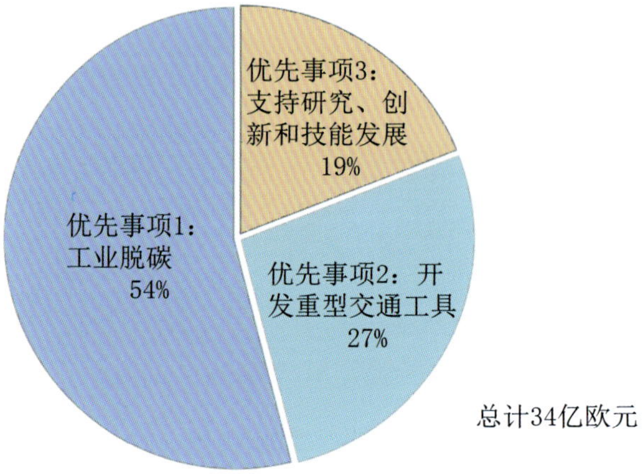

图6-16　2020—2023年法国发展清洁氢国家战略预算的分配

（参考资料：法国《国家氢能战略》。）

此外，法国也给予了科研创新活动较多的资金支持。法国于2021年首次提出“法国2030”（Présentation du plan France 2030）投资计划，其涵盖10项具体目标，旨在通过在关键产业投资300亿欧元以提振法国工业竞争力。10项目标中与氢能（或能源）产业息息相关的包括：目标1重启创新型核电建设（SMR），以确保法国能源独立和国内电力供应[①]；目标2成为绿色氢能的领导者，法国将拥有至少两个超级电解槽工厂，实现大规模生产氢气和拓展氢能技术；目标3进行工业脱碳，预计与2015年相比，温室气体排放量减少35%；目标4生产近200万辆电动和混合动力汽车；目标5生产第一架低碳飞机。其中，超过80亿欧元分配给能源部门，用于实现目标1、2和3；40亿欧元分配给运输部门，用于实现目标4和5。此外，在“法国2030”投资计划的框架内，还为氢部门（Hydrogen sector funding）设定了19亿欧元的专项资金，这笔资金将用于开发清洁氢技术，旨在实现推动法国成为绿色氢生产领导者和助力工业部门脱碳的强烈目标。在“法国2030”计划实施两周年之际，法国再次宣布将天然氢作为具有研究优势及战略意义的七大重点发力领域之一。具体而言，一是法国作为天然氢储量最多的国家之一，有望成为天然氢生产领先

① 发展“更加模块化”和“更加安全”的新一代小型核反应堆EPR2，在风能、太阳能等非化石能源短期内无法稳定供给的条件下，助力法国2050年前实现“碳中和”目标。

国家，应提供大量资金支持；二是强化法国在绿色氢发展方面的比较优势，目标是到2030年安装6.5 GW电解槽容量；三是推动氢与航空业的促进发展；四是成为欧洲氢运输枢纽。

6.3.4 荷兰：依托区位优势的先驱

在全球能源转型的背景下，荷兰在能源领域崭露头角，展现出卓越的氢能技术和创新实力。荷兰坐落在北大西洋航线与欧洲大陆出海口的交界处，被称为“欧洲的门户”。其优越的地理位置让它成为国际贸易的核心枢纽，类似于中国的粤港澳大湾区，其覆盖的约1.7亿消费者几乎占到欧盟市场的一半，使其成为欧洲市场的重要经济引擎。被誉为“风车王国”的荷兰不仅凭借其优越的地理位置辐射欧洲1.7亿消费者，还在能源领域，尤其是低碳环保和可再生能源领域展现出高度的专业性和创新力，形成了较为完善的氢能生态系统。

荷兰是欧盟中仅次于德国的第二大氢气使用和生产国。目前，荷兰使用的氢气总量已达180 PJ①，主要作为中间产品在工业中使用，如炼油厂或化肥生产，这一数量约占荷兰总(最终)能源需求的10%。这些氢气主要由天然气制成，但未来几年内，工业将转向清洁氢，如利用残余气体并捕获CO_2排放制成的氢气，或通过太阳能和风能电解水生成的完全无CO_2排放的氢气。彭博新能源财经的《氢供应展望》中提到，英国、荷兰、西班牙和葡萄牙将占据欧洲的大部分清洁氢产量。此外，荷兰在2019年获得2 000万欧元欧洲资金，建立了欧洲第一个“氢谷”。荷兰现已建设超过1 000 km的专用氢能管道，拥有1.36×10^5 km的天然气管道，并预计85%的氢能主干线将利用现有的天然气基础设施，加速“国家氢气主干网”的建成。

除了基础设施方面，荷兰政府同样致力于为氢能安全保驾护航。氢能安全创新计划(WVIP)是一个致力于促进氢作为创新且可再生能源的载体而被广泛应用的计划，其主要目标是识别和解决氢使用中的泄漏、爆炸等潜在风险，并通过采取适当的预防措施来控制这些风险，从而加速氢的导入和应用。WVIP氢安全创新计划由NLHydrogen(NLH)行业协会②与产业界、研究机构、地方政府、安全部门、环境服务部门以及经济事务和气候部、基础设施和水资源管理部、司法安全部共同发起和实施，以确保为氢在社会中的小规模和大规模应用制定明确的规则、法规和指南(图6-17)。自2018年在荷兰企业局(RVO)的资助下启动以来，WVIP已取得显著进展。在2020年2月正式启动了全面工作计划。该计划涵盖6个工作组和主题，包括许可指南、风险控制和事故处理、法律法规和政策的制定、氢的安全性和风险评估、氢使用的风险分析，以及从国内外相关项目中汲取

① PJ为拍焦(Petajoule)。1 PJ=10^{15} J。

② 为了更好地了解氢的安全性，NLHydrogen(NLH)行业协会致力于开发和分享安全相关的知识，以控制氢的风险并应对可能发生的事件。同时，还会解决实践与法律、法规和政策要求方面的差距所带来的问题。

的经验教训。随着提供加氢站的数量正在迅速增加，WVIP建议修改现有的规则，制定新的法律、法规和政策。

图6-17　氢能安全计划参与方

（参考资料：NLH行业协会官网。）

6.4 氢能产业典型实践案例

6.4.1 欧洲氢气主干网络计划

2020年，由23家欧洲天然气输送系统运营商发起的欧洲氢气主干网络（European Hydrogen Backbone，EHB）发布了其代表性的EHB地图，旨在构想一个可持续的欧洲氢能运输基础设施蓝图，为建立欧洲氢能市场作出了积极贡献。

如图6-18所示，鉴于欧洲重新赋能计划提案以及氢能市场的快速发展，EHB提出了更加远大的愿景——涉及来自28个国家的31家能源基础设施公司，可以形成5个泛欧氢能供应和进口网络，将工业集群、港口和氢谷连接到资源丰富的氢能供应地区。

1. 北非–意大利走廊

作为运输北非至意大利南部成本竞争力强的绿色氢气生产潜力网络，为中欧提供服务。该走廊将利用现有的天然气网络，将北非的绿氢通过改造后的管道输送至意大利、奥地利、斯洛伐克和捷克共和国，提供成本较低廉的绿氢，帮助沿途的特别是巴伐利亚、莱茵-美因和莱茵兰等地区的工业脱碳。

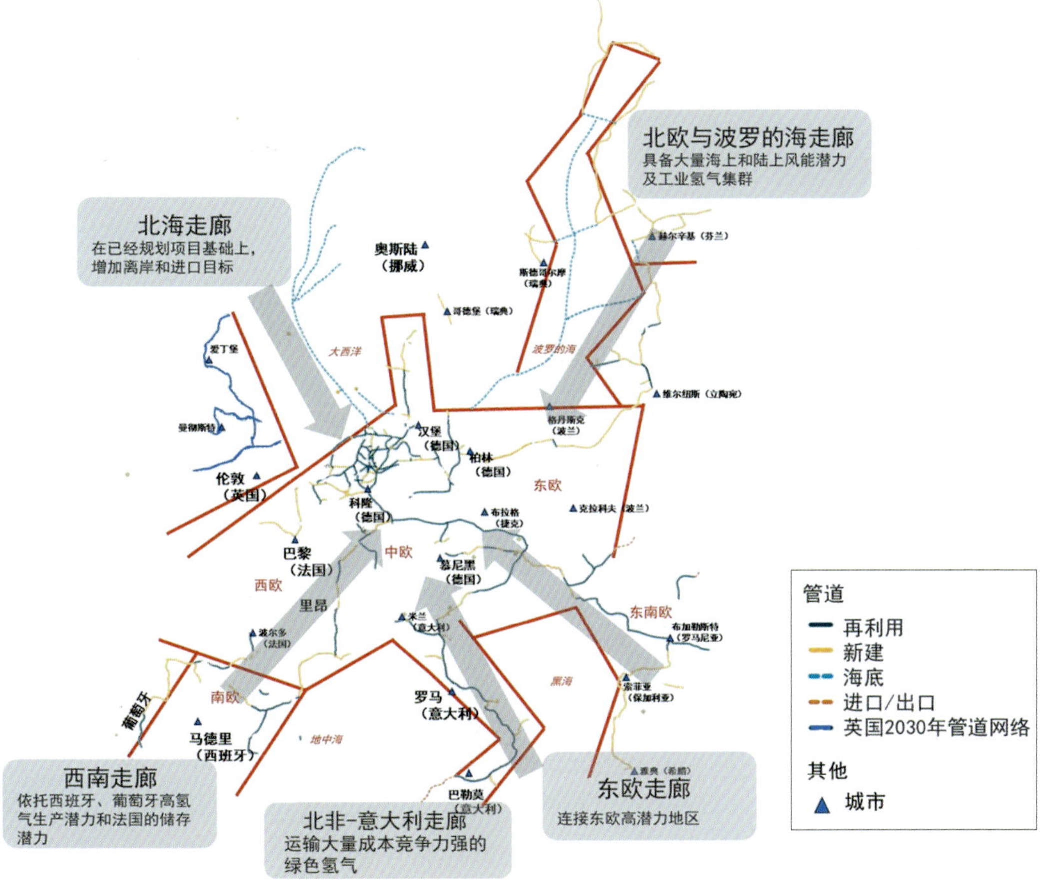

图 6-18　氢气主干网络图

（参考资料：《欧洲氢能骨干网》。）

2. 西南走廊

在伊比利亚半岛发展，用于出口和运输在西班牙和葡萄牙生产的绿氢，连接葡萄牙、西班牙和法国，使三国受益于西班牙和葡萄牙低成本、大规模的氢气生产和法国及伊比利亚半岛的地下储存设施。这条走廊将延伸至德国，为葡萄牙、西班牙和法国的工业和交通系统脱碳，并向德国的需求中心提供低成本氢气。未来，这条走廊还可连接摩洛哥的氢气进口。

3. 北海走廊

位于北海周边，将形成一个互联走廊，依托正在进行和计划中的离岸风电、大规模制氢项目，以及通过船舶进口氨、甲醇和液氢等氢衍生物，以满足鹿特丹、泽布鲁日和安特卫普等工业集群和港口的需求。荷兰的国家骨干网将在2027年建成，并在2030年前连接所有工业集群、储存设施和邻近的德国和比利时网络。在德国，预计将发展西北部、鲁尔区和东部的氢气集群，并与其他西北欧国家的氢气网络相连。

4. 北欧波罗的海走廊

基于陆上和离岸风能的巨大供应潜力，预计将发展额外的供应走廊，将北欧和波罗的海的氢气供应连接到欧洲其他地区。这条供应路线将支持北欧的绿色钢铁和清洁燃料项目，并通过芬兰、波罗的海国家和波兰的陆上路线为现有工业脱碳。巨大的离岸风电潜力还将推动新的离岸管道发展，将北欧的供应连接到中欧的需求中心。

5. 东欧走廊

连接中欧的氢气需求者与罗马尼亚、希腊等可再生能源较丰富的地区。丰富的土地资源和较高的太阳能、风能容量，加上清洁氢（如核能）的充分利用和大型天然气管道的改造项目，使得该地区成为大规模氢气生产的理想候选地。然而，该区域未来天然气流量的不确定性影响了该走廊的发展。

总体来说，到2030年，不同地区将根据其地缘政治情况选择不同的氢气进出口方案。2030—2040年，欧洲氢气主干网络将继续扩展，覆盖更多地区并在成员国之间开发新的互联线路，氢气从服务于工业需求逐渐成为其他领域的重要能源，包括重型交通运输、电子燃料生产、建筑部门以及长期能源储存和可调度发电，从而补充电网且可整合大量可再生能源。随着绿色协议、“Fit for 55”和重新赋能计划等政策体系逐步完善，气候目标实现的紧迫性增加，以及公共部门和工业支持的项目和倡议迅速发展，主干网络将自然延伸到成本效益较高的管道运输氢气，以满足市场的需求。随着大型氢气供应走廊的汇集，到2040年，将构建一个连接28个欧洲国家、长度达5.3×10^4 km的欧洲氢气主干网。其中，约60％为改造现有基础设施，40％为新建氢气管道。如果该氢气主干网配备了恰当且技术可靠的压缩系统，预计该网络能够完全满足2040年欧洲每年1 640 TWh的氢气需求，构成未来氢气供应的重要部分。

EHB计划的核心目标是减少对化石燃料的依赖，降低碳排放，推动绿色经济发展。在EBH计划的框架下，欧洲将加大对氢能基础设施的投资，包括建设大型电解水制氢工厂、氢气储存设施和氢能运输网络。同时，计划还将支持各类氢能应用项目的开展，如氢燃料电池汽车、氢能发电站以及工业用氢项目。通过政策引导、资金支持和技术创新，EHB计划致力于打造一个高效、清洁、安全的氢能生态系统。作为欧洲氢主干网络的主要组成部分，H2med计划汇集了30多家能源基础设施运营商，旨在将伊比利亚半岛的氢网络与欧洲西北部连接起来，仅H2med走廊将完成2030年欧洲预计每年消耗2×10^7 t氢气中的10％的目标，以确保欧洲的能源供应。

此外，将风能和光能用于电解水制氢，并将天然气按一定比例掺入氢气，再通过新建或再利用的天然气管网运送至用户终端。此举不仅能起到储能和调节电力负荷的作用，还避免了新建输氢管道的高昂成本。2004年，“NaturalHy”项目在欧洲委员会支持下首次将氢气注入高压输送管线，并通过配送管网输送至用户，同时系统研究了掺氢对天然气系统的影响；2007年，荷兰的“VG2”项目在阿默兰岛将氢气掺入低热值天然气管网提供给普通家庭使用；2012年，德国在法尔肯哈根开展风电制氢直接送入天然气管道掺氢示范项目；2014年，法国“GRHYD”项目将氢气以6%～20%体积比例注入所在地区天然气管网。

6.4.2 欧洲氢能银行

2023年3月，欧盟委员会正式发布欧洲氢能银行计划（The European Hydrogen Bank）。它不是被设计成一个实体机构，而是一个融资工具，是为提高本土绿氢产量而建立的拍卖平台，利用创新基金和成员国资金，提供“拍卖即服务”，该机制将使成员国能够为已参加拍卖，但因预算问题而未获得创新基金支持的项目提供额外国家资金，而无需在国家层面进行单独的拍卖，从而减轻了各方的行政负担和成本。通过对接可再生能源供应和欧盟的需求，氢能银行促进了私人投资领域的发展，为欧洲提供了新的经济增长机会和就业机会。欧洲氢能银行计划提出，到2030年，欧盟为建设氢能全产业链需追加投资3 350～4 710亿欧元，并为实现目标而设置了四大功能机制。

第一个机制是创立欧盟境内氢能市场，旨在支持欧洲氢气生产市场的扩大，并将清洁氢气供应与需求联系起来，以规模化降低绿氢与化石能源的成本差距。例如，氢能银行拍卖（Auction-as-a-Service，AaaS）通过拍卖方式[①]，为清洁氢项目提供资金支持。德国从其国家预算中拨出3.5亿欧元，用于支持欧洲氢能银行新的拍卖服务计划下的绿氢生产。第二个机制是鼓励国际氢能向欧盟出口，同时强调能源供应的多元化和安全性。第三个机制是提高透明度并且发挥协调作用。第四个机制是整合利用现有金融工具。欧洲氢气银行旨在改善跨行业的氢能知识分享，普及欧盟与成员国的支持和融资，提高各机构合作的透明度和效率。例如，欧委会一方面致力于简化现有融资工具，另一方面加强与成员国就其氢能项目融资计划开展交流和协调，使资源较为有限的成员国也能从欧洲整体规模中获益，最终通过建立共同的氢能市场增强现有融资工具的影响力。通过这些机制，欧洲氢能银行为欧洲向氢经济的转型提供了关键支持，为实现氢能在能源领域的广泛应用和可持续发展目标作出了重要贡献。

---

① 欧盟于2023年11月23日正式启动首轮绿氢生产试点拍卖活动，竞拍成功的生产商将根据交付的合格绿氢的数量获得补贴，最长可达10年。

6.4.3 欧洲氢谷

为了进一步构建知识密集型组织，欧盟、欧洲清洁氢能合作伙伴于2023年5月宣布重启氢谷平台。根据欧洲清洁氢能合作伙伴的定义，氢谷（Hydrogen Valley）是指在特定区域（城市、区域、岛屿或产业集群）内集中发展氢能产业链的生态系统。如图6-19所示，这些区域通常聚集了从氢气生产、储存、运输到应用的各个环节，通过形成产业集群，有助于实现规模经济效应，不仅推动技术创新和商业模式的突破，还能提升整个氢能产业的竞争力和可持续性。

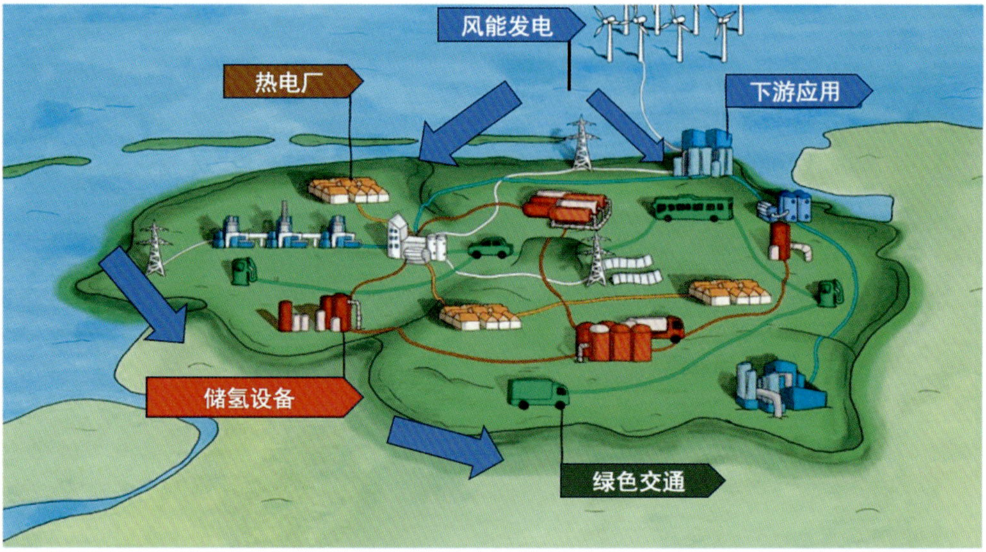

图6-19　欧洲氢谷示意图

（参考资料：欧洲清洁氢能合作伙伴官网。）

欧洲地区较具有代表性之一的便是“Green Hysland”项目（图6-20），预计到2030年产能达4 GW，总投资达89亿欧元。作为欧洲岛屿上的第一个氢谷，其是欧盟委员会在清洁氢能领域的第二大资金投入项目，也是有史以来向地中海国家提供的最大资金支持的项目，它将在西班牙的巴利阿里群岛创建一个”清洁氢能生态系统”。该项目每年将在当地生产、分配和使用至少300 t清洁氢，这些氢来自太阳能。如图6-20所示，该项目在应用方面，包括向燃料电池巴士和燃料电池租赁车辆提供燃料，为商业和公共建筑发电，为渡轮及港口业务提供辅助电力，以及建立氢能燃料补给站。此外，该项目还将通过氢能原产地能源保障系统，优先向该岛的天然气管网注入绿氢。在氢谷内，政府、企业、研究机构等各方力量紧密合作，共同推进氢能技术研发、示范项目实施以及市场推广。此外，氢谷还为区域经济带来新的增长点，促进就业和产业升级。通过建设氢谷，能够为氢能的大规模应用提供有力支持，推动全球能源转型。氢谷正以欧洲为中心推向全球。

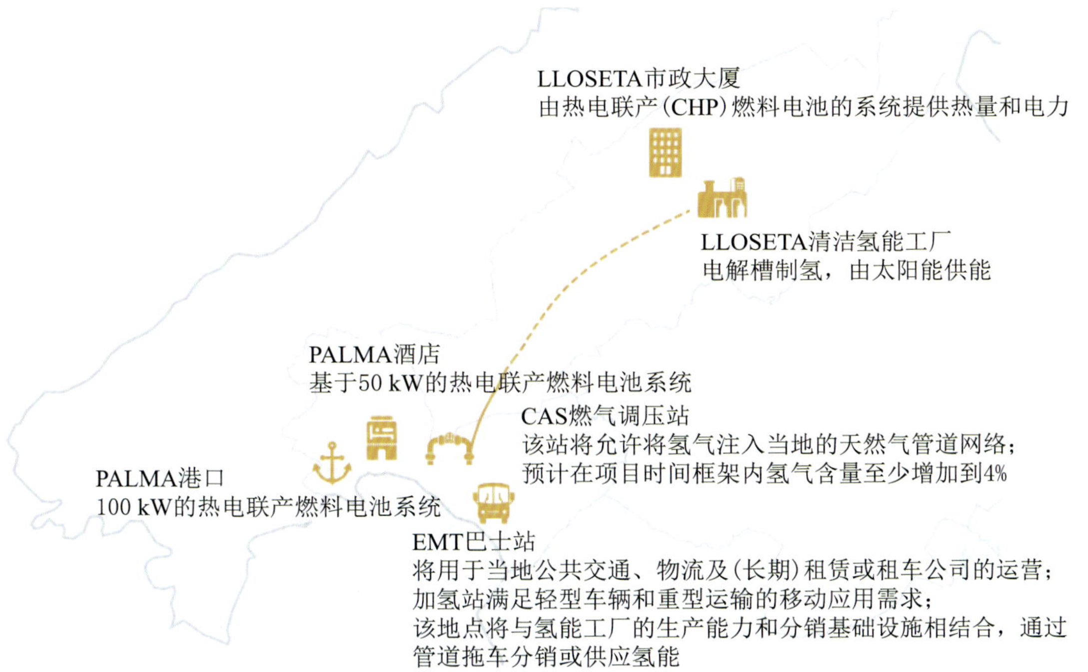

图6-20 GREEN HYSLAND的应用端布局

(参考资料:绿色氢谷官网。)

6.5 经验与总结

6.5.1 顶层设计:将氢能使用上升为国家能源战略

作为整体规划的核心步骤,需统筹考虑氢能在国家能源体系中的定位与作用,制定长期发展目标和实施路线图。继而将可持续性因素融入所有政策制定中,通过政策引导、资金支持、技术创新和产业链整合以制定科学合理的发展战略和实施路线图,最终推动氢能的广泛应用、降低成本、扩大影响,形成良性循环。

在政策引导方面,欧洲的政府制定了清晰的氢能发展政策,设定明确的氢能发展目标和时间表,标志性政策之一就是制定《欧洲绿色协议》,该协议旨在到2050年实现碳中和,并明确氢能在能源转型中的关键角色。通过不断更新和修订,确保氢能政策的前瞻性和持续性。同时,在法律法规体系建设方面,欧洲各国已经出台了一系列与氢能相关的法律法规,规范氢能生产、储存、运输及应用中的安全标准。例如,《可再生能源指令》

及《清洁能源一揽子计划》为氢能项目的合法合规性提供了基础。此外，具体安全法规涵盖氢气的储存和运输，确保安全高效地管理氢能技术的应用。在技术创新方面，建立氢能技术研发平台和创新联盟，促进产学研合作，加速氢能技术的突破和应用。在产业链整合方面，政府应推动氢能产业链上下游的协同发展，形成完整的氢能产业生态系统。加强氢能全产业链衔接，提高整体效率和经济效益。在资金支持方面，欧洲政府与金融机构设立了多种专项基金，为氢能项目提供融资支持。例如，欧盟设立的"创新基金"就是专门支持包括氢能在内的清洁能源技术项目，为相关创新提供了财务方面的大力支持。

6.5.2 产业协同：政、产、学、研、金环环相扣

欧盟委员会研究和创新总局强调，研发是降低技术成本、支持制造业和确保欧盟领先地位的重要途径之一。其中，特殊的公私伙伴关系将通过促进技术、市场开发和政策方面的举措，为市场带来可观的利益。具体而言，以欧盟相关政策为导向，由国际知名的行业机构领导，协调企业、高校和研究机构之间的资源分配，建立紧密的氢安全产学研合作联盟，促进科研成果向实际应用的转化。例如，欧洲氢能合作伙伴通过制定行业标准和规范，推动氢能产业的整体提升，降低安全风险。另一方面，技术发展和更多私营部门的资金也至关重要。欧盟委员会和各国政府在金融方面为氢能发展提供的一系列支持措施，旨在为欧洲的氢能项目和企业提供充足和稳定的资金来源。

6.5.3 因地制宜：选择契合本国国情的发展重点

各国的资源禀赋、产业基础、财政实力、地缘环境等方面存在差异，应契合各国国情选择发展重点。比如，荷兰拥有北海风电场、成熟的基础设施和深厚的知识储备，具备实现绿氢经济的良好起点。又如，输氢管道具有输能耗小、成本低的优势，是未来绿氢大规模、远距离输送的理想解决方案之一，而由此建成的氢气输送网络将进一步推动规模化、集中化、稳定化的氢能供应网络发展，可以大力发展。据《明镜周刊》报道，德国议会（联邦议院）通过了创建氢能网络所需的法律修改程序，该网络将逐步连接关键的氢气供应地点与需求中心。该法律规定了电网应如何融资。这将完全由私营部门通过电网费用来实现，运营商从客户那里收取费用。德国经济部门表示，电网费用将设置上限，以防止在电网扩建的最初几年内，过高的费用阻碍氢能的发展。像天然气发展一样，从NG（天然气）、CNG（压缩天然气）到LNG（液化天然气），氢能的发展也会从高压氢到液氢的发展路线。只有液氢实现大规模发展，才会快速降低成本。

参考文献

[1] European Commission. 2050 Long-term Strategy[EB/OL].[2024-06-16]. https://climate.ec.europa.eu/eu-action/climate-strategies-targets/2050-long-term-strategy_en#documentation.

[2] EUR-Lex. 6th Framework Programme:2002—2006[EB/OL].[2024-06-16]. https://eur-lex.europa.eu/EN/legal-content/summary/6th-framework-programme-2002-2006.html.

[3] European Commission. Fuel Cells and Hydrogen Joint Undertaking:FCH-JU[EB/OL].[2024-06-16]. https://www. fch.europa.eu.

[4] European Commission. Approved IPCEIs in the Hydrogen Value Chain[EB/OL].[2024-06-15]. https://competition-policy.ec.europa.eu/state-aid/ipcei/approved-ipceis/hydrogen-value-chain_en.

[5] European Commission. Recovery Plan for Europe[EB/OL].[2024-06-16]. https://commission.europa.eu/strategy-and-policy/recovery-plan-europe_en.

[6] European Commission. Offshore Renewable Energy[EB/OL].[2024-06-16]. https://energy.ec.europa.eu/topics/renewable-energy/offshore-renewable-energy_en.

[7] European Commission. EU Mobility & Transport Achievements 2019—2024[EB/OL].[2024-06-16].https://transport.ec.europa.eu/eu-mobility-transport-achievements-2019-2024_en.

[8] 欧盟对外行动处.欧洲绿色新政实施路线图:主要行动[EB/OL].[2024-06-16]. https://www.eeas.europa. eu/sites/default/files/20200112_european_green_deal_communication_annex_roadmap_cn_final.pdf.

[9] European Commission. 6 Commission Priorities for 2019-24[EB/OL].[2024-06-16]. https://commission.europa.eu/strategy-and-policy/priorities-2019-2024_en.

[10] European Commission. The European Green Deal[EB/OL].[2024-06-16]. https://ec.europa.eu/stories/european-green-deal/.

[11] European Commission.Communication from the Commission to the European Parliament, the European Council, the Council, the European Economic and Social Committee and the Committee of the Regions [EB/OL]. [2024-06-16]. https://eur-lex. europa. eu/resource. html? uri=cellar:b828d165-1c22-11ea-8c1f-01aa75ed71a1.0002.02/DOC_1&format=PDF.

[12] European Commission. EU Hydrogen Strategy[EB/OL].[2024-06-16]. https://ec. europa. eu/commission/presscorner/detail/en/ip_20_1259.

[13] European Commission. Joint Statement between the European Commission and the United States on European Energy Security[EB/OL].[2024-06-16]. https://ec.europa.eu/commission/presscorner/detail/en/STATEMENT_22_2041.

[14] European Hydrogen Observatory. European Hydrogen Observatory[EB/OL].[2024-06-16]. https://observatory.clean-hydrogen.europa.eu/hydrogen-landscape/policies-and-standards/eu-policy? page=0.

[15] European Commission. In focus: Hydrogen - driving the Green Revolution[EB/OL].[2024-06-

16]. https://commission.europa.eu/news/focus-hydrogen-driving-green-revolution-2021-04-14_en.
[16] 上海交通大学内蒙古研究院. 氢气制取的欧洲经验[EB/OL].[2024-06-16]. https://nmg.sjtu.edu.cn/news/detail.aspx? id=285.
[17] International Energy Agency. Net Zero by 2050: A Road map for the Global Energy Sector[R]. Vienna: IAEA, 2021.
[18] Valladares M.R.de, Lucchese P, Ohira E, et al. IEA Hy- drogen: Previewing the strategic plan for 2020-2025[R]. Paris: IEA, 2019.
[19] 王赓,郑津洋.氢能技术标准体系与战略[M]. 北京：化学工业出版社，2012.
[20] European Clean Hydrogen Alliance. Roadmap on Hydrogen Standardisation[EB/OL].[2024-06-16]. https://www. cencenelec. eu/media/CEN-CENELEC/News/Press% 20Releases/2023/20230301_ech2a_roadmaphydrogenstandardisation.pdf.
[21] European Commission. Clean Hydrogen Joint Undertaking.[EB/OL].[2024-06-16].https://european-union. europa. eu/institutions-law-budget/institutions-and-bodies/search-all-eu-institutions-and-bodies/clean-hydrogen-joint-undertaking_en.
[22] Clean Hydrogen JU. SRIA Key Performance Indicators (KPIs).[EB/OL].[2024-06-16].https://www.clean-hydrogen. europa. eu/knowledge-management/strategy-map-and-key-performance-indicators/clean-hydrogen-ju-sria-key-performance-indicators-kpis_en.
[23] H2stations. org. 16th Annual Assessment of H2stations. org by LBST [EB/OL]. [2024-06-16]. https://www.h2stations.org/press-release-2024-europe-is-increasingly-adapting-its-growing-hydrogen-refuelling-infrastructure-to-include-heavy-duty-vehicle-refuelling/.
[24] HYLAND. HyLand - Hydrogen Regions in Germany HyLand[EB/OL]. [2024-06-16]. https://www.hy.land/en/.
[25] MTE. Stratégie Nationale Pour le Développement de l' hydrogène Décarboné en France[EB/OL]. [2024-06-09]. https://www. ecologie. gouv. fr/sites/default/files/documents/DP% 20-% 20Strat% C3%A9gie% 20nationale% 20pour% 20le% 20d% C3%A9veloppement% 20de% 20l'hydrog% C3% A8ne%20d%C3%A9carbon%C3%A9%20en%20France.pdf.
[26] NLHydrogen. Het Waterstof Veiligheid Innovatie Programma (WVIP) [EB/OL]. [2024-06-09]. https://nlhydrogen.nl/ons-werk-rond-veiligheid-wvip.
[27] EBH. The European Hydrogen Backbone (EHB) Initiative[EB/OL].[2024-06-09]. https://www.ehb.eu.
[28] H2med. Building the European Hydrogen Backbone[EB/OL].[2024-06-16]. https://h2medproject.com/building-the-european-hydrogen-backbone/.
[29] European Union. Using the existing natural gas system for hydrogen[R].2009.
[30] KIPPERS M J, DeELAAT J C, HERMKENS R J M, et al. International Gas Research Conference Proceedings[C]. North Miami Beach: Curran Associates, Inc, 2011.
[31] The Daily Fusion. Green Hydrogen Injected into Natural Gas System for the First Time[EB/OL]. http://dailyfusion. net/2013/06/green-hydrogen-injected-into-natural-gas-system-for-the-first- time-11594.
[32] McPhy energy role in French power-to-gas GRHYD programme[N]. Fuel Cells. Bulletin, 2014 (2):9-10.

[33] 中国石化新闻网. 欧洲氢能银行：全球氢能发展的新型示范[EB/OL].[2024-06-16].http://www.sinopecnews.com.cn/xnews/content/2024-03/01/content_7089936.html.

[34] European Commission. Approved IPCEIs in the Hydrogen Value Chain.[EB/OL].[2024-06-15]. https://competition-policy.ec.europa.eu/state-aid/ipcei/approved-ipceis/hydrogen-value-chain_en.

[35] Clean Hydrogen Partnership. Hydrogen Valleys: a European Idea Going Global[EB/OL].[2024-06-16]. https://www. clean-hydrogen. europa. eu/media/news/hydrogen-valleys-european-idea-going-global-2021-01-21_en.

[36] Clean Hydrogen Partnership. Hydrogen Valleys: a European Idea Going Global.[EB/OL].[2024-06-16]. https://www. clean-hydrogen. europa. eu/media/news/hydrogen-valleys-european-idea-going-global-2021-01-21_en.

[37] GAIA. Securing a Global Leadership Role on Hydrogen Technologies: Federal Government adopts National Hydrogen Strategy and establishes National Hydrogen Council.[EB/OL].[2024-06-16]. https://gaia. energy/securing-a-global-leadership-role-on-hydrogen-technologies-federal-government-adopts-national-hydrogen-strategy-and-establishes-national-hydrogen-council/.

[38] Publications of the Federal Government. National Hydrogen Strategy.[EB/OL].[2024-06-16]. https://www. bmwk. de/Redaktion/EN/Publikationen/Energie/national-hydrogen-strategy-update. pdf?_blob=publicationFile&v=2.

[39] IEA. Package for the Future - Research and Development.[EB/OL].[2024-06-16]. https://www.iea.org/policies/13474-package-for-the-future-research-and-development.

[40] European Hydrogen & Fuel Cell Technology Platform. "IMPLEMENTATION PLAN-Status 2006"[EB/OL]. https://www. clean-hydrogen. europa. eu/system/files/2021-10/hfp_ip06_final_20apr2007.pdf.

[41] FCH-JU.Special Report: Hydrogen Energy and Fuel Cells - A Vision for Our Future (2003)[EB/OL].http://www.fch-ju.eu/page/documents.

[42] EERA. Joint Research Programme on Fuel Cells and Hydrogen technologies (JP FCH) IMPLEMENTATION PLAN 2018 - 2030 Version: 4.0[EB/OL]. https://www.eera-set.eu/component/attachments/? task=download&id=253.

[43] 青岛生物能源与过程研究所. 欧洲能源研究联盟发布至2030年氢能与燃料电池研究规划[EB/OL]. https://stm.las.ac.cn/choiceness/getChoicenessDetail.htm? serverId=109&uuid=664a196b5a02b89b3ffe5eb9babb1323&recommendId=35327&controlType=.

[44] SET Plan information system. Fuel Cells and Hydrogen[EB/OL]. https://setis.ec.europa.eu/document/download/ec3f8cb0-81c0-4862-814f-fbce975b5cd3_en? filename=Setis_magazine_Hydrogen_10_2015_WEB.pdf.

[45] European Commission.Hydrogen Energy and Fuel Cells - A Vision of Our Future[EB/OL]. http://www.europa.eu.int/comm/research/energy/pdf/hydrogen-report_en.pdf.

7 韩国氢能产业发展与安全监管政策

7.1 韩国氢能产业政策发展概述

7.1.1 氢能产业政策发展历程

1. 韩国氢能产业概况

韩国以其汽车、电子产品和出口导向型的贸易经济而闻名。因此，韩国迫切需要通过稳定的能源供给来确保自身能源安全问题。其次，韩国的能源消耗量位居亚洲前列。韩国亟须调整能源结构，以满足日益增长的电力需求。国际能源署表示，"由于韩国的燃煤发电比例很高，其碳排放强度高于国际能源署统计的平均水平"。韩国的电力供应中，化石燃料发电占主导地位。政府正在积极推动可再生能源，尤其是氢能的发展。然而，韩国国土多山，建设风能和光伏电站成本高昂，极大限制了这些能源的大规模规划部署。

综上所述，基于经济增长、能源转型、环境限制等因素，为保障能源独立性和安全性，韩国亟须选择一种可大规模应用的新型能源。在这一背景下，发展氢能被韩国政府确定为重要的能源选择，更是作为经济多元化、能源多样化和环境可持续发展的重要途径之一。

2. 韩国氢能产业政策

2005年9月，韩国产业通商资源部制定《实现新可再生能源经济的总体规划》，首次启动全面氢能发展规划。图7-1为韩国氢能政策时间导图。

2008年8月，韩国发布《国家能源基本规划》，制定2023年可再生能源占比达到11%的目标。

2017年，韩国颁布《可再生能源3020实施方案》，计划在2030年可再生能源发电量占比达到20%。

2018年9月，韩国成立氢能经济推进委员会，着手制定《氢经济发展路线图》。根据"绿色新政"[①]，韩国计划部署113万辆电动汽车，包括乘用车、公共汽车和卡车，以及20万辆氢燃料电池汽车；建造450个加氢站，建设氢气输送基础设施等。

2019年，韩国政府发布了《氢经济路线图》。同年，韩国政府进一步推出了《氢能城市计划》，提出了构建"氢能社会"的理念。

---

① 绿色新政，是指扩大利用新能源的能源转换政策，减少能源利用、提高效率的能源低利用政策，为了实现均衡开发和保护环境的能源均衡政策，以及在这种转换过程中，面向弱势阶层和地区创造工作岗位的雇佣政策。

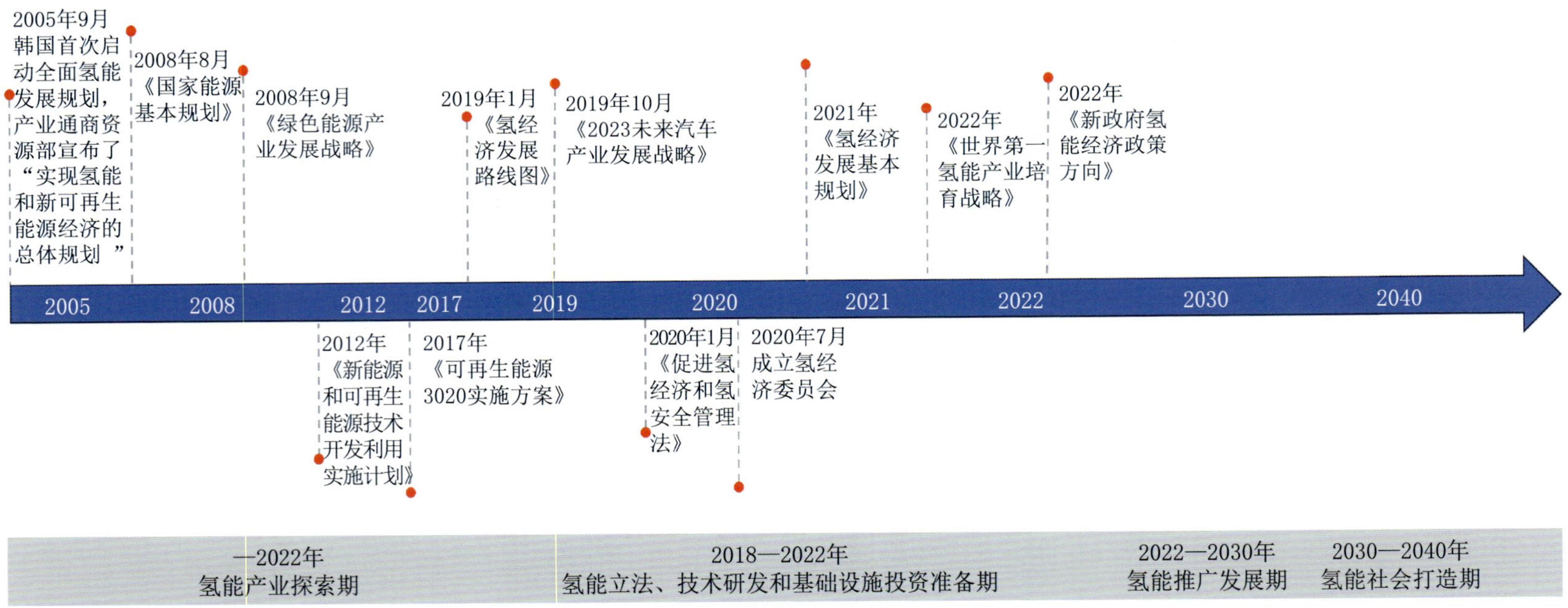

图7-1　韩国氢能政策时间导图

（参考资料：韩国产业通商资源部，《可再生能源3020实施方案》《2030未来汽车产业发展战略》《氢经济发展路线图》《促进氢经济和氢安全管理法》；韩国氢能经济促进委员会，《世界第一氢能产业培育战略》；《国际氢能技术与产业发展研究报告》。）

2022年5月，由韩国牵头，中、美、英、德等国氢气相关协会共同参与的“全球氢气产业联盟(GHIAA)”[①]成立，韩国被推举为首任议长国。

7.1.2 氢能发展战略与相关法规政策

1.《氢经济发展路线图》

2019年，韩国发布《氢经济发展路线图》(以下简称“路线图”)，目标是发展氢能产业，成为全球氢燃料电池汽车和燃料电池市场的领导者。路线图明确了韩国氢能的发展战略：2018—2022年为准备期，重点构建氢能产业生态和基础制度；2022—2030年为发展期，扩大氢能应用并建立大规模供需体系；2030—2040年为引领期，发展海外制氢项目和电解水制氢技术。

与此相对应，政府和民间企业的角色也随阶段有所变化(表7-1)：2018—2022年的准备期，政府支持制度和基础设施建设，企业需将核心技术本地化并增加投资；2022—2030年的发展期，政府保障产业生态和国际标准，企业建立商业化氢产业平台；2030—2040年，政府推动氢社会目标和国际领导地位，企业扩大市场主导权，引领全球氢能市场。

表7-1 路线图各阶段政府与企业角色分工

发展阶段	发展目标	政府任务	企业任务
准备期	重点构建氢能产业生态和基础制度	支持制度和基础设施建设	核心技术本地化并增加投资
发展期	扩大氢能应用并建立大规模供需体系	保障产业生态和国际标准	建立商业化氢产业平台
引领期	发展海外制氢项目和电解水制氢技术	推动氢社会目标和国际领导地位	扩大市场主导权，引领全球氢能市场

(参考资料：韩国产业通商资源部，《氢经济发展路线图》。)

路线图主要聚焦于五大关键领域的氢能产业发展(表7-2)：氢燃料电池交通出行、氢能发电、氢气生产、氢气存储和运输以及安全保障。预计到2040年，韩国氢气年供应量将增至5.26×10^6 t，目标价格为每千克3 000韩元(约14.9元人民币)。为保障供应稳定，计划在海外设立生产基地，并采用多样化的储存技术，包括高压气体、液态和固态储存，同时优化高压气体储存规范，推进液化和固态储存技术。此外，将采用轻型高压氢气管拖车减少运输成本，并构建全国性的氢气管道输送网络。韩国计划通过发展氢经济，每年减排2.373×10^7 t的CO_2，创造42万个就业岗位，增加43万亿韩元的经济价值，并计划到2040年将公用事业和住宅燃料电池装机容量分别提升至15 GW和2.1 GW。

① 全球氢气产业联盟成立的目的在于推动氢能产业的发展，加强国际合作，共同应对能源市场危机和气候变化挑战。GHIAA的成立时间为2022年5月25日，韩国在联盟创建论坛上被推选为首任议长国，并设立秘书处。

表7-2 《氢经济发展路线图》主要目标

<table>
<tr><th colspan="3">类别</th><th>2018年</th><th>2022年</th><th>2040年</th></tr>
<tr><td rowspan="6">移动出行</td><td rowspan="5">氢燃料电池汽车</td><td>合计</td><td>0.18万辆</td><td>8.1万辆</td><td>620万辆</td></tr>
<tr><td>乘用车</td><td>0.18万辆</td><td>7.9万辆</td><td>590万辆</td></tr>
<tr><td>出租车</td><td>—</td><td>—</td><td>12万辆</td></tr>
<tr><td>客车</td><td>2辆</td><td>2 000辆</td><td>6万辆</td></tr>
<tr><td>卡车</td><td>—</td><td>—</td><td>12万辆</td></tr>
<tr><td colspan="2">火车、船舶、无人机</td><td colspan="3">通过研发和示范，促进2030年前实现商业化和对外出口</td></tr>
<tr><td rowspan="3">能源</td><td rowspan="2">氢燃料电池</td><td>发电应用</td><td>0.31 GW</td><td>1.5 GW</td><td>15 GW</td></tr>
<tr><td>家庭、建筑应用</td><td>0.007 GW</td><td>0.05 GW</td><td>2.1 GW</td></tr>
<tr><td colspan="2">氢燃料气轮机</td><td colspan="3">到2030年完成技术开发，到2035年左右开始商用发电</td></tr>
<tr><td rowspan="4">供应与价格</td><td colspan="2">加氢站</td><td>14座</td><td>310座</td><td>1 200座</td></tr>
<tr><td colspan="2">氢气供应量</td><td>130 000 t/年</td><td>470 000 t/年</td><td>5.26×10^6 t/年以上</td></tr>
<tr><td colspan="2">供应方式</td><td>(1) 副产氢(1%)；
(2) 提取氢[①](99%)</td><td>(1) 副产氢[②]；
(2) 提取氢；
(3)水电解</td><td>(1) 副产氢；
(2) 提取氢(30%)；
(3) 水电解；
(4) 海外生产
(除(2)的其他方式：70%)</td></tr>
<tr><td colspan="2">氢气价格</td><td>—</td><td>6 000韩元/kg</td><td>3 000韩元/kg</td></tr>
</table>

(参考：韩国产业通商资源部，《氢经济发展路线图》。)

路线图发布之后，2021年，韩国政府发布了《第一次氢经济履行基本计划》。这是韩国首个氢相关的法定计划，其提出的目标为跃升为世界最高水平的氢经济领先国家，并且构建以清洁氢[③]为主的氢生态系统。根据该计划，韩国氢需求量将在2050年达到约2.79×10^7 t，计划全部采用清洁氢供给，并决定通过本土生产及引进基于韩国技术、资本在海外工厂制取的清洁氢，实现清洁氢自给率60%的目标。

综合《氢经济发展路线图》、《第一次氢经济履行基本计划》、氢能经济促进委员会会议文件等各项重要政策文件，韩国政府提出未来氢能发展目标：加强水电解制氢技术及绿氢、清洁氢生产，兼顾氢能供给的经济性与环保性，提出由传统的化石燃料制氢，转变到副产品制氢、水电解制氢、海外产氢成为主流的目标；电解水规模由2021年的MW级实证，到2030年实现10 MW级商业化，直到2050年完成GW级商业化；到2050年，韩国

① 提取氢通常指的是通过不同的方法从含有氢元素的物质中获取氢气，例如，天然气重整、变压吸附提纯、电解水等方法。

② 工业副产氢，是指将富含氢气的工业尾气(如焦炉煤气、氯碱尾气等)作为原料，通过变压吸附等技术将其中的氢气分离提纯，最终得到的氢气。

③ 韩国定义的清洁氢主要指蓝氢和绿氢，清洁氢等级分为4级，最高级为1级：国内外绿氢(100%利用可再生能源制氢)，最低级为4级：碳捕集率超过90%的蓝氢(利用一般气田和电网供电)。

推广各类不同性能的氢燃料电池汽车，积极普及氢能乘用车和商用车，氨燃料燃气轮机到2030年完成技术开发，到2035年左右开始商用发电；火车、船舶、无人机通过研发和示范促进2030年前实现商业化和对外出口；到2050年，韩国将在全国建立2 000座以上加氢站；大力培育氢能企业，扩大民间主导市场(图7-2)。

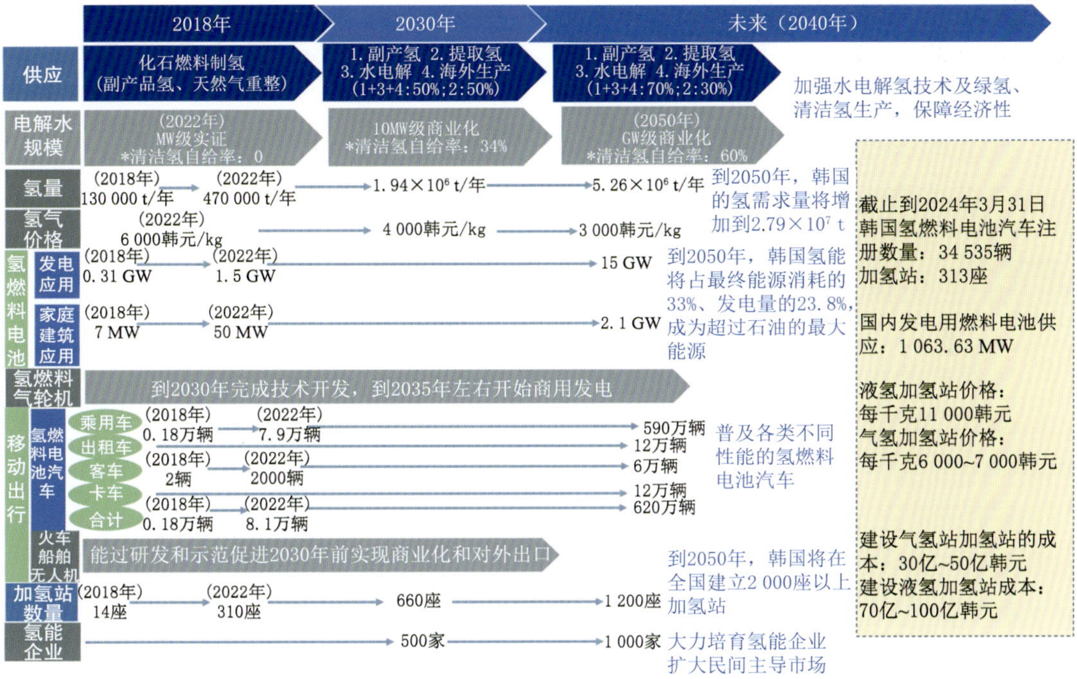

图7-2 韩国氢能政策现状及未来发展目标

（参考资料：韩国产业通商资源部，《氢经济发展路线图》；韩国氢能经济促进委员会，《第一次氢经济履行基本计划》《世界第一氢能产业培育战略》；《国际氢能技术与产业发展研究报告》。）

2. 氢能补贴政策

韩国为氢燃料电池汽车的购买和氢气使用提供了极具竞争力的补贴政策。韩国国内氢燃料电池汽车的快速增长，离不开韩国政府补贴施惠于氢燃料电池汽车终端。具体来说，韩国的中央和地方政府为氢燃料电池汽车的购买者提供财政补贴，这一补贴政策覆盖所有车型。以最新型号的NEXO为例，其售价为7 200万韩元，购车者可获得中央政府的2 250万韩元补贴，以及地方政府提供的1 000万～2 000万韩元的额外补贴。首尔市政府在2024年2月表示，现代汽车SUV氢能汽车NEXO的购买者可享受3 250万韩元的补助金，而NEXO的售价约为7 000万韩元，即消费者仅需承担约一半的费用。除了购买车辆时支援的补助金外，还针对消费者实行个人消费税400万韩元、地方教育税120万韩元、购置税140万韩元等最多660万韩元的税费减免，同时还将提供公营停车场停车费和高速公路通行费50%折扣、免除南山隧道拥挤通行费等优惠。

在氢燃料电池商用车方面，2023年，韩国环境部为700辆氢燃料电池公交车提供了1 620亿韩元的补贴，其中包括400辆市内公交车和300辆城际公交车。韩国政府宣布

2024年氢燃料电池公交车的补贴为3 400亿韩元，覆盖1 500辆氢燃料电池公交车，与2023年相比增至约2倍。

加氢站方面，韩国环境部2024年5月宣布，将为今年上半年出现运营困难的152个私营加氢站提供总计82亿韩元的燃料购买费用补贴，该笔资金将用于补助消费者在购买氢气时的费用。平均每个加氢站为5 400万韩元，约为加氢站建设总费用的2%（建设一个加氢站的成本约为30亿韩元）。此举鼓励了民间参与加氢站的项目，助力改善氢燃料电池汽车运营条件。

此外，韩国政府还为氢能源相关企业提供了低息贷款、税收减免和研发资金支持等激励措施，鼓励企业加大对氢能产业链的投资，促进产业创新和技术进步。

7.1.3 主要制氢技术

1. 氢能产业链中上游现状

韩国主要依赖工业副产氢，通过回收和提纯工业尾气（如氯碱工业、焦炉煤气和轻烃裂解副产气）生产氢气。此外，天然气裂解法因其高产量和较少的温室气体排放，成为化石原料制氢的理想选择。尽管这种方法方便且经济成本低，但因产生CO_2，仍属于灰氢，无法完全实现绿色生产。

氢能基础设施方面，韩国已建立了仁川广域市、平泽、三陟、同阳等制氢基地。此外，忠清南道瑞山市的大山氢燃料电池发电站是世界上较早利用工业副产品提取的氢气作为能源的商用发电站，主要利用附近石化工厂产生的副产品制氢，每年能够为16万户家庭提供稳定的电力供应。斗山集团牵头建立了韩国国内规模最大的绿色制氢工厂——济州绿色制氢工厂，利用济州杏原风电场的剩余电力，每天运行4 h，绿氢生产量为240 kg/日，年产量达80 t。绿氢是使用风能、太阳能等可再生能源电解水制取的，生产过程零碳排放。电解水制氢是绿氢生产的主流方式，符合全球低碳趋势。韩国主要采用3种技术：碱性（AWE）电解、质子交换膜（PEM）电解、阴离子交换膜（AEM）电解。在韩国的水电解技术使用中，碱性电解水制氢成本低、成熟度高，目前应用最为广泛，但其缺点是产氢纯度低、效率低。质子交换膜电解水制氢技术已实现小规模应用，性能优异，能够生产高纯度氢气，但使用的贵金属催化剂等关键材料昂贵，设备价格较高。阴离子交换膜水电解技术可以利用廉价的催化剂材料高效生产高纯度氢气。然而，阴离子交换材料在作为电解质膜和电极黏合剂的应用中，其较低的性能和耐久性问题是阻碍其商业化进程的主要因素。阴离子交换膜电解水制氢目前以技术研究为主，尚未实现商业化。鉴于目前交换膜、电极材料等关键组件大多依赖海外进口，本土化生产的需求显得尤为迫切。2024年5月，蔚山市政府提供130亿韩元的资金用于开发下一代阴离子交换膜（AEM）水电解技术。

韩国氢能战略初期侧重于成本效益高的基础设施建设，优先使用工业副产氢，目标是改善用户体验，并逐步提升水电解技术和加强清洁氢供应。韩国正不断探索绿氢技术的核心领域，包括提升水电解能效、寻找更经济的催化剂和开发可持续的氢制备方法。

氢气储运技术是氢能广泛应用的制约因素。韩国主要使用高压气态和管道运输，高压气态适合短途运输且成本较低，但存在储氢密度和安全性问题。氢气管道运输量较大、适合远距离运输、能耗较低，但铺设成本高。韩国已有蔚山、丽水、大山的氢气管道，液化氢和船舶运输技术仍在研发。韩国天然气公司（Korea Gas）计划到2030年投资40亿美元建25座制氢厂和700 km管道。

加氢站作为服务氢能交通商业化应用的中枢环节，是氢能源产业发展的重要基础设施。韩国主要采用外供加氢[①]模式，外供加氢站不涉及制氢设备，通过长管拖车、液氢槽车或管道从制氢厂运输氢气，经压缩机压缩后存储在高压储氢瓶中，再通过加氢机为氢燃料电池汽车加氢。受到加氢站危机影响，全国加氢平均价格为8 000～10 000韩元/kg。韩国政府计划到2040年将加氢站数量增加到1 200座，到2050年增加到2 000座。

2. 韩国清洁氢发展现状

2023年12月，第六届韩国氢能经济促进委员会审议通过清洁氢认证体系运行方案。清洁氢认证体系是确保韩国启动清洁氢发电招标市场（CHPS）顺利实施的关键。随着韩国设定2030年减排目标和2050年碳中和计划，清洁氢认证制度成为发电、工业和交通领域减排的关键工具。

参考《促进氢经济和氢安全管理法》，清洁氢认证制度是指当氢生产和进口过程中温室气体排放量低于一定水平时，对清洁氢进行认证，并为此提供行政和财政支持的制度。清洁氢气认证体系的标准将暂时不计入船舶在运输天然气过程中产生的温室气体排放，并忽略在将氨或液化氢转化为氢气过程中所需的能量消耗。根据每千克氢的温室气体排放的不同程度，清洁氢认证等级分为4级（表7-3），最高级为1级——国内外绿氢（100％利用可再生能源制氢），最低级为4级——碳捕集率超过90％的蓝氢（利用一般气田和电网供电）。

韩国国内清洁氢计划用于发电、交通和工业领域。韩国政府预计，到2030年对清洁氢的需求将超过8×10^5 t。清洁氢认证机构拟分为认证运营机构和认证检测评估机构，横向独立运作，优势互补。产业通商资源部将承担清洁氢认证体系的总体管理职责。2023年12月，产业通商资源部指定韩国能源经济研究院为认证运营机构，机械电气试验院（KTC）和化学融合试验研究院（KTR）为认证检测评估机构。认证运营机构进行体系整体运行和管理，认证检测评价机构进行技术验证、现场设施和数据审核。具体来说，认证运营机构负责受理清洁氢认证和设施确认申请，颁发证书，并进行后续检查和管理（图7-3）。认证检测评价机构对认证对象进行技术验证、检测评价，出具评价结果报告。

① 外供加氢是指加氢站从外部供应氢气，而不是在站内现场制氢。这种加氢站的氢气通常通过长管拖车、液氢槽车或者管道运输至加氢站。到达加氢站后，氢气会被压缩机增压并储存在站内的高压储氢罐中，最后通过加氢机为氢燃料电池汽车加注氢气。

证书颁发后，计划每年至少进行一次定期调查和检查，检查认证标准是否保持、报告内容是否真实、实际生产状况如何等。如果认证后制氢设施或燃料采购来源发生变化，需将更新后的报告重新发送给认证机构，并经审议重新颁发相关证书。认证后如有违反认证标准的行为，将发出改进令，如若不实施改进令，则将通过认证审议委员会取消该认证。

表7-3　清洁氢气分级和技术方案

等级（$kgCO_2eq/kgH_2$）	主要适用技术
1级（约0.1）	国内外绿氢 （100%利用可再生能源制氢）
2级（0.1～1）	国内外核能制氢和部分利用电网电力制成的海外绿氢 （为实现系统稳定，部分利用电力组合）
3级（1～2）	利用管道天然气（PNG） 碳捕集率超过90%并搭配其他减排措施制成的蓝氢 （原料生产端减排、连接低碳电力）
4级（2～4）	碳捕集率超过90%的蓝氢 （利用气田①和电网供电）

（参考资料：成恩淑，《月度氢经济：引入清洁氢认证体系，振兴氢经济的期待》。）

认证体系

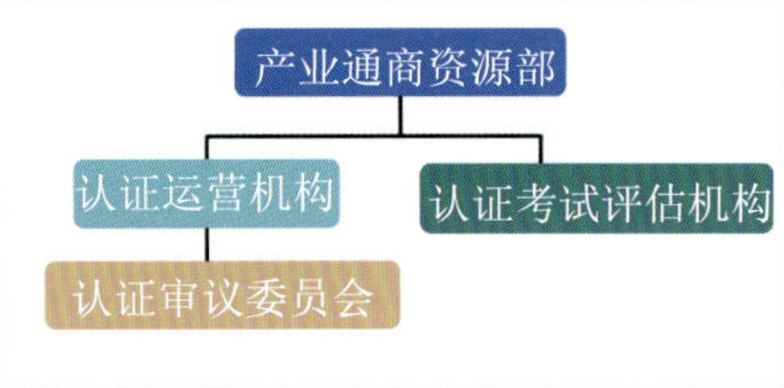

各个机构作用	
产业通商资源部	清洁氢认证制总体管理
认证运营机构	• 建立认证计划及受理认证申请 • 以数据为基础进行全过程评估 • 认证书发放及检验结果报告
认证检测评价机构	• 现场设备审核及数据验证 • 发放评价结果报告书

图7-3　清洁氢认证体系

（参考资料：成恩淑，《月度氢经济：引入清洁氢认证体系，振兴氢经济的期待》。）

韩国产业通商资源部于2024年5月宣布，将启动全球首个清洁氢电力招标市场。“清洁氢发电招标市场”是指通过清洁氢发电进行供应和购买的市场机制。参与者必须使用符合韩国清洁氢认证标准（每千克氢的温室气体排放不超过4 kg CO_2当量）的氢气进行发电。2024年的全年招标量达到6 500 GW/h，合同期限为15年。该招标市场旨在促进分布式能源②（DER）的安装，在综合评价价格、经济贡献等因素后选出中标者。

启动清洁氢电力招标市场和通用氢电力招标市场，旨在为清洁氢能源开辟新的商业领域和市场机会，通过市场机制引导投资和资源向清洁氢能源领域倾斜，有助于推动能源产业的转型升级。

① 气田是指富含天然气的地下储集层，主要由甲烷组成，同时可能含有一定比例的乙烷、丙烷、丁烷、二氧化碳、硫化氢、氮气和其他气体。

② 分布式能源是利用小型设备向用户提供能源供应的新型能源利用方式。与传统的集中式能源相比，分布式能源接近电力负荷中心，不需要建设大电网进行远距离高压或超高压输送。

7.2 安全监管政策体系

7.2.1 氢能安全监管相关的法律法规及政策制定

1.《促进氢经济和氢安全管理法》

《促进氢经济和氢安全管理法》(以下简称《氢法》)出台前,韩国缺乏针对氢领域的法律规范,无法有效对制氢和氢处理设备(如甲烷重整制氢、压缩机及储氢罐等)进行认证,过去主要以《高压气体安全管理法》《液化石油气安全管理与经营法》《城市燃气经营法》对制氢和氢处理设备进行认证。

2019年江陵科学园区氢气爆炸事故发生后,《氢法》引入了安全管理规定,特别是针对水电解和氢气提取装置等制氢设施。《氢法》的核心在于确立氢气产品和低压氢气使用设施的安全标准,填补了低压氢气安全管理的空白。2020年2月,韩国政府发布了全球首部《氢法》,是全球氢能发展的重要里程碑。2021年2月,《氢法》正式生效,执行方为韩国产业通商资源部。该法规定了氢能设备的安全要求、认证程序以及政府部门的在氢能安全监管方面的职责等重要内容,如表7-4所示。

表7-4 《氢法》主要内容

构成内容	相关法律条款
氢经济实施	成立由国务总理担任委员长,相关部委参与的"氢能经济促进委员会"(第6条)
培育氢能专业公司	向氢能专业公司①提供行政和财政支持,并对氢能业务相关的技术开发提供资助(第9、10条)
专门机构	设立指定的专门机构②为氢能流通和氢能安全提供支持(第9、10条)
安全管理	为确保氢能供应和氢设施的安全管理制定法律依据(第36~49条)
加氢站和燃料电池的部署与推广	可以申请在自由经济区③、高速公路服务区和工业园区设置加氢站(第19、20条) 可以向地方政府、公共机构和地方公共企业申请安装燃料电池(第21条)
销售价格	氢气销售价格公开告知,在价格显示板上标明氢气销售价格(第50条)

(参考资料:韩国产业通商资源部,《促进氢经济和氢安全管理法》。)

① 韩国向以韩国天然气安全公社为代表的氢能专业公司提供行政和财政支持。

② 氢能安全技术研究所主要负责为氢能安全提供技术支持。

③ 自由经济区,通常指的是在国家或地区内,政府为了促进经济发展、吸引外资、鼓励出口以及推动技术进步而设立的实行特殊经济政策和体制的特定区域。这些区域通常会提供税收优惠、外汇管理便利、行政效率提升等激励措施,以吸引国内外投资者。

《氢法》第1条明确对“氢经济”和“氢产业”提出定义：“氢经济是指通过氢气的生产和使用，推动国家、社会和人民生活发生根本性变化，从而促进新的经济增长，形成以氢气为主要能源的经济产业结构。氢产业是指氢的生产、储存、运输、充电、销售以及燃料电池、氢燃气涡轮等利用氢的设备和对此使用的产品、零部件、材料及装备的制造等与氢相关的产业。”

根据《氢法》第4条，《高压气体安全管理法》《液化石油气安全管理与经营法》《城市燃气经营法》中有关氢事业及氢安全管理规定的事项，不适用于《氢法》。《氢法》分别对氢相关产品作出适用标准与具体约束，如从氨中提取氢气的设施不受《氢法》的约束，因此必须通过“监管沙盒”等来制定安全标准。

《氢法》第9条明确规定：“政府应为氢能企业提供财政和行政支持，以促进氢经济的发展。具体措施包括：① 资助技术开发和研究成果；② 提供高端设备共享；③ 发掘并商业化优秀技术；④ 优先安排入驻氢能专业园区。”

《氢法》第33条要求：为推动氢经济发展，必须持续进行研发、标准化、人才培养和基础设施建设。而第36～49条规定，氢产品制造企业必须制定安全管理条例，指定安全负责人，完成设施检验和氢产品检验，以及进行安全教育等。

《氢法》的制定对氢能产业发展至关重要，它提供了系统性的法律框架，对于氢安全监管作出了详细规定，包括对氢安全专门机构、制氢用品的经营许可、制氢项目的申报审批、氢用品制造设施的完工检验等的要求。《氢法》的实施表明，氢经济的推进与氢安全的加强是相辅相成的，共同促进氢能产业的健康发展。它为氢工业发展提供了系统有效的支持，确保了氢能供应和设施的安全管理。政府层面，《氢法》确立了韩国氢能发展的法律基础，保障政策连续稳定，减少政治变动影响。产业层面，它标志着政府对氢能企业支持进入新阶段，明确了行政财政扶持，覆盖企业培育、人才培养和标准化等，为产业发展提供法律支撑。同时，《氢法》补充了低压氢设备和氢燃料设施安全管理法规方面的空白，指导新技术如电解水制氢的安全推广，推动氢技术创新和应用。

2. 韩国KGS认证

韩国天然气安全公社(以下简称KGS)是隶属于韩国产业通商资源部的政府组织，主要负责液化石油气(LPG)和城市天然气等燃料气体的生产、储存、使用等全过程的安全管理。韩国产业通商资源部负责制定政策和监督韩国天然气安全公社的运作，确保其按照既定的法规和标准执行认证流程。另外，KGS还承担了在天然气、氢气产品和设施安全方面的相关研究。2020年7月，韩国颁布《氢法》，其中指定KGS为韩国唯一的氢能安全监管机构。随着氢能安全管理范围不断扩大，2022年，KGS组建了氢能安全技术研究所，致力于氢安全保障。

KGS有权对燃气相关产品和制造厂进行审核，通过审核的制造厂可以在韩国贸易工业及能源部进行注册。从2013年开始，韩国政府为了确保国民人身安全，对涉及气体的产品及配件实现100%认证，由KGS负责认证审核。如表7-5所示，针对韩国的进口产品，但凡涉及气体相关产品和配件，均应通过KGS认证，并且严格把关生产商，采取现场审核的工厂注册登记制度。

表7-5 KGS认证对象

认证对象分类	具体认证项目
符合《高压气体安全法》的高压气瓶等	① 充装高压气体的气瓶(内容积小于0.3 L的除外)；② 高压气瓶配件(阀门、安全阀)；③ 高压气罐、车用固定罐及压力容器；④ 制冷专用设备用压缩机、冷凝器、蒸发器及压力容器(单元制冷机除外)等
符合《液化石油气安全管理及经营法》的燃气器具	① 压力调节器；② 燃气泄漏自动切断装置；③ 气体软管；④ 管道阀门；⑤ 煤气旋塞；⑥ 管道接头；⑦ 快速接头等
《氢气经济促进与安全控制法案》	① 燃料电池(固定)；② 便携式燃料电池；③ 水电解氢气装置；④ 利用燃料处理技术的氢气制取装置

(参考：韩国天然气安全公社，《KGS认证对象》。)

韩国KGS认证是由韩国产品认证机构(KOLAS)认可的官方产品认证体系，由KGS实施，通过评定，为大多数的气体相关产品提供产品认证，认证项目涉及气体用金属软管保护管、气体阀门等。工厂需准备如下审查资料：产品概述、材质证明书、使用标准清单、危害分析、计划书及设计图、焊接工艺评定、焊接资格机构认证许可、无损检测报告、压力容器操作说明书等。韩国KGS认证体系建立的目的是预防产品质量导致的气体安全事故。氢产品检验可分为生产设施检验和产品检验。在对生产设施实施检查时，在完成技术评审(即文件审查)后，制造商可以获得制造许可证，然后由KGS进行制造设施竣工检查，任命安全经理，开展保险认购、安全管理法规审查，最后完成生产设施检查(图7-4)。产品检验分为对制造商进行的各型号的设计阶段检验和对出厂产品进行的生产阶段检验，只有完成最终检验的产品才能流入市场。

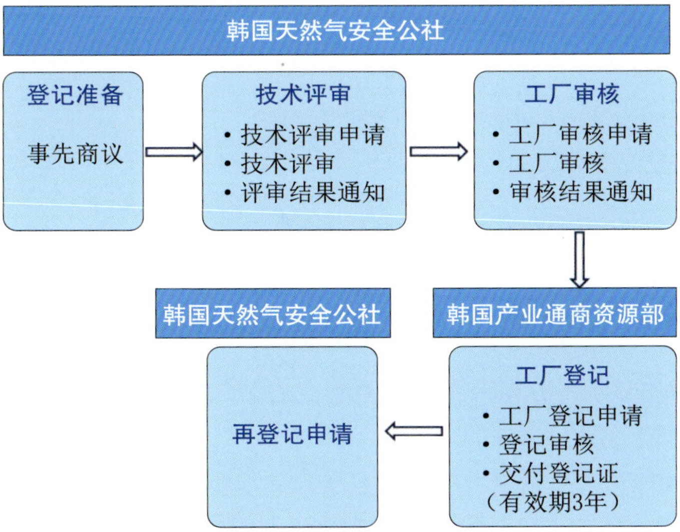

图7-4 KGS认证流程

(参考资料：韩国天然气安全公社，《KGS认证流程》。)

2. “监管沙盒”机制

监管沙盒[①]是指在新技术或新产业推出新产品或服务时，在一定时期内或一定区域内免除或暂停现有法规监管的制度。监管沙盒起源于金融领域，现广泛用于如韩国等国家的汽车领域推进氢燃料等前沿技术产业化。作为对传统监管方式的有益补充，韩国将监管沙盒定位为培育氢能产业的重要措施之一，变被动监管为主动监管。通过监管沙盒为氢能产业提供良好的政策环境，允许企业在真实的市场环境中，以真实的市场环境与消费者作为对象，来测试创新性的氢能产品，减少创新性的氢能产品进入市场的潜在成本，免去不必要的监管流程，从而促进韩国官方与民间企业的合作，激活民间投资。

2019年2月，韩国产业通商资源部将“首尔市中心加氢站”选定为1号监管沙盒。为促进氢燃料电池汽车行业发展，韩国国会批准在国会大厦及首尔南部设立加氢站。而根据现行法令，必须通过《国土计划法》《土地补偿法》《高压气体安全管理法》等十余项法律法规审核，才能在首尔市中心建设加氢站。而在监管沙盒机制下，韩国政府放宽了在市中心建设加氢站的监管条例，确保当前的监管体系不会阻碍加氢站方面的创新发展与市场检验。

2020年10月，“综合型加氢站”和“氢燃料电池有轨电车”被选定为示范特例。现行法规《高压气体安全管理法》，对加氢站存在多种严格且较为不合理的限制，特别是加氢站间隔距离限制、供氢车型限制、不允许给氢能有轨电车等其他建设机械加氢。综合型加氢站将传统的供氢对象由氢燃料电池汽车扩展到多种氢能移动出行设备（如氢能汽车、氢能列车、氢能无人机等），氢燃料电池有轨电车示范特例实现了氢燃料电池有轨电车的行驶实验测试。

除了沙盒监管，韩国政府在安全监管上的策略也具有一定灵活性。2024年2月，韩国政府在其发布的《以实地为导向的监管创新计划，以培育世界第一氢能产业》中宣布了对加氢站安全监管政策的放宽。原先规定加氢站需与周边建筑保持一定距离以保障安全，这限制了加氢站在城市密集区域的建设。新政策取消了氢设备与建筑间至少12 m的距离要求，改为要求建设钢筋混凝土等材质的防护墙，以降低在城市地区建设加氢站的难度。这一改变旨在减少对加氢站建设地点的限制，使得加氢站能够在人口密集的城市地区更容易地被建设。

7.2.2 氢能安全标准制定

韩国在氢能领域的标准体系主要由两大层次构成：国家标准和团体标准。在国家标准层面，韩国技术标准院（KATS组织）发挥核心作用，隶属于韩国知识经济部。在全球经济和社会的新格局下，该院致力于通过战略性地融合技术与标准、产业与标准，旨在促

① 沙盒（sandbox）是一种计算机用语，指通过限制应用程序的代码访问权限，为一些来源不可信、具备破坏力或无法判定程序意图的程序提供试验环境。

进国家经济增长，推动社会向知识型转型。KATS组织改进技术标准流程，促进民间组织参与标准制定，并助力企业标准化工作，为企业打造良好的运营环境。KATS组织结构包括4个核心部门，有技术标准政策部、产品安全政策部等。

此外，认证机制——韩国工业标准认证(KS认证)隶属于国家标准层面，由韩国技术标准院负责KS认证的工作。KS认证的目的在于通过广泛应用工业标准，促进行业内的标准化和质量管理，保护消费者权益，推广优质工业产品。流程开始于申请人向KS认证机构提交申请书并缴纳审查手续费。认证机构首先审核申请书，确认其符合基本要求后，制定并通报审查计划。申请人随后进行审查准备，包括确保工厂条件、文件和产品样品符合标准。接下来，KS认证机构执行工厂审查，评估产品或服务是否达到既定标准。根据审查结果，如果合格，将提交审查报告至认证委员会进行审议；若不合格，申请人需对产品或服务进行优化，并重新提交审查。认证委员会审议通过后，KS认证机构将与申请人签订认证合同并发放认证书。在标准制定方面，草案的制定涉及多个环节，包括申请者提交草案，技术标准院征集制造商、消费者和专家的意见，以及工业标准委员会的审查。技术委员会在必要时对草案进行深入研究。一旦草案获批，韩国技术标准院将在官方渠道发布，以供公众知晓和遵循。这个过程确保了标准的制定既透明又符合行业及消费者的需求(图7-5)。韩国标准自发布之日起，每5年进行一次审查，根据需要进行修订或废除。如表7-6所示，近年来，KS认证数量稳步提升，2023年有效KS认证数量为21 805件。

在团体标准层面，韩国知识经济部(MKE)、韩国标准协会(KSA)以及韩国标准科学研究院(KRISS)等机构共同参与标准的制定与推广。

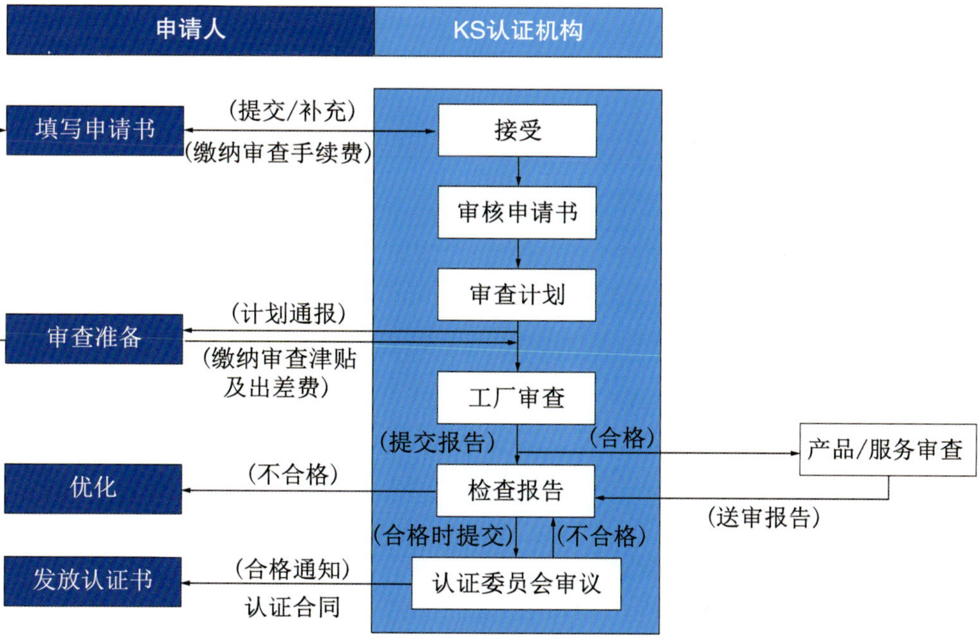

图7-5　KS认证流程

(参考资料：韩国技术标准院，《KS认证程序》。)

表7-6　韩国工业标准(KS)认证数量

年　份	修订数量(件)	有效KS认证数量(件)
2018年	1 392	20 507
2019年	1 356	20 734
2020年	1 325	20 917
2021年	1 646	21 210
2022年	1 587	21 436
2023年	1 526	21 805

(参考资料:韩国技术标准院,《国家工业标准(KS)认证现状》。)

截至2024年4月,韩国在氢能及燃料电池技术领域,现行国家层面有7项技术标准和6项安全标准,如表7-7、表7-8所示。

表7-7　韩国氢能技术标准概况

序号	技术标准涉及内容	部　门	修订日期
1	氢能汽车充电站设施标准和技术标准等专项标准	产业通商资源部	2012年3月
2	检查汽车制造商涂装设施等碳氢化合物排放计算方法	环境部	2015年7月
3	储氢汽车充电设施、技术及检验标准	产业通商资源部	2018年10月
4	氢能汽车充电制造设施、技术及检验标准	产业通商资源部	2018年10月
5	燃料电池汽车用压缩氢气容器制造设施和技术标准	产业通商资源部	2020年5月
6	压缩氢气用复合材料压力容器制造设施、技术和检验标准	产业通商资源部	2023年3月
7	关于清洁氢认证体系运行的通知	产业通商资源部	2024年3月

(参考资料:韩国技术标准院,《氢能领域技术标准》。)

这些标准不仅为氢能产业的发展提供了规范,也为行业的安全和可持续发展提供了基础。其中,在2013—2014年韩国技术标准院发布的《燃料电池汽车—安全规范—第1部分、第2部分、第3部分》,总共有3条氢安全领域的细分标准现已废除,重新整合修订后,于2019年10月发布了氢安全标准《燃料电池汽车—安全规范—压缩氢燃料电池汽车的氢危害防护》。安全标准的制定和更新反映了韩国对氢能使用安全性的高度重视。

随着各国对氢经济的重视度日益增高,氢行业市场形势瞬息万变,安全法规被视为氢经济发展的障碍,因为安全是通向氢经济的堡垒。“安全标准”位于氢能产业标准体系的顶层,是氢能应用标准的基石。

7.2.3　氢能产业及其安全体系构建方面的各机构协同机制

1. 氢能经济促进委员会

2020年7月,韩国政府成立了氢能经济促进委员会(以下简称“氢委会”),旨在为成为氢经济领域的领先国家提供必要支持。氢委会的任务是制定、执行、监督和评估国家氢能发展计划,并推进各项重要政策。图7-6展现了委员会的组织架构,主席为国务总理，成员涉及产业通商资源部、国土交通部、海洋水产部、科学技术信息通信部、企划财政部、环境部、中小创投企业部等关键部门的部长，以及来自产业界、学界、市民团体等不同领域的资深专家。

表7-8　韩国氢能安全标准概况

序号	标准的主要内容	标准号	最后修订确认日期
1	燃料电池技术、固定式燃料电池发电系统—安全	KS CIEC 62282—3—100	2019年12月
2	燃料电池技术、道路车辆和辅助动力装置(APU)以外的燃料电池发电系统 — 工业电动卡车的安全	KS CIEC 62282—4—101	2021年10月20日
3	燃料电池技术—第5—1部分：便携式燃料电池系统—安全	KS CIEC 62282—5—1	2020年12月22日
4	燃料电池汽车—安全规范—第2部分：防止压缩氢汽车中的氢危害(现已废除)	KS R ISO 23273—2	2014年12月19日
5	燃料电池汽车—安全规范—压缩氢燃料汽车的氢危害防护	KS R ISO 23273	2019年10月8日
6	燃料电池道路车辆—安全规范—第3部分：人员防触电保护(现已废除)	KS R ISO 23273—3	2013年11月4日
7	燃料电池汽车安全规范—第1部分：车辆功能安全(现已废除)	KS R ISO 23273—1	2013年11月25日
8	氢气系统安全的基本考虑因素	KS B ISO/TR 15916	2021年10月20日
9	使用燃料加工技术的氢气发生器—第1部分：安全	KS B ISO 16110—1	2021年3月23日

（参考资料：韩国技术标准院，《韩国氢能安全标准概况》。）

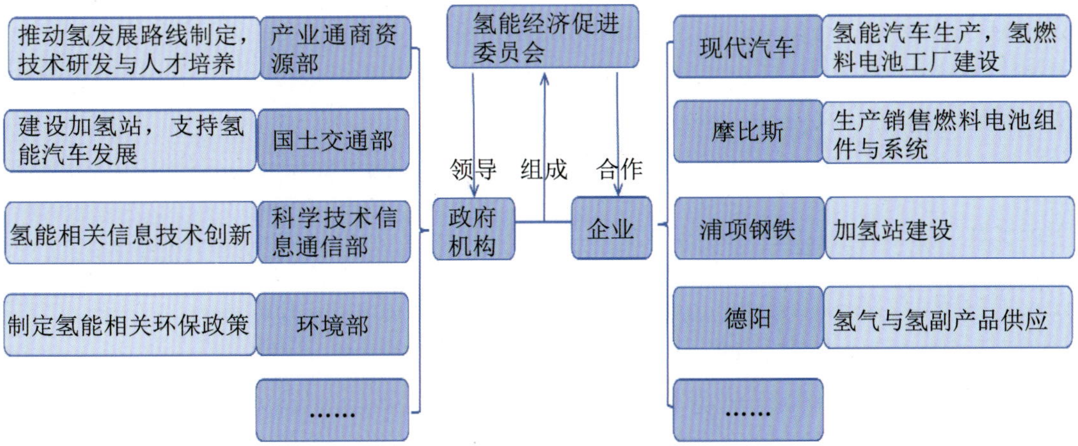

图7-6　韩国氢能经济促进委员会结构图

（参考资料：孙悦、莫佳雯、吴胜男等，《国际车用氢能产业发展比较分析》。）

氢委会旨在通过集群创新①，推动科研机构、企业与政府在氢能研发上的合作。政府机构在政策、技术研发、环保等方面发挥作用：产业通商资源部负责氢能发展和人才培养；国土交通部推动氢燃料电池汽车和交通基础设施；海洋水产部开发氢能在海洋产业的应用；科学技术信息通信部提升氢能技术创新；企划财政部确保经济可行性和资金；环境部协调环保政策；中小创投企业部支持中小企业在氢能领域的创新。此外，在企业层面，现代汽车领导氢燃料电池汽车的生产；摩比斯专注于燃料电池组件和系统；浦项钢铁参与加氢站的建设和氢能技术的创新；德阳(Dcasung)负责氢气供应，构成产业链的关键部分。

在国务总理的主导下，韩国已经召开了六次氢委会会议(表7-9)，氢委会已成为韩国氢能领域的最高领导机构。具体如下：

2020年7月，韩国在首次氢委会议中，设定了到2030年发展到500家氢能企业和到2040年发展到1 000家的目标，并计划推广85万辆氢燃料电池汽车，建设660座加氢站。为达成这些目标，政府将重点支持氢能出行、燃料电池、液氢、加氢站和水电解制氢设备的研发。同年10月，第二次会议召开，着重强调提升灰氢竞争力，并宣布“氢能城市计划”。选定安山市、蔚山市、全州市及万州市作为候选城市，选择三陟市作为氢技术研发城市。

表7-9　氢能经济促进委员会六次会议概况

会　议	具体时间	主　要　提　案
第一次氢能经济促进委员会会议	2020年7月	2030年，发展到500家氢能企业；2040年，发展到1 000家氢能企业；2030年，普及85万辆氢燃料电池汽车，加氢站数量增至660座
第二次氢能经济促进委员会会议	2020年10月	宣布氢能城市计划，选定安山、蔚山、全州及万州为“氢能经济候选城市”，三陟市被选定为氢技术开发城市
第三次氢能经济促进委员会会议	2021年3月	会议就五大企业集团投资43万亿韩元发展氢能源经济，政府为此提供制度支持的事宜进行讨论
第四次氢能经济促进委员会会议	2021年11月	会议制定《第一期氢经济发展基本规划》
第五次氢能经济促进委员会会议	2022年11月	会议推出促进氢经济发展的三大发展战略(“3UP”)，并发布了《世界第一氢能产业培育战略》《新政府氢能经济政策方向》等
第六次氢能经济促进委员会会议	2023年12月	清洁氢认证体系运营计划、氢产业管理者培养战略、扩大氢电动汽车供应计划、国家氢重点研究室运营方案等

(参考资料：氢能经济促进委员会，《各次氢能经济促进委员会会议提案内容》。)

① 集群创新是指在特定区域内，通过企业、研究机构、高等院校、政府部门以及其他相关组织之间的紧密合作和互动，形成的一种创新网络和生态系统。

2021年3月，在第三次会议上，五大企业集团①承诺投资43万亿韩元以推动氢能源经济的发展，政府表示将提供相应的制度支持。该五大企业集团分别致力于整车、制氢装置的生产制造。同年11月，《第一期氢经济发展基本规划》指出，到2050年将实现使氢能占整体能源消耗的33%和发电量的23.8%，超过石油成为国家的主要能源。

2022年11月，尹锡悦政府在第五次会议上首次讨论“氢经济”，并提出了“3UP”战略，目标是在规模、基础设施建设、产业和技术等方面推动氢能发展。同时，发布了《世界第一氢能产业培育战略》。该战略规划到2030年，将氢能关键技术水平，从当前的80%提升至与先进国家持平的100%，将在全球市场中的领先领域从2个增加到10个，并将氢能企业数量从52家扩展到600家。

2023年12月，第六次会议共提出并讨论了清洁氢认证体系运营计划、氢产业管理者培养战略、扩大氢燃料电池汽车的供应计划、国家氢重点研究室运营方案等四个方面的项目。

2. 政产学研模式

政产学研合作是一种多方协作模式，其中政府、企业、高等教育机构以及科研院所可以基于各自的核心竞争力和资源优势，进行深入的合作与交流。韩国在氢能技术创新和应用领域，展示了政府、工业界和学术界的紧密合作模式。韩国能源技术研究院（KETEP）、韩国科学技术研究院（KIST）、韩国电力公社（KEPCO）、韩国化学研究院（KRICT）以及韩国燃料电池研究所（KIER）等众多研究机构，与现代、三星、SK、LG等行业巨头，携手推进氢能全产业链的研究、开发和商业化。面对氢能发展的挑战，如提升经济性、确保储运安全、基础设施建设、技术成熟度提升，以及维持国际竞争力，多方共同努力寻求解决方案。

在韩国氢能安全体系构建方面，该政产学研模式的各机构协同机制表现尤为突出，政府机构在制定政策、法规和标准方面发挥着引领作用。例如，韩国政府通过《氢经济发展路线图》和《促进氢经济和氢安全管理法》等政策文件，明确了氢能产业发展的方向和目标，提供了政策支持和资金投入。同时，政府还通过兴建氢能基础设施加强对氢能产业的支持，例如，在忠清北道阴城郡建立了氢能产品测试与评估中心，用于验证氢能公交车上超大型氢气容器的可靠性，加强了对氢能安全性的监管和评估。KGS等机构在推动氢能国际对话方面扮演关键角色，积极展开交流合作。例如，2023年9月，KGS赢得了2025年第十一届国际氢安全大会（ICHS 2025）的主办权，成为继日本后亚洲第二个举办该会议的国家。ICHS由国际氢安全协会（The International Association for Hydrogen Safety）主导，自2005年起每两年举办一次。

企业在氢能产业的商业化和市场推广方面发挥着主导作用。现代汽车、SK集团等企业通过研发和生产氢燃料电池汽车、建设加氢站等，推动了氢能技术的市场化应用。这些企业的积极参与，不仅加速了氢能技术的普及，也提高了产业的国际竞争力。

① 五大企业集团为SK集团、现代汽车、浦项钢铁、韩华集团和晓星集团。

研究机构和大学在推动氢能技术创新和培养专业人才方面至关重要。韩国能源技术研究院和韩国科学技术研究院等研究机构通过与企业合作，加速了氢能技术的发展。韩国致力于培养基于产业现实需求的融合型人才。目前，韩国已在各大高校建设各类融合型人才培养项目，如江原大学与KGS合作推出的“氢能＋安全”项目，目的是培养氢能领域的专业人才。KGS还计划到2026年通过氢安全技术研究所等培养超过100名氢安全领域的硕士和博士，钻研氢安全领域知识，如可靠性评估、防爆技术和标准认证等。

韩国的氢能产业和安全体系的构建得益于政府、企业、高等教育机构以及科研院所的紧密合作。该协同机制推动了韩国在氢技术研发、应用、安全管理领域的显著进步。

7.3 地方层面氢能产业政策发展

7.3.1 总体概况

在全球向清洁能源转型的大趋势下，韩国也积极推进氢能产业的发展。如图7-7所示，截至2024年3月底，韩国氢燃料电池汽车注册数量达到34 535辆，共有加氢站313座，显示出政府在基础设施建设上的投入和成效。每一个倒三角形代表约每1 000辆氢燃料电池汽车，氢燃料电池汽车主要分布在经济活跃、人口密集的京畿道、釜山广域市、蔚山广域市、庆尚南道和忠清北道，以上区域的工业设施为氢能产业的发展提供了坚实的基础。同时以上地区的配套基础设施完善，拥有至少15个加氢站，京畿道拥有51个加氢站，位居韩国城市加氢站数量首位。

2019年，韩国政府公布了《氢能示范城市推进战略》，最终目标是构建城市内居住区域、交通领域与地区特色产业相结合的氢能生态系统。通过打造以氢为主要能源的氢能示范城市，形成进军世界氢能市场的基础。2019年12月，韩国国土交通部选定安山市、蔚山市、完州市和全州市作为氢经济示范先行区。政府的氢能城市发展目标是：到2030年，在全国10％的城市、县和城镇推广氢能示范项目；到2040年，将40％的地区打造为氢能城市。

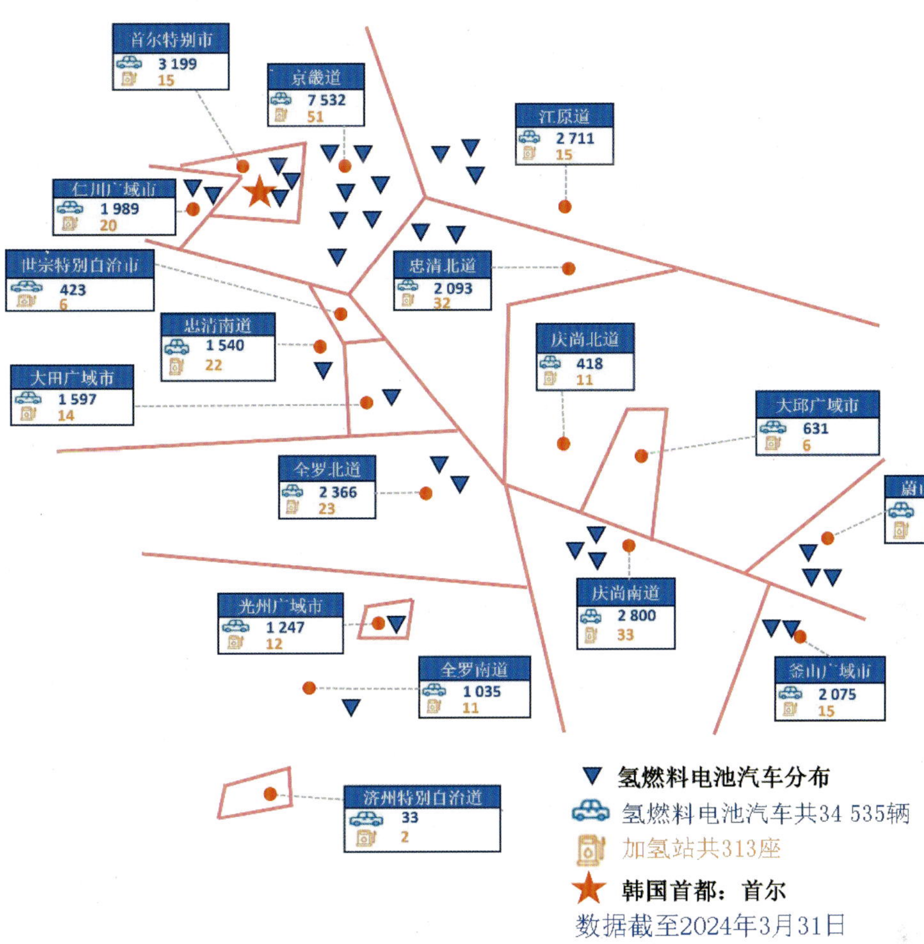

图7-7　韩国氢燃料电池汽车与加氢站分布

（参考资料：李尚贤，《月度氢经济：氢产业主要统计》。）

7.3.2 京畿道——打造“迷你氢城市”

京畿道①环绕首尔，拥有深厚的工业基础，尤其在半导体、汽车等领域，是韩国的高尖端产业中心。其地理位置优越，靠近黄海②和仁川港③，为汽车产业和高科技企业提供了理想的发展环境，吸引现代、斗山、三星等企业投资，推动韩国经济发展和技术创新。京畿道凭借其首都圈的庞大市场，具有发展氢能经济的巨大潜力和商业机会。根据2023年10月京畿研究院发布的《京畿道氢经济集群建设方案研究》，该地区氢燃料电池汽车普及

① 京畿指首尔周边的地区。韩国主要将首都首尔及围绕其外的京畿道称为“首都圈”，其中龙仁市位于京畿道南部，距离首尔仅约40 km。

② 黄海是太平洋西部的边缘海，是西太平洋典型的一个半封闭边缘海，它位于中国与朝鲜半岛之间，是一个近似南北向的半封闭海。

③ 仁川港位于韩国西北沿海汉江出海口南岸，濒临江华湾的东侧，是韩国北部的进出口贸易中心，距离韩国首都首尔40多km。

和市场规模具有很大潜力。京畿道计划通过建立氢经济集群，到2030年建成10个氢气生产中心、200座加氢站、300 km氢气管道，支持1 500家氢能企业，生产1 300 t氢气，达到1.5 GW的氢燃料电池发电能力。

“迷你氢城市”项目是响应氢能发展需求的创新城市模式，它通过整合氢能的生产、分配和应用等关键环节，致力于实现城市能源的清洁化和自给自足。这一计划与京畿道的氢能战略高度契合，体现了地方政府推动氢能产业和加速绿色转型的决心。2023年11月，京畿道选定龙仁市作为首个试点城市，计划3年内投资100亿韩元，以实现氢能自给并支持碳中和及氢经济发展。在打造“迷你氢城市”项目中，重点是利用生物质和有机废弃物①，通过生化方法如厌氧发酵来生产氢气，并辅以风能、太阳能电解水制氢(图7-8)。地方政府可将餐厨垃圾、污泥、粪便等有机废弃物转化为氢气，建立加氢站网络，支持氢燃料电池汽车的运行。氢气还被用于公共和住宅建筑，通过燃料电池系统提供电力和热能，获取清洁高效能源。在农业领域，氢气作为能源，促进农场的可持续和环保发展。产业园区使用氢气为企业提供动力，推动工业生产的绿色转型。此外，氢气还用于旅游地和闲置土地的碳中和设施建设，提升环保价值。最终，产生的生物垃圾作为制氢原料，又回到了制氢的源头，通过氢气的生产和应用，形成能源闭环，推动氢能经济的可持续发展。

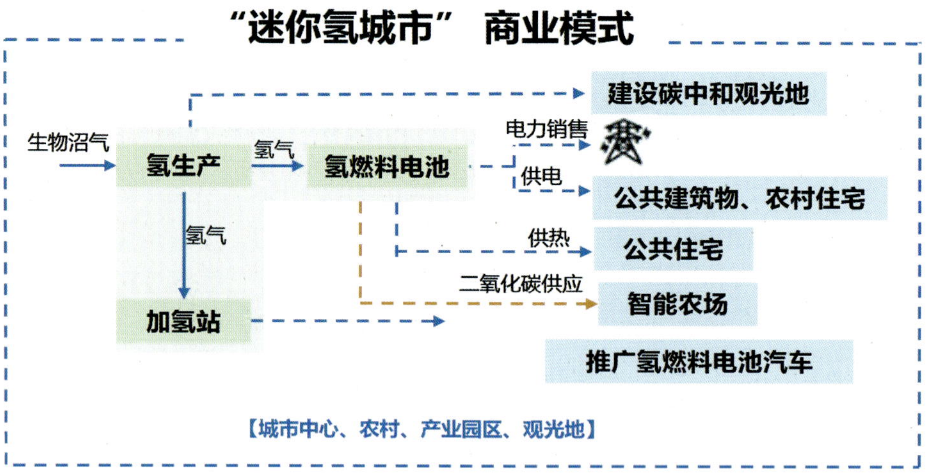

图7-8 “迷你氢城市”商业模式

(参考资料：李钟秀，《月度氢经济：京畿道选择龙仁市作为首个“迷你氢城市”》。)

利用餐厨垃圾进行生物制氢的主要技术途径包括两个步骤：首先厌氧发酵生成沼气，然后沼气转化为氢气。对于不适合厌氧发酵的垃圾，采用直接裂解技术制氢，加快城市垃圾资源化的氢气生产。龙仁市的规划联合了韩国高等研究院和韩国西部电力公司的专业技术，计划日处理500 kg沼气，年产182 t氢气，并建设890 kW的热电联产设施。

① 有机废弃物是指在生产、生活和其他活动中产生的丧失原有利用价值或者虽未丧失利用价值但被抛弃或者放弃的固态、液态或者气态的有机类物品和物质。

市内将利用食物垃圾处理的沼气，混合液化天然气制氢，并部署混燃发电设施[①]，供应氢气至热电联产设施及三星电子、SK海力士等企业的工业园区。

到2024年4月，京畿道扩展氢能城市网络，邀请其他市县共建“第二座迷你氢城市”，预计投资300亿韩元。坡州市成为第二期项目试点城市，计划至2027年3月，在环境循环中心建成日产500 kg氢气的生产设施。

韩国早期氢能城市试点项目主要使用化石燃料副产的“灰氢”，而龙仁市作为首个“迷你氢城市”，通过生物沼气制氢，减少了温室气体排放，在氢能城市的低碳化上取得了显著的进步。这不仅促进了氢能产业的创新和增长，也为地区经济发展和绿色氢能城市建设提供了范例。

7.3.3 三陟市——氢能联排别墅示范综合体

三陟市位于韩国东海岸，是江原道南部工业的中心城市。自2019年被选为氢技术研发城市后，于2020年制定了《三陟市氢能产业振兴支援条例》，同年7月，三陟市与东海市、江陵市、平昌市共四个市郡获批成为“液氢产业监管自由特区”。2022年，三陟市提出“清洁氢梦想城市”愿景，2023年该市成立了氢经济委员会，由副市长崔钟训领导，14名委员负责氢能产业政策和发展规划。三陟市通过实施多方面措施，积极培育氢能产业，如建设氢能研发专业城建设项目、液氢可靠性评估中心建设项目、氢能产学研集群建设项目等。

氢能联排别墅是综合运用氢能技术和可再生能源系统，构建成闭环的能源供应网的居住型建筑模式。这种建筑群利用电解水产生的氢气，通过固体储氢材料存储，并最终通过氢燃料电池转换为电能和热能，满足居住者的能源需求。同时，该系统还包括太阳能光伏板、地热能采集等技术，以增强能源供应的稳定性和多样性。氢能联排别墅的设计和运营理念遵循能源利用效率最大化和环境影响最小化的原则，旨在展示可持续能源解决方案，并推动清洁能源技术的创新和应用。

三陟市的“氢能联排别墅”示范综合体在2024年已全面开始运营。该项目源自2020年4月，作为“氢试点城市基础设施技术开发项目”的重点组成部分，由韩国能源研究院、土地住房研究所、斗山集团、韩国水力核电公司等15家机构利用政企合作模式共同打造。项目总投资额达到31.6亿韩元，其中中央政府投资166.4亿韩元、民间投资102.6亿韩元以及地方投资7.5亿韩元。该示范综合体选址于三陟市，占地8 400 m^2，由9个部分共同组成综合体，包括2栋传统住宅、1座氢能住宅、3座太阳能住宅、1座其他可再生能源住宅。该综合体还拥有3个综合管理楼，集成了氢能、太阳能、地热和能量存储系统(ESS)。如图7-9所示，氢能联排式住宅示范工程的核心“综合管理楼”配备水电解制氢装置、固体

① 混燃发电设施是指在发电过程中，将两种或以上的燃料混合在一起进行燃烧，以提高发电效率、减少污染物排放或降低运营成本的发电设施。

储氢系统、地热系统、氢燃料电池，通过水电解产生的氢气以金属氢化物的形式储存，楼内安装了斗山燃料电池动力公司制造的10 kW建筑物用氢燃料电池和5 kW城市燃气燃料电池。

图7-9　配备多种能源设施的氢能联排别墅综合管理大楼

（参考资料：安敏熙，《月度氢经济：韩国首个家用氢燃料电池应用“三陟氢联排别墅”》。）

该示范综合体的创新设计在于其能源的自给自足能力，能够做到在不依赖外部能源的情况下独立运行至少一周。“氢能联排别墅”项目集氢能制造、可再生能源利用和环保建筑技术应用于一体，不仅在技术上具有创新性，而且在推动氢能住宅发展和实现可持续居住环境方面具有深远的影响。它证明了氢能技术在住宅领域的应用潜力，验证了氢综合住宅商业化的可行性。该项目的成功，归功于因地制宜、灵活设计和多能源整合策略，这也为拥有不同能源结构地区的氢能实践提供了优化思路。

7.3.4 忠州市——利用忠州大坝生产绿氢

2024年5月，韩国水资源公司（韩国最大的水能源基础设施公司）与忠州市签署了开发和扩大水能源、实现碳中和目标的商业协议。旨在扩大水能源开发和建设生态友好型绿色城市。忠州大坝以常年运行的水力发电为基础，具备开发利用环保水能的区位条件。协议主要内容包括：技术共享，振兴忠州市水热能源技术①合作建设和扩建使用水力发电的绿色制氢设施，完善创建生态友好型绿色城市所需的各项环节。该项目将连接忠州大坝的6 MW水力发电厂和2 MW水电解制氢设施，预期每日实现绿氢产量1 t。

① 水热能源技术通常指的是利用水在高温高压条件下的特殊物理化学性质来提取或转换能量的技术，常用于地热能开发、水热制氢等场景。

忠州大坝位于忠州市[①]东北，横跨南汉江[②]，是韩国最大的混凝土重力坝[③]。坝高97.5 m，顶长447 m，混凝土用量9.02×10^5 m^3。水库蓄水量2.75×10^9 m^3，发电装机4.12×10^5 kW。大坝还拥有6.16×10^8 m^3的防洪库容，自1985年起为首都及周边供水发电，发挥着重要的防洪和水资源管理作用。忠州大坝旨在综合利用南汉江水资源，主要功能有防洪、调峰发电[④]和供水，对韩国水资源和能源供应起到至关重要的作用。忠州大坝的水力发电设施利用南汉江的水流，通过重力将水的势能转换为机械能。当水流通过水轮机时，带动发电机转动，产生清洁电力。电力通过电网传输到电解水制氢设施。从电解槽产生的氢气将被收集、净化并压缩成气体或液化，以便于储存和运输。

忠州大坝的绿氢生产项目是对环境保护的责任实践，有助于推动韩国向碳中和目标迈进，加速绿色能源转型，支持可持续能源体系构建。技术共享模式有助于加速绿氢领域的技术创新，促进绿氢规模化生产。

7.4 氢能产业典型实践案例

7.4.1 氢安全博物馆

2023年4月，氢安全博物馆正式开馆并投入运营，这是韩国首个以氢能为主题的体验教育馆。氢安全博物馆旨在为公众提供有关氢能的准确信息和体验机会。该博物馆位于忠清北道阴城郡[⑤]，韩国天然气安全公社总部所在地。自2022年12月举行开馆仪式以来，韩国天然气安全公社一直在修订和完善氢安全博物馆的运营手册和体验项目。

氢安全博物馆位于忠北创新城，占地两层，用地面积为10 698 m^2，总建筑面积为2 154 m^2，展览面积为752 m^2，设有展示、教育空间和休息空间。如图7-10所示，展示空

① 忠州市位于韩国中部，隶属于韩国忠清北道。

② 汉江又称韩江，是朝鲜半岛一条主要河流，也是朝鲜半岛上第四长的河流，仅次于鸭绿江、图们江与洛东江 。

③ 混凝土重力坝，是指坝身用混凝土浇筑的坝。其主要特点是依靠坝与地基表面的摩擦力来阻止水平力所引起的坝体滑动。其结构简单，施工方便，是一种整体性能较好的刚性坝，中、高坝常用这种坝型。

④ 调峰发电是指电力系统中为了应对电力需求的波动，通过调整发电厂的发电量来保持电网的稳定运行。在电力系统中，由于用电需求在一天中会有不同的高峰和低谷，为了满足这种变化的需求，需要有相应的发电能力来调整。

⑤ 韩国忠清北道阴城郡位于韩国的东北部，是韩国的一个重要的农业大郡，面积达522.1 km^2，人口数为8.6万。

间包括可以学习天然气等燃气基础知识和燃气事故预防措施的“燃气安全体验馆”和以氢能源及未来氢社会为主题的“氢安全宣传馆”。各展区采用了最新的媒体呈现技术，设置多样的互动环节，例如，通过4D电影观影设备了解氢能的生产、储存、运输以及使用方式，深入探讨氢经济的意义与未来氢社会的空间构想；通过观摩燃气安全体验馆的瓦斯爆炸残骸，体会燃气安全在日常生活中的重要性、燃气安全规则和事故预防方法。

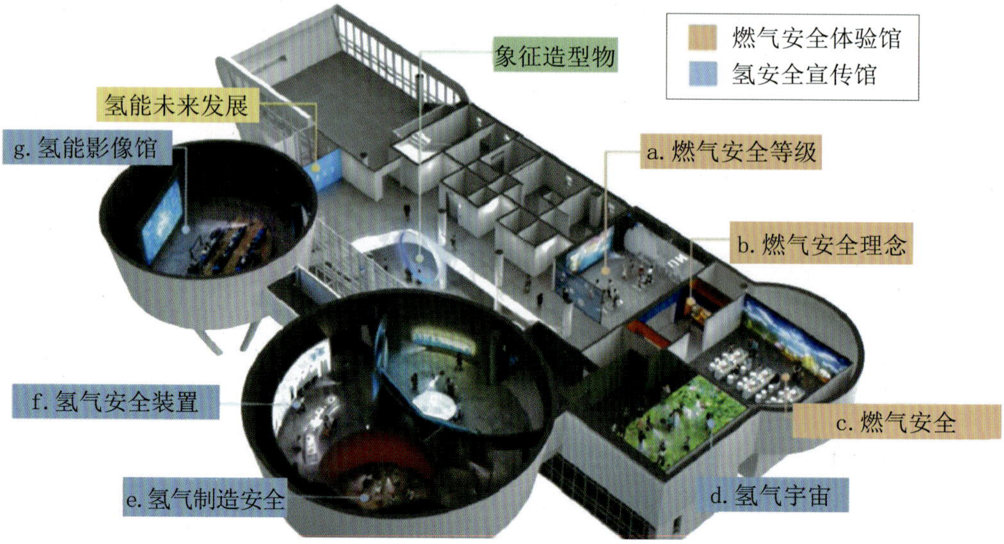

图7-10　氢安全博物馆内部结构图

（参考资料：月度氢经济，《氢安全博物馆开馆》。）

燃气安全公社社长林海钟表示：“氢安全博物馆是为了提供关于氢的各种信息而规划的体验展览馆。我们将努力使其成为氢安全的象征性空间和地区文化空间。”氢安全博物馆帮助观众体会到燃气的重要性以及安全规则和事故预防方法，解开观众对氢的误解，增强对氢产业的信心。

7.4.2 以“现代集团”为主导的氢能产业链

韩国以半导体和汽车为支柱产业，目前重点发展氢燃料电池汽车，以创造就业。韩国氢能应用主要以交通领域应用为主，并以现代公司为核心，推进氢燃料电池汽车的发展与普及。

1. 交通领域突出应用

现代汽车集团自1998年起布局氢能产业，是全球较早研发氢燃料电池汽车的车企之一。该集团产业全面覆盖氢能产业链，横跨制氢—储氢—运氢—用氢各个环节，积极拓展国际合作。现代汽车自1998年成立燃料电池部门，逐步研发并推出首款氢燃料电池汽车，并在2013年首次量产氢燃料电池汽车途胜ix35。2018年，现代汽车第二代氢燃料电池汽车NEXO上市并实现销量领先。2020年，推出首款氢燃料电池重卡XCIENT Fuel

Cell并出口瑞士。2021年，现代汽车在广州建立“HTWO”生产基地①，年产6 500套氢燃料电池系统，为多个领域提供氢能解决方案，推动氢产业链发展。现代公司计划在2030年前向燃料电池汽车生产设施及相关研发活动投资7.6万亿韩元。

（1）全球首款量产氢燃料电池汽车——现代汽车ix35。现代汽车的ix35 FCEV，作为较早量产的氢燃料电池车型，于2013年首次推出。同年，在比利时布鲁塞尔举行的2013年欧洲汽车展上，现代汽车ix35燃料电池荣获久负盛名的“2013未来汽车奖”（2013 Future Auto Awards）。同时，现代汽车ix35 FCEV还斩获韩国技术奖（银奖），并被评为韩国十大新技术。

（2）氢燃料电池汽车——燃料电池汽车领域的标杆产品现代汽车NEXO。2018年，第二代氢燃料电池SUV车型NEXO问世，并连续占据氢燃料电池汽车销量排行榜首。与ix35 FCEV相比，NEXO加速度提高了25%，续航里程延长了40%。

（3）氢燃料电池卡车——全球较早量产氢燃料电池重卡XCIENT Fuel Cell。在商用车领域，现代汽车也发挥其出色的氢燃料电池技术实力。2019年，现代汽车为了率先构建全球首个氢燃料电池重卡量产体系，与瑞士合资成立现代氢动力公司，提供按次付费的商业卡车租赁服务。2020年初，XCIENT Fuel Cell重卡在瑞士进行路试，并在同年7月首次出口10辆至瑞士。这款34 t级（含拖车）的氢能重卡配备190 kW燃料电池系统和350 kW电机，一次充电可行驶400 km。瑞士政府通过减免高速公路费用支持氢燃料电池汽车的推广。2022年，现代汽车在北美最大的清洁运输博览会——“2022先进清洁运输博览会”上对XCIENT Fuel Cell进行了展示。

2. 以大型企业为核心的产业投资

韩国氢能产业由大型企业推动，它们的投资对国家能源结构产生了决定性影响。2021年3月，现代汽车、SK集团等五大企业在氢能源经济委员会会议上宣布了43万亿韩元的氢能经济投资计划，这些投资计划涵盖了氢燃料生产、储运和使用等多个领域。SK集团、现代汽车、浦项钢铁、韩华集团和晓星集团等韩国企业正计划投资数十万亿韩元，分别用于液氢设备、氢燃料电池汽车、氢还原炼铁技术和绿氢生产方面（表7-10）。同时，中小企业也在家用燃料电池和绿氢研发上投入研发资金。

2023年6月，由引领韩国氢经济的17家会员企业②参加的“韩国氢能商业峰会第二届会员大会”在首尔成功召开，共有140名代表参会。现代汽车、SK集团、POSCO集团等各成员公司的高层亲自出席，讨论了促进向氢经济快速转型的必要性，以确保韩国氢能产业在全球的竞争优势。目前，韩国氢能产业链已逐步完善，形成以现代公司为氢能汽车

---

① HTWO是现代汽车集团的氢价值链业务品牌，为中国的氢燃料电池乘用车、船舶、轨道交通和发电等多个领域提供高效、先进的氢能解决方案，助力构建全面的氢能产业链。

② 17家企业分别为现代汽车、SK集团、POSCO集团、GS集团、HD现代、晓星集团、可隆集团、E1、韩国锌业、Iljin集团、SeAH集团、乐天集团、韩华集团、斗山集团、Isu集团、Isu化学、三星物产。

领域核心以及以现代汽车、斗山集团[①]、韩国天然气公社[②]等大型企业为特色的氢能产业多元发展格局。

表7-10　韩国主要大型企业氢能领域投资计划

企业名称	氢能产业链位置	计划投资
SK集团	制氢	全产业链总共投资18.5万亿韩元
韩华集团	制氢(绿氢生产)	在绿氢生产等方面投资1.3万亿韩元
晓星集团	氢能基础设施	总投资1.2万亿韩元
现代石油银行等中小企业、中型骨干企业	家用燃料电池和绿氢研发	总投资1.2万亿韩元
现代汽车	整车	在燃料电池汽车生产设备及研发等方面投资111万亿韩元
浦项钢铁	应用	总投资10万亿韩元

(参考资料:中国产业发展促进会氢能分会,《国际氢能技术与产业发展研究报告》。)

7.4.3 仁川液氢加氢站

2024年是韩国液氢产业的起步之年,SK E&S[③]和晓星集团等企业积极推进液氢技术。面对气氢加氢站所存在的加氢困境,韩国通过建设液氢加氢站来满足配送和安全监管需求,增加加氢站数量,助力解决“加氢站困境”。

韩国在仁川加佐洞建成的首座液氢加氢站于2024年4月开始商业运营,开启了液氢加氢技术的新时代。SK E&S公司建设的年产30 000 t液氢工厂配套该站,每小时可加注120 kg氢气,日供120辆氢燃料电池公交车。仁川的液氢工厂利用化石能源副产氢,通过提纯和液化生产高纯度液氢。该厂日产能达90 t,年产约30 000 t,能满足5 000辆氢公交的年运行需求。项目得到70亿韩元投资,包括民间和政府资金。目前,韩国建一座液氢站成本为70亿～100亿韩元,约合人民币4 500万元。

液氢相比高压气态氢,能在更低压力下安全储运,减少对高压储罐的依赖。其体积小(仅为气态氢的1/800),运输效率高,单位成本低。液氢加氢速度快,每分钟可达2 kg,优于气态氢的1 kg/min(表7-11)。

---

① 斗山集团(DOOSAN)是韩国较大的财团之一,成立于1896年,是一家享誉全球、具有竞争力的跨国公司。公司业务涉及重工业、服务业、消费品等多个领域。

② 韩国天然气公社,简称KOGAS,成立于1983年,是韩国国有骨干企业,主要业务包括天然气的生产、供应及其副产品提炼、销售,接收站及管网建设、运营,天然气及液化石油气勘探、开发及进出口等。

③ SK E&S(SK Energy & Services)是韩国SK集团旗下的一家能源企业,专注于可再生能源、清洁氢、能源解决方案和液化天然气(LNG)业务。

表7-11 韩国液氢加氢站参数

类 型	液 氢 加 注 型
加氢能力	每小时可加注120 kg氢气
存储效率	约为气态氢的10倍
加氢能耗	每千克液氢的加氢能耗仅为1.4 kW
加氢速度	每分钟可达2 kg
供氢价格	每千克11 000韩元

(参考资料:安敏熙,《月度氢经济:世界最大规模的液体氢生产设施"仁川液化氢成套设备"》。)

液氢加氢站虽提供大容量和快速加氢,但仁川首家液氢站的氢气价格为每千克11 000韩元,高于气态氢站初期的6 000~7 000韩元,竞争力不足。预计随着氢需求上升和规模经济效应,液氢价格有一定的下降空间。韩国首座液氢加氢站的建成标志着液氢市场的启动,为氢能公交提供了便利。液氢加注速度快,有助于提高氢能公交的运营效率和规模,为市民带来更环保、更高效的出行选择。这将推动氢能在公共交通领域的应用,促进氢能产业的持续进步。图7-11为仁川液氢工厂外景。

图7-11 仁川液氢工厂外景

(参考资料:安敏熙,《月度氢经济:世界最大规模的液体氢生产设施"仁川液化氢成套设备"》。)

7.5 经验与总结

7.5.1 顶层设计与战略推动

韩国政府通过制定战略性政策,如《氢经济发展路线图》和《促进氢经济和氢安全管理法》,展示了对氢能产业的远见。这些政策结合财政支持,为氢能产业的发展打下基础。通过税收减免和财政补贴,政府鼓励企业和消费者投资氢能产品,刺激市场活力,推动氢技术商业化。

7.5.2 全产业链布局与持续优化

韩国依托现代汽车等大型企业集团,成功构建了从氢能供给、基础设施建设到氢燃料电池汽车商业运营的完整产业链。该类一体化的发展模式促进了氢能技术的快速成熟和市场的广泛接受。即使面对绿氢、液氢、清洁氢等领域的挑战,韩国依然通过积极的技术创新和策略完善来应对挑战,例如,利用忠州大坝生产绿氢,推动建立首个液氢加氢站,出台"清洁氢认证体系"等,为完善产业链不断努力。

7.5.3 安全体系与风险防控

韩国通过《促进氢经济和氢安全管理法》确立了氢能产业的安全法规框架,推动安全管理规范化。设立氢安全博物馆和氢能安全技术研究所,加强氢安全技术研究和人才培养。同时,通过举办国际氢安全大会等国际会议和合作项目,积极学习全球先进氢能领域的安全知识,共同推动氢能产业的安全发展。

7.5.4 监管沙盒与创新突破

韩国政府采用监管沙盒等创新政策,为氢能产业提供灵活监管,激励企业技术创新和商业模式探索,加快产业发展。初期利用工业副产氢确保产业链效率,同时不断攻关和创新绿氢技术。鉴于传统气态氢加氢站等基础设施对氢燃料电池汽车销售的影响,韩国积极发展液氢产业,展示出明确的产业规划和灵活调整能力。韩国通过打造氢能城市,整合生产、储存、运输和应用等环节,实现氢能在城市中的高效应用。

参考文献

[1] 世氢会. 韩国:一代半导体霸主,为什么将目光投向了氢能?[EB/OL].(2024-01-02)[2024-05-20]. https://mp.weixin.qq.com/s/MiaZRAts3aT8cJyDp-Ssog.

[2] 中国电力网. 韩国氢能经济,一场生死未卜的政府"赌局"[EB/OL].(2020-08-19)[2024-05-20]. http://mm.chinapower.com.cn/zx/jzqb/20200819/27971.html.

[3] 韩国产业通商资源部. 氢经济发展路线图[EB/OL].(2019-01-07)[2024-05-20]. https://www.motie.go.kr/kor/article/ATCLf724eb567/210222/view#.

[4] 韩联社. 详讯:韩国2023年GDP增速1.4%[EB/OL].(2024-03-05)[2024-05-20]. https://cn.yna.co.kr/view/ACK20240305000400881.

[5] 张艳枫.韩国《氢经济路线图》主要内容及启示[J].全球科技经济瞭望,2019,34(Z1):4-6.

[6] 韩国产业通商资源部. 促进氢经济和氢安全管理法[EB/OL].(2023-11-30)[2024-5-20]. https://www.law.go.kr/lsInfoP.do? lsiSeq=242975&efYd=20231130#0000.

[7] Ronald Hee. 韩国推行疫后新政 着重数字及绿色发展[EB/OL].(2021-12-08)[2024-05-20]. https://research.hktdc.com/sc/article/ODk3MTI2MDg0.

[8] 孙悦,莫佳雯,吴胜男,等.国际车用氢能产业发展比较分析[J].汽车与配件,2023(18):26-30.

[9] 韩国《中央日报》. 首尔市将支持以半价购买现代汽车中型SUV氢能汽车Nexo[EB/OL].(2024-02-12)[2024-05-21]. https://www.mk.co.kr/cn/society/10940769.

[10] FuelCellChina-News. 韩国政府放松加氢站安全要求管制 [EB/OL]. [2024-05-22]. https://www.nengyuanjie.net/article/87506.html.

[11] 景春梅,何七香,欧训民. 从日韩氢能产业进展看我国氢能发展[EB/OL].(2019-11-01)[2024-05-20]. https://www.cciee.org.cn/Detail.aspx? newsId=17308&TId=687.

[12] 韩联社. 环保氢燃料电池发电将引领韩国实现碳中和[EB/OL].(2021-02-08)[2024-05-20]. http://kr.mofcom.gov.cn/article/jmxw/202102/20210203037686.shtml.

[13] 斗山恒能. 利用济州风能正式开始生产清洁氢气[EB/OL].(2023-10-23)[2024-05-20]. https://www.doosan.com/cn/media-center/press-release_view/? id=20172538&page=0&.

[14] 安敏熙.月度氢经济:世界最大规模的液体氢生产设施"仁川液化氢成套设备"[EB/OL].(2024-05-17)[2024-05-20]. https://www.h2news.kr/news/articleView.html? idxno=12440.

[15] 李尚贤.月度氢经济: 氢产业主要统计:截至2024年3月31日[EB/OL].(2024-05-02)[2024-05-20]. https://www.h2news.kr/news/articleView.html? idxno=12405.

[16] 韩国《纽西斯》. 韩国将氢燃料电池技术指定为国家核心技术[EB/OL].(2022-08-08)[2024-05-21]. http://kr.mofcom.gov.cn/article/jmxw/202208/20220803339061.shtml.

[17] 李尚贤.月度氢经济:人物采访:韩国天然气安全公司氢气安全技术院长杨允荣[EB/OL].(2024-04-04)[2024-05-21]. https://www.h2news.kr/news/articleView.html? idxno=12303.

[18] HaechiFuelCell. 韩国环境部长:2024年韩国将补贴3 000辆氢能大巴[EB/OL].(2023-08-07)[2024-05-22]. https://h2.in-en.com/html/h2-2427361.shtml.

[19] 李尚贤.月度氢经济:现代汽车将增设六倍氢燃料巴士生产设施[EB/OL].(2024-04-15)[2024-05-22]. https://www.h2news.kr/news/articleView.html? idxno=12330.

[20] 能源发展网. 韩国提出"氢经济计划"[EB/OL].(2019-07-18)[2024-5-20]. https://m.jiemian.com/article/3321552.html.

[21] 李钟秀.月度氢经济:"Korea H2 Business Summit"第二次会议[EB/OL].(2023-06-18)[2024-05-22]. https://www.h2news.kr/news/articleView.html? idxno=11054.

[22] 新华社. 韩国江原道一工厂爆炸致2人死亡[EB/OL].(2019-05-23)[2024-05-22]. http://www.xinhuanet.com/world/2019-05/23/c_1124534509.htm.

[23] 李钟秀.月度氢经济:SK和晓星扩大液体氢气充电站的建设[EB/OL].(2024-04-09)[2024-05-22]. https://www.h2news.kr/news/articleView.html? idxno=12318.

[24] 李尚贤．月度氢经济：国内首家液体氢气充电站开始运营[EB/OL].（2024-04-17）[2024-05-22]. https://www.h2news.kr/news/articleView.html? idxno=12336.

[25] 成载京．月度氢经济：京畿道将投入300亿韩元建设第二批迷你氢燃料城市[EB/OL].（2024-03-28）[2024-05-22]. https://www.h2news.kr/news/articleView.html? idxno=12250.

[26] 李钟秀．月度氢经济：液化氢燃料巴士推广"关键"：需要多样化[EB/OL].（2024-03-09）[2024-05-22]. https://www.h2news.kr/news/articleView.html? idxno=12177.

[27] Invest KOREA．江原道获批建设韩国首个液化氢产业监管自由特区[EB/OL].（2020-08-21）[2024-05-22]. https://www.investkorea.org/gwn-ch/cntnts/i-1557/web.do.

[28] 李尚贤．月度氢经济：将以忠州水库为基础生产绿色氢气[EB/OL].（2024-05-27）[2024-05-29]. https://www.h2news.kr/news/articleView.html? idxno=12461.

[29] 朴尚宇．月度氢经济：世界最早开设清洁氢发电投标市场，投标量6500 GWh[EB/OL].（2024-05-25）[2024-05-28]. https://www.h2news.kr/news/articleView.html? idxno=12459.

[30] 李钟秀．月度氢经济：氢制品试验评估中心成立，期待提高氢商用汽车的安全性[EB/OL].（2024-03-27）[2024-05-22]. https://www.h2news.kr/news/articleView.html? idxno=12240.

[31] 国际氢能网．韩国：氢经济"3 UP"战略[EB/OL].（2022-12-09）[2024-05-20]. https://h2.in-en.com/html/h2-2419949.shtml.

[32] 周雷，陈佳慧，熊舒琪，等．金融强国视域下中国版"监管沙盒"的构建与完善：基于金融科技创新监管试点的应用研究[J]. 西南金融，2024(4)：60-73.

[33] 李钟秀．月度氢经济：氢用品：低压氢安全用氢法管理[EB/OL].（2022-02-28）[2024-05-22]. https://www.h2news.kr/news/articleView.html? idxno=9715.

[34] Korea.net. 监管沙盒1号，在国会设氢气充电站[EB/OL].（2019-02-12）[2024-05-22]. https://chinese.korea.net/NewsFocus/Policies/view? articleId=167934.

[35] 张明柳．我国汽车安全迎来监管新模式[N]. 中国政府采购报，2022-04-08(5).

[36] 大连外国语大学东北亚研究院．韩国氢经济发展战略：政策规划、动因和效果[EB/OL].（2023-11-24）[2024-05-22]. https://cnas.dlufl.edu.cn/info/1006/1348.htm.

[37] 孙玉玲，胡智慧，秦阿宁，等．全球氢能产业发展战略与技术布局分析[J]. 世界科技研究与发展，2020，42(4)：455-465.